«Auf dem Weg Richtung Süden, wo uns eine große Straße 250 Kilometer schnurgerade in die orientalische Wüstenoase Palmyra bringen sollte, wurden wir immer mutiger und beschlossen, ein paar Abkürzungen einzubauen. Nach einigen Kilometern passte das Geflecht aus Wegen, Kreuzungen und Kameldung allerdings überhaupt nicht mehr zu dem, was uns der mitgeführte kartographische Almanach zum Thema Syrien vorgaukelte.

Die Beschilderung zu dechiffrieren machte ebenfalls wenig Sinn, da eine kurze Umfrage innerhalb des Teams zum Thema arabische Schriftkenntnisse ergab, dass zwar jeder sich einen Sprachkurs kopiert und wohl noch nicht ins Altpapier gegeben hatte, aber bisher nicht zum Lernen der Inhalte gekommen war. Zu stolz, den Rückweg anzutreten, blieb uns daher nur eines: einheimische Informanten um Hilfe bitten. Allah musste das seltsame Grüppchen Limousinen-Abenteurer in seiner schönen Wüste, in der man am stilvollsten mit dem Kamel reist, so dermaßen genervt haben, dass er augenblicklich sein zweitstilvollstes Verkehrsmittel ins Rennen, sprich uns vor den Kühler schickte: Mit einem Affenzahn kam ein kleines gelbes Taxi, vollbesetzt mit zwei Scheichs samt verschleierten Damen, durch die Wüste gerast und blieb in einer großen Staubwolke direkt vor uns stehen ...

Bernhard Hoëcker
& Tobias Zimmermann

Meilenweit für kein Kamel

Eine ungewöhnliche Reise vom
Allgäu in den Orient

Rowohlt Taschenbuch Verlag

Originalausgabe

Veröffentlicht im Rowohlt Taschenbuch Verlag,

Reinbek bei Hamburg, Mai 2010

Copyright © 2010 by Rowohlt Verlag GmbH,

Reinbek bei Hamburg

Redaktion Angela Troni

Fotos Tobias Zimmermann, Bernhard Hoëcker und Carsten Stolze

Umschlaggestaltung Volker Ohl

(Abbildung: morguefile.com; 7 Punkt 7, Guido Schröder)

Innentypografie Daniel Sauthoff

Satz Proforma PostScript (InDesign) bei

Pinkuin Satz und Datentechnik, Berlin

Druck und Bindung GGP Media GmbH, Pößneck

Printed in Germany

ISBN 978 3 499 62639 5

Inhalt

Bernhards Prolog

Der nächtliche Nebel senkte sich in die Böschung neben der Straße, als mich das leise Dudeln des Radios in einen tranceähnlichen Zustand versetzte. Ich verstand zwar nicht, was der Sänger mir in dieser fremden Sprache sagen wollte, aber dass er litt, war unverkennbar. Plötzlich sah ich im Rückspiegel in einiger Entfernung zwei Scheinwerfer hinter einem Baum aufleuchten, dann setzten sie sich direkt hinter unseren Wagen, begleitet von einer hektischen Auf-und-ab-Bewegung der Lampen, die entsteht, wenn ein Fahrzeug über den neben der Straße verlaufenden Schüttrand aus der Deckung auf die Fahrbahn brettert.

Die Angst kroch wieder in mir hoch, wurde in Sekunden zu Panik. Da waren sie schon wieder. Ich hatte gehofft, sie auf den zehn Kilometern Schotterpiste abgehängt zu haben, hatte gebetet, sie würden uns nicht über die türkische Grenze folgen, und jetzt zeigten sie sogar hier in Syrien ihre Existenz. Dabei hatten wir in Bulgarien doch eigentlich nur einen Kaffee trinken wollen. Hatten dem älteren Herrn bloß schnell geholfen, in die nächste Stadt zu kommen. Die kleine Tasche, die er in unserem Auto zurückgelassen hatte, war uns anfangs gar nicht aufgefallen. Erst an der Grenze, als der Uniformierte sie kritisch beäugte, bemerkten wir sie.

Dass Tobi in einer Kurzschlussreaktion Gas gegeben hatte, konnte ich nicht verstehen. Dass wir danach zur Zielscheibe verschiedener Polizeieinheiten in mehreren Ländern wurden, schon eher. Hatte man uns nicht gewarnt, uns den Behörden gegenüber ja kooperativ zu zeigen? Hatte man uns nicht den Rat gegeben, bloß nicht irgendwo aufzufallen? War uns nicht im Vorfeld dieser Rallye klar gewesen, dass wir jenseits der österreichischen Grenze auf uns allein gestellt sein würden?

Auf einer kleinen Waldlichtung hielten wir an und durchsuchten die vergessene Aktentasche des alten Herrn im Schutz unserer Taschen-lampe. Die vorgehaltene Hand brannte schon, aber zu gefährlich er-schien uns jeder offene Lichtstrahl, der in dieser einsamen Gegend einem eventuellen Späher den Weg zu uns weisen konnte.

«SECRETĂ» stand in großen roten Buchstaben auf der gelblichen Pappkladde, umrahmt von einem dicken roten Kreis. Dass es hier nicht um die Absonderung von Nasenschleim ging, erschloss sich uns sehr schnell. «GEHEIM» oder «TOP SECRET» sind die Wörter, die man üb-licherweise in einer solchen Art und Weise schräg über das Schriftstück gedruckt findet.

In der Kladde lagen dann die Schriftstücke: Pläne, Listen, Bilder, Namen von Personen und Orten. Als uns die fotografische Ablichtung des rumänischen Präsidentenpalastes sowie mehrere Blaupausen mit eingezeichneten Geheimgängen in die Hände fielen, wussten wir, dass unsere Verfolger weit schlimmer waren als jeder Geheimdienst eines jeden Landes. «Securitate» stand deutlich lesbar auf jeder Seite in der ersten Zeile. Zwar gab es die rumänische Organisation angeblich nicht mehr, aber vereinzelt tauchten immer mal wieder alte Mitglieder auf, um die Vergangenheit geheim zu halten.

Die Scheinwerfer hinter uns näherten sich bedenklich, und ich bemerkte erst das Aufglühen eines Feuerzeugs hinter der Windschutz-scheibe, dann das Glimmen einer Zigarette. Zwischendurch gab Tobi mir die Kilometer bis zur jordanischen Grenze durch. Dort wären wir in Sicherheit, dort erwarteten uns Freunde der Rallye-Organisatoren mit Verbindungen «nach ganz oben». Ich gab nochmal Gas. Punkte in Syrien waren bestimmt nicht in Flensburg anrechenbar. Kurz darauf tauchten auch schon in der noch schwachen Morgendämmerung die Checkpoints der Grenze auf.

«O mein Gott! Da steht alles voll», konnte Tobi noch rufen, da riss ich das Lenkrad schon herum. Der Wagen sprang förmlich von der Straße und bohrte sich wie ein aus dem Wasser springender Orca in den Wüstensand. Eine riesige Staubwolke hinter uns aufwirbelnd, suchte sich der Wagen den Weg ins benachbarte Land, da tauchte plötzlich ein Zaun vor uns auf, es krachte, und wir kamen zum Stehen. Mit der Vorderseite waren wir in Jordanien, doch das Heck stand noch in Syrien, und von dort war erst das Zerbersten von Glas zu hören, dann das Ächzen und Stöhnen eines Mannes mit dichtem Vollbart, der sich durch das enge Heckfenster quälte.

Indem er die Finger in den Bezug der Rückenbank krallte, zog er sich und seinen muskulösen Körper Stück für Stück näher an uns heran. Dann ein weiterer Knall, und vor uns trat ein Huf die Windschutzscheibe ein, ehe etwas Langes und Behaartes die verbliebenen Scherbenreste zerstörte. Ich sah auf und erblickte im Gegenlicht der Sonne hoch oben auf einem Kamel die Silhouette eines Beduinen, der mir die Hand hinstreckte. Ohne darüber nachzudenken, griff ich danach, und auch Tobi versuchte sie zu erreichen. Aber es war zu spät, der bärtige Eindringling hatte meinen Reisegefährten bereits von hinten gepackt und zog ihn aus dem Wagen. Im letzten Moment griff Tobi nach der Tasche des alten Mannes, ich ebenso. Eine Weile blieb sie wie regungslos in der Luft, verharrte unbeweglich, um dann mit einem schrecklichen Geräusch zu zerreißen.

Während die einzelnen Seiten aus der Kladde zu Boden fielen, hob mich mein Retter auf das Kamel. Aus den Augenwinkeln sah ich noch, wie mein Freund und Begleiter in ein Auto gestoßen wurde.

Sein lautes «Nein! Nein! Nein!» klang mir noch lange in den Ohren.

Text: Bernhard   **Anmerkungen: Tobias**

So stellte ich mir unser Abenteuer vor, allerdings fing es nicht ganz so dramatisch an: Ich saß zu Hause auf dem Sofa und wartete.

Der Plan sah vor, dass mich Carsten, der Mann, dessen Primärfähigkeit das Grillen war und der deshalb perfekt in unser sechsköpfiges Team passte, um neun Uhr zu Hause abholen sollte. Um zehn wollten wir uns dann mit den anderen an einer durch ein allgegenwärtiges Fastfood-Restaurant zu erkennenden Autobahnausfahrt treffen, die den Einheimischen auch unter *Ittenbach* oder *Siebengebirgsabfahrt* bekannt ist.

Von dort sollte es dann mit drei Wagen, die wir eigens dafür gekauft hatten, losgehen zu unserem Abenteuer: der Allgäu-Orient-Rallye 2009. Mit Autos, nicht teurer als 2000 Euro und/oder älter als 20 Jahre, ging's knapp zwei Wochen lang von Oberstaufen im Allgäu nach Amman in Jordanien.

Die Rallye, die es seit 2006 gibt, fing einst an als kleiner Spaß mit gutem Zweck. Sämtliche Autos werden am Ziel nämlich als Ersatzteillager versteigert, und der Erlös kommt einem örtlichen guten Zweck zugute.

Als Preis winkte uns ein Kamel arabischer Bauart, also mit nur einem Höcker.

> Hallo, Bernhard, ich bin's, Tobi. Sorry, dass ich dich hier unterbrechen muss. Aber kaum will man sich entspannt zurücklehnen und deinen Ausführungen folgen, da wirfst du einem auch schon einen sprachlichen Knüppel zwischen den Hypothalamus. Warum sagst du nicht einfach «Dromedar», sondern drückst dich so verquast aus?

Lieber Tobi, den gängigen Streit um die Begrifflichkeit «Kamel» – «Dromedar» – «Trampeltier» möchte ich an dieser Stelle direkt beenden, indem ich kundtue, dass es sich bei dem Begriff «Kamel» um die Bezeichnung der Familie und obendrein dem einzigen Mitglied der Unterordnung «Schwielensohler» handelt. Das Dromedar mit einem Höcker (man lege das «D» auf den Rücken, und schon hat man sich die Anzahl gemerkt) bezeichnet dagegen die Art aus der Gattung der «Altweltkamele». Eine andere Art sind übrigens die «Trampeltiere» (zum Merken der Höckerzahl zähle man übrigens einfach die Enden der waagerechten Striche des «T»). Nebenbei sei bemerkt, dass zu den «Neuweltkamelen» die – und jetzt kommt's – «Lamas» gehören. Das hat selbst mich überrascht.

Leider machten die örtlichen Einfuhrbestimmungen es dem Sieger unmöglich, die lebende Trophäe mit nach Hause zu nehmen. Damit blieb dem Sieger nichts anderes übrig, als den Preis im Land zu lassen und sich gelegentlich per Videokonferenz mit ihm in Verbindung zu setzen. Aber ob wir am Ende zu glücklichen Dromedarbesitzern werden würden, war zu diesem Zeitpunkt natürlich noch völlig unklar.

Punkt neun stand ich, inzwischen gestiefelt und gespornt, im Flur zwischen meinen Sachen und wartete. Immer noch. Der Kaffee war längst getrunken, der Vollautomat bereits gereinigt. Da stand ich also und drückte nachhaltige Spuren in den Holzfußboden.

Endlich klingelte es, ich nahm das Gepäck in die Hand und stürmte nach draußen. Der Nachbar wunderte sich leicht, aber gab mir dann trotzdem das Päckchen, das schon seit einer Woche bei ihm herumlag, ohne abgeholt worden zu sein. Einmal draußen, setzte ich mich vor dem Haus auf die Treppe und schonte so das Parkett.

Dann hörte ich ihn. Er kündigte sich schon durch ein dumpfes Grummeln an. Mit einer Stunde Verspätung hämmerte er gegen mein Trommelfell. Durch die Straßen fand er den Weg bis vor meine Tür. Schließlich bog auch der Verursacher des Geräusches um die Ecke: Ein

Mercedes 300 SE, Jahrgang 1986, rollte langsam auf mich zu. Auf der Kühlerhaube prangte ein großer Aufkleber mit einem Kamel, schön in Schwarz, weil man es sonst auf dem silbernen Wagen nicht hätte erkennen können. Ich hatte ihn so noch gar nicht gesehen und war dann doch erstaunt, wie unglaublich «cool» das Ganze wirkte. Die Rückbank war komplett voll mit – Kram. Anders kann man es nicht beschreiben. Noch war der Dachgepäckträger nicht beladen, so musste alles im Rück- und Kofferraum gelagert werden.

Ich öffnete die Seitentür. «Na, wie geht's, altes Haus?» Ich blickte mich auf der Straße um, ob jemand meinen coolen Spruch gehört hatte. Aber es war niemand da.

«Komm, setz dich, junges Zelt», antwortete Carsten.

Alles bereit für die Fahrt: Essen, Sonnenbrille, Strom.

«Haha, junges Zelt! Das stimmt, mit den Falten», sagte plötzlich mein Nachbar, der auf dem Fenstersims lehnte und uns beobachtete.

Mist, die Leute packen ihre Kissen aber auch immer im falschen Moment aus!

Ich warf meine Tasche auf die hintere Sitzbank und ließ mich auf den Beifahrersitz fallen. Und schon hätte ich fast auf der Straße gelegen. Der Sitz war leicht abschüssig, da nach rechts komplett durchgesessen, und schlagartig fragte ich mich, wie bequem es wohl sein würde, über einen längeren Zeitraum nur eine Hüfte zu belasten. Gebremst wurde der Sturz nur durch mein unendlich tiefes Einsinken in die Polster. Ich war froh, die Rallye nicht in diesem Wagen absolvieren zu müssen. Wie wir uns auf die einzelnen Wagen verteilten, war vom Reglement her egal, aber durch die Liebe der einzelnen Teammitglieder zu bestimmten Autos kristallisierten sich vorab schon die Paarungen heraus: Renate und Chris im BMW, Fritz und Carsten im Mercedes und Tobi und ich im Volvo.

Während der Fahrt zum Treffpunkt gedachte ich dann doch mal das heikle Thema «Verspätung» anzusprechen, was Carsten mit einem «Haben wir uns gestern Abend anders überlegt» beantwortete. Daraufhin gedachte ich dann doch mal das heikle Thema «Kommunikation» anzusprechen, was er mit «Keiner gemacht? Ui!» abschmetterte. Schließlich gedachte ich dann noch das heikle Thema «So geht es nun wirklich nicht» zur Sprache zu bringen, entschied letztlich aber, es mir besser zu verkneifen.

Carsten ist kein Typ großer Worte. Er war bei der Rallye der Abenteurer, der sich mit knappen Worten, aber unermüdlicher Kraft in die Beschaffung der Ausrüstung kniete und jedem Sponsor so lange an der Wade hing, bis er auch noch ein Schlüsselband seiner Firma rausrückte.

Im letzten Jahrhundert geboren, gehört Carsten zu den klassischen Vertretern alter Männlichkeit. Er ist sehr naturverbunden und nutzt jede Gelegenheit, um alte, bereits vorverkohlte Holzreste wieder und wieder zu entflammen oder erlegtes Wild in einen zum Verzehr geeigneten Zustand zu versetzen. Dass er seinen eigenen Nahrungsaufnahmerhythmus dabei ebenso missachtet wie den seiner Mitreisenden, ficht ihn nicht weiter an. Lediglich tiefere Gewässer können ihn davon abhalten, seinen auf drei Beinen eigentlich überall stehenden Grill zu platzieren und einzuheizen. Selbst von Regen lässt er sich nicht weiter stören, sondern erhöht dann einfach die Temperatur der Flamme, und schon verdunsten die Tropfen, bevor sie auch nur annähernd das Grillgut erreichen.

Praktische Werkstatt- und Fahrzeugkenntnisse sind bei Carsten rudimentär vorhanden, weshalb er einen Auspuff selbst im Dunkeln von einem Wagenheber unterscheiden kann, und das nicht nur an der Temperatur, sondern auch am Geschmack. Als ruhender Pol neben den stampfenden Zylindern behielt er obendrein stets einen kühlen Blick, wenn die «SOKO Auto» mal wieder auf der Jagd war.

Bei den SOKOs handelte es sich um eine Organisationsform, der wir im Vorfeld verfallen waren, um die verschiedenen Rallye-Vorbereitungen in Kleingruppen aufgeteilt zu erledigen. Erstens, weil es praktisch war, aber auch, weil es so unglaublich toll klingt: SOKO. Es gab die erwähnte für die Beschaffung diversen Materials wie Zelte, Essen, Werkzeug und dergleichen und eine weitere, die sich um die Beschaffung der Wagen kümmern sollte – hochkarätig besetzt mit Leuten, die sich mit so was auskennen. Folglich waren Tobi und ich nicht dabei, wir gehörten mit Renate zur «SOKO Strecke».

Das Wichtigste bei dieser Rallye war in meinen Augen selbstverständlich die Planung der Route, was durchaus daran liegen mag, dass ich dieser SOKO angehörte.

Die Rallye-Regeln schränkten unsere Streckenwahl natürlich leicht ein:

- keine Mautstraßen,
- keine Autobahnen,
- keine Fähren,

- keine Transporte mit Bahn oder Flugzeug,
- keine Übernachtung teurer als zehn Euro pro Nacht und Nase,
- kein GPS.

Zunächst verschaffte ich mir einen Überblick über die Lage der Länder und war überrascht, wer da so neben wem lag. Was macht Griechenland denn da neben Serbien? War der Kosovo nicht gestern noch Teil von Montenegro? Wo ist eigentlich mein altes Urlaubsziel Jugoslawien, und seit wann liegt Bulgarien in Europa? Auch jenseits des Bosporus war das Staunen groß: Ach, so weit geht die Türkei in den Süden? Stimmt, Jordanien ist ja gar nicht Libanon, ich hatte schon Sorgen. Oh, Syrien ist aber groß. Was ist denn bloß das Graubraune da? Wir müssen doch nicht etwa in die Nähe von Bagdad …

Nachdem die ersten Recherchearbeiten bereits nach fünf Minuten als erfolglos abgetan werden konnten, weil kein zusammenhängendes, digital berechenbares Straßennetz im Internet zu finden war, versuchte ich es mit der guten alten Handarbeit und durchsuchte das Internet selbst. Mit zwei Fingern tippte ich die Suchbegriffe «Istanbul», «Deutschland» und «mit Auto» ein. Sofort schlug mir Frau Google diverse Internetforen zum Durchstöbern vor. Ich machte mich an die Arbeit und las. Viel. Sehr viel. Wenn die Infos überhaupt zu meiner Frage passten, waren es meist Frauen, die mit ihren Männern und Familien mit dem Auto in den Urlaub oder nach Hause, auf jeden Fall aber in die Türkei wollten. Am allermeisten fragten die Frauen in den Foren «mal so nach», wie dass denn mit dem Auto so sei, der Mann wolle das nämlich «auf jeden Fall durchziehen». Sofort waren hilfreiche Helfer helfend zur Stelle und sparten nicht mit Ratschlägen:

`>Am besten mit dem Autoreisezug nach Italien und dann mit der Fähre`

`>>Mit dem Auto? Vergiss es, nimm 'nen Flieger und miet dir dann 'nen Wagen`

`>>>Wenn dein Mann so bescheuert ist, dann lass den alleine fahren und flieg`

>>>>O Mann, stell dich drauf ein, an jeder
Grenze gefilzt zu werden und deinen Kofferraum
leer zu räumen

Irgendwann gab ich auf. Wie schnell sich doch die Hoffnung auf klare Antworten in den Weiten des Internets verlieren kann. Letztendlich entschieden wir uns, möglichst wenige Grenzen zu passieren, daher fiel die Wahl auf die Strecke Österreich – Ungarn – Rumänien und dann durch Bulgarien direkt in die Türkei. Von dort aus gab es eigentlich nur wenige Möglichkeiten, durch Syrien nach Jordanien zu kommen, weil wir unterwegs nämlich obendrein an bestimmte Aufgaben gebunden waren, die wir allerdings da noch nicht hatten, weshalb sowieso keine genaue Planung möglich war.

Während ich den Erinnerungen an unsere Planungsphase nachhing, rollte der Wagen wie ein fahrendes Sofa souverän rechts, rechts, rechts, U-Turn, rechts, rechts, rechts, links, rechts und dann auf den Parkplatz eines Drive-in-Schnellrestaurants. Carsten und ich beschlossen, drinnen auf den Rest des Teams zu warten, und nach einiger Zeit kam tatsächlich der BMW. Der rote 525i aus dem Jahre 1993 war als letztes Fahrzeug in unseren Fuhrpark gelangt. Dank der Abwrackprämie und den dadurch ins Bodenlose gestürzten Gebrauchtwagenpreisen bekamen wir dieses Fahrzeug für den Bruchteil des Betrages, den wir für den Mercedes ausgegeben hatten. Die «SOKO Auto», bestehend aus Carsten und Fritz, war schon vor der eigentlichen Ansicht des Wagens sehr zuversichtlich. Die Steigung der Straße auf dem Weg zum Verkäufer war nämlich so steil, dass der Wagen gute Bremsen haben musste – oder inzwischen gar keine mehr.

Renate saß am Steuer, fuhr einmal um das Gebäude und parkte, indem sie die Begrenzungslinien perfekt traf, vor dem Fenster. Das wunderte mich nicht. Renate neigt zu einer gewissen Korrektheit. Wahrscheinlich schon mit Kugelschreiber und Klebestift auf die Welt gekommen, tat sie danach nicht ihren ersten Schrei, sondern notierte erst mal die Uhrzeit, den Namen der Hebamme und die Temperatur im Kreißsaal. Im Kindergarten lernte sie nicht nur die Farben, sondern diese gleich in drei verschiedenen Sprachen. Neben Deutsch und Englisch auch in Korrekt. Als sie die Schule verließ, atmeten die Lehrer reihenweise auf, denn endlich durften sie wieder unterrichten, wie sie wollten, und nicht, wie es Vorschrift war, außerdem konnten ihnen wieder Fehler unterlaufen, die keine bemerkte. Renates Freude an Formularen hatten wir es jedoch auch zu verdanken, dass wir überhaupt an dieser Rallye teilnahmen. Und das kam so:

Eines Mittags, es war der 22. Juni 2008, saßen in einem Kölner Büro vier Personen zusammen und speisten köstliche Fertiggerichte. Carsten, Renate, Fritz und Tobi. Carsten erzählte beim Essen von einer Rallye, an der er schon seit zwei Jahren teilnehmen wollte. Renate, von jeher eine Freundin fremder Kulturen, hörte aufmerksam zu, rannte dann in einem Anfall von Übermut zu ihrem Computer und schaute auf der Webseite des Veranstalters nach, wie das denn da so genau aussah mit dieser Rallye. Etwa fünf Minuten später hatte sie aus Versehen das Team StaubMaul angemeldet, aus Versehen den Teilnehmerbeitrag überwiesen und aus Versehen auch schon die Namen der ersten Teammitglieder bekanntgegeben.

Im Vorfeld der Tour übernahm Renate, das Organisationsgenie, freiwillig sämtlichen bürokratischen Aufwand und arbeitete sich dabei bis in die hintersten Winkel des Kleingedruckten vor. Jedes Dokument, jedes Visum, jede Bescheinigung schickte sie im Vorfeld pünktlich und ausreichend frankiert an die richtigen Stellen.

Somit waren sämtliche Anmeldungen perfekt, die Visa-Anträge richtig und alle Karten unseres persönlichen Fahrtenbuchs auf denselben Maßstab vergrößert. Den Großteil der Reise verbrachte Renate dann zwar damit, irgendwelche Belege zu sortieren und die Rechtschreibfehler in unseren Blogs zu korrigieren, aber die hochprofessionell geplante Reise ging hauptsächlich auf ihren Einsatz zurück.

Die Türen des BMWs öffneten sich, und von der Beifahrerseite stieg Fritz aus. Wie immer mit Markenkleidung, mit geföhntem Haar und – da bestand kein Zweifel – Plastikhandschuhen in der Tasche, damit er sich beim Tanken nicht die Finger benetzte. Ein richtiger Städter. Ein Jäger, der viel Zeit auf seinem Hochsitz verbrachte, um auch ja das passende Fahrzeug zu erspähen. Manch ein Auto ließ er vorbeiziehen, um dann im rechten Moment zuzuschlagen. Seinem Verhandlungsgeschick konnten die wenigsten Verkäufer widerstehen, weshalb sie schon nach den ersten zaghaften Versuchen der Abzocke einbrachen. Wir freuten uns jetzt schon auf den ersten Teppichhändler, der uns in Arabien seinen gesamten Vorrat an Bodenbelägen hinterhertragen würde.

Aus dem Ländlichen kommend, hat Fritz wohl bereits auf den heimischen Wochenmärkten das Feilschen von der Pike auf gelernt, ebenso bereits in frühester Kindheit die Faszination des motorisierten Antriebs erfahren dürfen. Traktoren waren in dieser Region Deutschlands nun mal mit die einzige Möglichkeit, den schlammigen Untergrund ohne anstrengende Beinbewegung zu meistern. Als er später in die große Stadt Köln kam, wunderte er sich nicht nur über die flächendeckende geschlossene Bebauung, sondern auch über die diversen Möglichkeiten, den Untergrund den Fahrzeugen anzupassen und nicht umgekehrt. So ist aus ihm ein wahrer Kenner des Automobils geworden, wenn auch die theoretische Seite durchaus Priorität genießt. Sämtliche Zeitschriften, die von PS-Zahlen, Hubraumangaben und Beschleunigungswerten nur so strotzen, gehören zu seiner Standardlektüre. In der Zwischenzeit liest er aber auch gerne mal «was mit verschachtelten Sätzen».

In seiner stets modischen Kleidung bildet er einen auffallenden Kontrapunkt zum üblichen Rallye-Outfit. Allerdings lässt der unregelmäßige Gebrauch von weißen Socken zu schwarzen Schuhen eine gewisse modische Dissonanz zwischen Kleidung und seiner allzeit gegelten Frisur erkennen. Dies war wohl ein nicht unerheblicher Faktor, der die jeweiligen Autoverkäufer bei den knallharten Verhandlungen in die Knie gezwungen hatte.

Ein Großteil des Teams war somit vollständig vorhanden, lediglich der Volvo mit Tobi, Michael und Chris ließ auf sich warten. Hoffentlich saß nicht Tobi am Steuer, dann würde es noch etwas dauern, denn als Freund der modernen vernetzten Kommunikation fuhr er sicher auch im realen Leben lieber langsamer, als sich einen Virus, sprich einen Unfall, einzufangen.

Er ist übrigens nicht wie andere Menschen auf die Welt gekommen, sondern höchstwahrscheinlich aus dem Internet heruntergeladen worden. Wie das funktioniert haben soll, ist allerdings ein Rätsel, denn die Paranoia, mit der er seinen Computer gegen jeden wie auch immer gearteten Zugriff, sei es ein automatisches Update, Spam oder auch ein Virus, schützt, hätte eigentlich jede Form von Schwangerschaft bei seinen Eltern verhindern müssen. Kein Buchstabe kann gedrückt werden, ohne dass sich das System dies zweimal bestätigen lässt, und natürlich muss vorher ein 13-stelliges Passwort eingegeben werden.

Dafür leistete er unterwegs, zumindest wenn er neben mir als Beifahrer im Auto saß, fast mehr als hinter dem Steuer. Kann man beim Lenken nämlich eine Hand lässig herunterbaumeln lassen, hat er auf dem Beifahrersitz ununterbrochen die zwei Jahre alten Informationen aus der Offline-Wikipedia abgerufen und uns während der gesamten Rallye damit auf dem fast aktuellen Stand der damaligen Wissenschaft gehalten.

Aber eigentlich hat er auch später jede Situation mit seiner stoischen Ruhe, die Enya wie eine Heavy-Metal-Gruppe erscheinen lässt, und selbst die nervigsten Momente erträglich werden lassen. Fuhr er, so konnte ich entspannt die Augen schließen und mich durch die Welt treiben lassen – wenn er dabei nur nicht so laut geschnarcht hätte.

Aber immer noch ließ Tobi im Volvo mit Michael und Chris auf sich warten.

Eine Weile auf sich warten.

Eine ganze Weile auf sich warten.

Wir anderen hatten uns längst mit Kaffee und einem Frühstück eingedeckt, das noch leicht nach den Burgern des Vorabends schmeckte, als wir ihn plötzlich sahen: den Volvo, der für die nächsten 14 Tage mein und Tobis Zuhause sein sollte. Die anderen wollten später öfter mit uns tauschen, auch wenn Fritz den Mercedes bereits im Vorfeld okkupiert hatte. Schön und kompakt, stark und stolz durchfuhr er den Verteilerkreis. Zweimal. Oh, da hatte sich der gute Tobi wohl in der Ausfahrt geirrt.

Wenn ich Bernhard an dieser Stelle kurz unterbrechen dürfte. Hätte ich mich in der Ausfahrt geirrt, wäre ich wohl kaum nach der zweiten Runde richtig rausgefahren. Ich war lediglich durch meine Mitfahrer abgelenkt und habe die Vorzüge eines Kreisverkehrs für solche Situationen genutzt. Genau genommen musste ich mich gerade über die ausgelassene Freude von Chris und Michael über die erste Pause mit Frühstück, Kaffee und WLAN wundern. Wir hatten zwar bereits 47 von mehr als 6000 Kilometern geschafft, aber ich hoffte inständig, dass diese herzliche Begeisterung nicht ein Indiz für die angestrebte Pausenfrequenz sein würde.

Dann stand der Volvo auf dem Parkplatz, und zwei der Insassen betraten das Restaurant. Die dritte Person hatte leichte Probleme, sich aus dem Auto zu schälen. Unser sechster Mann Chris war die Ruhe selbst. Er war heiß auf das Abenteuer und trotzdem immer sehr «entspannt», was er uns als Ratschlag in den verschiedensten Situationen auch gerne mit auf den Weg gab.

Eine Hand hat er eigentlich ständig am Ohr, um das Telefon nicht abstürzen zu lassen. Als derjenige unter uns mit der größten internationalen Erfahrung war er als Letzter ins Team gekommen. Renate war ihm mal in einem Arabischkurs begegnet, in dem sie sich auf die Reise in die weite Welt vorbereiten wollte. Chris' Kenntnisse über Autos betreffen nicht nur den schönen Lack, sondern auch einzelne Details des Motorraums. Schrauben und Drähte sind ihm genauso vertraut wie Ventile und Dichtungsringe. Nun gut, dass er normalerweise mit Fahrzeugen größeren Kalibers zu tun hat, war durchaus als Einschränkung zu verstehen. Aber wer schon mal im Schlafsack gelegen hat, der weiß: Zu groß ist immer noch besser als zu klein.

Seine besondere Fähigkeit war der ständige Kontakt mit der Heimat. Der 655-stellige Betrag auf seiner Telefonrechnung führte dazu, dass sein Mobilfunkanbieter eigens das Rechnungssystem umstellte und die Rechnungen nun auf DIN-A4 quer verschickt.

Noch bevor Chris das Restaurant betreten hatte und noch bevor sich die Neuankömmlinge setzen konnten, die Knie schon leicht gebeugt, den Körper der Schwerkraft überlassen wollend, sprangen wir anderen auf. Zu heiß waren wir auf den Start der Rallye und vor allem auf das erste Gruppenfoto, das erste Umpacken und das erste Kolonnenfahren. Zu heiß war auch der Kaffee, den sich Carsten ungeschickterweise in einem Glas hatte servieren lassen. Wahrscheinlich fühlte er sich so der brennenden Hitze näher.

Wir traten auf den Parkplatz vor dem Gebäude und fingen zu sechst erst mal an, das Gepäck umzuladen. Doch eigentlich waren wir zu siebt, und da sahen wir ihn auch schon alle, den armen, einsam dastehenden Mann, der mit einer Jutetasche um Aufmerksamkeit warb. Es war Michael, unser Kameramann. Weltoffen, neugierig und tolerant, sprudelte er vor Freude und guter Laune. Dass er, neben seiner Neigung zu derben Späßen, dem philosophischen Diskurs nicht abgeneigt war, machte ihn für mich zu einem angenehmen Reisepartner.

Da wir unsere Fahrt auch filmisch für die – Achtung, es folgt ein Begriff aus der Vor-Flatscreen-Zeit! – Flimmerkiste in bewegten Bildern auf eigens dafür vorgesehenem Material bannen wollten, brauchten wir jemanden ohne eigene Meinung, der willenlos das tat, was wir wollten, also jemanden, der eigentlich gar nicht wusste, dass die Welt dreidimensional ist.

Da war Michael genau der Richtige. Dank ihm verfügten wir über zwei mit Spannungswandlern ausgestattete Fahrzeuge – eigentlich, damit er seine Kameraakkus aufladen konnte, aber noch eigentlicher, um unsere Laptops mit Strom zu versorgen. Seine Ratschläge über Verhalten im Ausland, sei es Indien, Mosambik oder Paraguay, waren für uns Unerfahrene sehr hilfreich, falls wir im Leben je nach Indien, Mosambik oder Paraguay kommen sollten.

Dennoch: Unser ständiger Begleiter erfreute sich unserer illustren Gemeinschaft und versuchte uns stets mit philosophischen und politischen Gesprächen zu erheitern, womit er allerdings nur eingeschränkt erfolgreich war. Egal, ich hatte jedenfalls Spaß. Er dagegen denkt heute noch über die Darstellung der vierten Dimension nach, oder vielmehr versuche ich es ihm nach wie vor zu erklären, doch er lässt sich seit unserer Rückkehr verleugnen.

Seine baumelnde Jutetasche enthielt jedenfalls ein durchaus sinnvolles Equipment: Funkgeräte, und zwar zwei Sets mit jeweils zwei Geräten, die jedoch leider nicht miteinander kompatibel waren.

Wir verteilten die Funkgeräte möglichst gerecht, die mit der großen Reichweite im ersten und im letzten Wagen, die weniger starken bekam das Team in der Mitte, bis wir auf die Idee kamen, wenigstens eines davon an ein anderes Fahrzeug weiterzureichen.

Dann ging es endlich los in Richtung Allgäu. Gut gefrühstückt hatten wir ja, daher konnten wir uns voll auf die Trainingsfahrt zum Ort des Starts konzentrieren. Wir mussten irgendwann im Laufe des Tages da sein, weil die eigentliche Rallye erst am folgenden Tag losging.

Während sich die ersten Versuche der Kolonnenfahrt mit drei Autos recht gut anließen – es fühlte sich schon ziemlich cool an –, mussten wir die Funktechnik erst noch üben. Eventuell falsch verstandene Anweisungen korrigierten wir daher vorerst per Händi. Wobei ich zugeben muss, dass es auf der Strecke recht wenig anzuweisen gab. Wir fuhren ja einfach nur geradeaus.

Also fast. Auf unserem Weg gab es durchaus mehrere Autobahnkreuze und im Prinzip drei mögliche Routen. Schnell einigten sich einige von uns auf die Strecke, die anderen wurden einfach geeinigt. Unterwerfung ist bei einem solchen Projekt eine nicht unübliche Form der Stressvermeidung. Wirft sich der kleine Welpe vor der Rudelführerin auf den Rücken, so zeigt er nicht nur Demut, sondern gibt zugleich auch jede Verantwortung ab. Das nimmt ein nicht unerhebliches Maß an Stress von ihm.

Daher versuchten Tobi und ich im Volvo Stress erst gar nicht aufkommen zu lassen, was auch ganz gut funktionierte. Chris im BMW fuhr vorneweg, immer schön zügig, mal etwas schneller, mal etwas langsamer. Dabei achtete er immer darauf, den richtigen Abstand zum Hintermann zu halten, damit niemand zurückblieb. Einzige Ausnahmen waren die Autobahnkreuze. Ausgerechnet dort, wo wir eigentlich erst recht hätten zusammenbleiben sollen, weil verschiedene Streckenführungen das Auseinanderbrechen der Gruppe gefährdeten, testete er aus, wo die «Leistungsgrenze» seines Wagens zu finden war.

Auf unser kurzes «Vielleicht sollten ... krschhh ... wir darauf ... kraschhh ... dass wir an den ... krschschsch ... schwierigen Stellen zusammen... krsch ...bleiben» kam nur sein «Entspann dich!», klick. Mist, die Funke könnte er aber noch besser bedienen.

Dann kam der erste Boxenstopp. Die Abfahrt war noch nicht mal spannend, kein «Hier raus!» mit quietschenden Reifen[1], scharfen Lenkbewegungen, schwitzenden Beifahrern und Lebensgefahr. Einfach nur: «Nächste raus?» – «Ja, okay.» Blinker setzen, abfahren. Wir fuhren an der Tankstelle vorbei und stellten uns in drei Parktaschen nebeneinander auf. Natürlich so, dass uns jeder sehen konnte.

[1] Das Quietschen der Reifen entsteht durch das Herausdrücken der Luft während der Verformung des Gummis. Somit ist es theoretisch möglich, wenn auch unwahrscheinlich, auf nassen Straßen quietschende Reifen zu hören. Ebenso im Sand. Dieses Phänomen haben wir allerdings wahrscheinlich hören können.

Kaum ausgestiegen, liefen wir auch schon um die Wagen rum. «Boah, der hält!» – «Wie der zieht!» – «In der Kurve isser aber ... ohhha!», waren die vorherrschenden Floskeln, die das eher belanglose Gespräch mit Inhalt füllten.

Plötzlich eine kleine Überraschung, denn ein anderes Team hielt genau uns gegenüber. Gerade mal 150 Kilometer von Köln entfernt, gerade mal ein Autobahnkreuz hinter uns gelassen, da konnten wir auch schon zu den Fahrzeugen von Team 28 rüberrennen, und wieder ging es in ähnlicher Reihenfolge, aber doch recht gleichem Inhalt los: «Boahhh!» – «Na, wie fährt sich's?» – «Halten die auch?»

Zu unserer Belustigung hatte sich das Team 28 neben dem Namen «TEAMquadrat – Hessen geht aus» ein paar weitere kleine Besonderheiten ausgedacht, die wir natürlich sofort entdeckten. So war auf dem uralten Golf eine Sperrholzplatte befestigt, auf der vier eingeschraubte

Auch das Befestigen der Motorhaube mit Kabelbinder kann man zu einem demokratischen Prozess machen.

Haken nach oben wiesen. Während Fritz noch überlegte, wie diese Konstruktion das Fahrverhalten des Wagens optimieren sollte, Carsten darüber nachdachte, ob man damit einen Grill auch während der Fahrt benutzen könnte, Renate die haftungsrechtlichen Fragen durchging und Chris darüber sinnierte, ob man mit den Haken einen besseren Händi-Empfang hatte, wussten Tobi und ich sofort, dass man damit ein Zelt aufschlagen und in skorpionferner Reichweite zum Boden schlafen konnte.

Wir waren doch recht erstaunt über die Kreativität und den Einfallsreichtum, ebenso die raffinierte Ausarbeitung und das offensichtliche Fachwissen der anderen Mannschaft. Ernüchterung setzte allerdings ein, als einer der anderen, den sie uns als denjenigen vorstellten, «der wirklich Ahnung hat und dafür sorgt, dass alle Wagen sauber und funktionstüchtig ans Ziel kommen werden», sich mit einem Akkuschrauber vor den Wagen kniete und zwei Löcher in die Motorhaube bohrte, um diese danach mit Draht an der Karosserie zu befestigen. Ich machte mir zwar Sorgen um das Team, aber geidisch war ich schon. Ich hätte nämlich auch gerne so einen Akkuschrauber.

Geidisch??? Du betreibst Lautverschiebungen offenbar mittlerweile mit dem Schaufelradbagger?

Nein, aber ich möchte an dieser Stelle auf ein Manko des deutschen Vokabulars hinweisen. Da fehlt einfach ein Wort. Neid passt nicht, heißt es doch so viel wie: «Ich will das auch, aber der soll's nicht besitzen.» Und wenn ich etwas «gönne», freut es mich für den anderen, ich selbst bin jedoch nicht daran interessiert. Akkuschrauber sind mit beidem nicht zu beschreiben. Die will ich haben. Aber andere sollen sie natürlich auch haben dürfen.

Wir fädelten uns ungefähr zeitgleich wieder auf die Autobahn ein, und beim nächsten Kreuz war klar, die *wollten* gar nicht mit uns im Allgäu ankommen, denn sie fuhren der A3 folgend, während wir bereits die A5 nach Süden nahmen.

Weiter ging es, immer entspannt auf den geraden Strecken, bei Abzweigungen nach wie vor durch das Vorpreschen des BMWs leicht verunsichert, aber dadurch vor Langeweile gefeit. Wir wechselten auf die A 5 Richtung Heilbronn, folgten der A 81 nach Süden, an Stuttgart vorbei, und wo die A 81 und die A 8 eine Weile auf den gleichen Spuren verlaufen, überholte uns wie aus dem Nichts das Team 28 mit lautem Hupen und Gejohle. Freudiger Ausdruck auf allen Gesichtern, denn auch sie hatten sicher angenommen, wir hätten gar nicht vor, jemals in Oberstaufen anzukommen.

Es ging sehr lang die A 7 runter Richtung Süden, weit, immer weiter weg von zu Hause, daher nutzten Tobi und ich die Fahrt, um uns im Volvo häuslich einzurichten. Beim Einsteigen war der Teppich im Fußraum des Beifahrerbereichs noch zu erkennen, aber das war nur von kurzer Dauer, da dieser sofort mit der Schachtel bedeckt wurde, in der eben noch die Funkgeräte gewesen waren. Ergänzt durch die Plastikverpackung eines Ladegeräts, kam noch ein akustischer Reiz hinzu. So lässt es sich leben, fand ich, ist doch viel schöner als diese sterile Reinraumatmosphäre, die hier vorher geherrscht hatte.

Dann, endlich, irgendwann verließen wir die Autobahn, folgten der breiten Landstraße, bis auch diese ihre Ausbaustufe II verlor, und waren ganz nah am Start der Rallye. Nicht mehr lange, und wir würden da sein, am Start. Das Abenteuer würde nun wirklich beginnen, am Start.

Lieber Bernhard, unter «Ausbaustufe» versteht man in den zuständigen Behörden den Status der baulichen Maßnahmen, um eine Straße zu bauen oder instand zu setzen. Vermutlich möchtest du dich hier über die Fahrbahnbreite, das Fehlen des Seitenstreifens oder den mangelhaft realisierten Grad der Querneigung echauffieren. Dafür benutze doch bitte den Begriff «Straßenquerschnitt». Dieser beschreibt den Verkehrsraum, Sicherheitsabstände sowie zusätzliche Einrichtungen im lotrechten Schnitt einer Straße im rechten Winkel zur Straßenachse.

Lieber Tobi, ich gebe zu, dass der Begriff «Ausbaustufe» hier etwas vage, wenn nicht sogar ungenau, aber doch sehr mutig, wenn nicht sogar tapfer gebraucht wird. Vielleicht erinnerst du dich daran, dass die Straßen in ihrem «lotrechten Schnitt im rechten Winkel zur Straßenachse» (und versuch nicht, mir zu erzählen, du hättest dir das ausgedacht, das hast du abgeschrieben! Die Gerichtsverhandlung wegen der Copyrightverletzung kannst du alleine besuchen) bereits fertiggestellt wirkten, allerdings im senkrechten Schnitt parallel zur Kraftrichtung der Zentripetalkraft durchaus den Eindruck erweckten, noch nicht ganz fertig zu sein.

Das Schöne an so einer Fahrt durch mehrere Länder ist ja, fremde Kulturen, andere Sitten, Gebräuche und auch die dazugehörigen Menschen kennenzulernen. So kann man sich selbst ein wenig spiegeln. Kommt man mit seiner Geschichte, seinem Gebaren und seiner sozialen Erfahrung in ein fremdes Land, werden einem die eigenen Besonderheiten besonders deutlich vor Augen geführt. Darauf freuten wir uns, darum waren wir unter anderem unterwegs.

Dass dieses Aufeinandertreffen mit fremden Kulturen bereits im Oberallgäu begann, überraschte uns dann doch etwas. Wir hatten kurz vorher noch angehalten und das Gepäck umgeladen. Für die Strecke von Köln in den Süden, die wir größtenteils, wenn nicht ganz, auf der Autobahn verbracht hatten, hatten wir sämtliches Gepäck in den Kofferräumen, auf den Sitzbänken oder in den Fußräumen verstaut. Damit boten die Wagen, bis auf die vorbereiteten Gepäckträger, dem Wind keine Angriffsmöglichkeit. Allerdings machte das nichts her. Wofür die coolen silbernen Kisten, wenn sie keiner sah? Wieso die auffälligen orangefarbenen und wasserdichten Packtaschen, wenn sie im Kofferraum versteckt waren? Wenn wir auf den Parkplatz fuhren, wo wir zum ersten Mal auf die anderen Rallye-Teilnehmer stießen, wollten wir optisch ganz vorne mitspielen.

Daher hielten wir also kurz an, holten die größten Packelemente aus den Wagen und zurrten sie auf dem Dach fest. Nicht, dass dies sehr einfach gewesen wäre, schließlich gab es auch hier vieles zu beachten, was bisher nicht vorüberlegt war. Zurrten wir besser längs oder quer? Oder gar über Kreuz? Durch die Handgriffe oder darüber? Wir entschieden uns für eine wilde Kombination von allem, auch wenn die Befürchtung nahelag, dass wir bis nach Jordanien nicht mehr an unsere Schlafsäcke kämen. Aber da wir ja auch durch Kappadokien mussten, lagen das antike Phrygien und die alte Hauptstadt Gordion nicht weit. Und die sollten sich mit Knoten ja wohl auskennen.

Derart gepimpt und ausstaffiert, kamen wir nun in Oberstaufen an. Der erste Kreisverkehr fegte zwar unsere Formation auseinander, aber letztendlich schafften wir es dann doch bis vor das Festzelt.

Schon im Ort begegneten uns die Wagen der anderen Teams, und die Straße, die zum allgemeinen Treffpunkt führte, war voll mit beklebten und bemalten Fahrzeugen. Auf dem Gelände rund um die Anmeldestelle wimmelte es dann von PS-starken und auch PS-schwachen Motoren, die teils von guterhaltenen, teils jedoch eher von kaum erkennbaren Karosserien verdeckt wurden.

Besonders ins Auge fielen die Österreicher mit drei gleichen VW-Bussen, zwei davon rot, einer weiß. Sehr schön! Damit konnten sie die Flagge ihres Landes darstellen. Zum Glück kam das Team nicht aus Saint-Pierre-et-Miquelon, da wären mindestens 200 Fahrzeuge in verschiedenen Farben nötig gewesen, um das dreimastige Segelschiff auch nur annähernd korrekt darzustellen.

Während wir über den Platz liefen, um uns ein Bild von der Lage zu verschaffen, verfolgte ich dann noch einige Gespräche mit völlig irrelevanten Informationen:

«Das 'n T3er, oder?»

«Ja, der T2er war zu teuer.»

«Ah, selten.»

«Mhm», kam es zustimmend zurück.

Ja, solche Gespräche schnappt man auf, auch wenn man nicht wirklich Ahnung hat, worum es da geht. Dann entdeckten wir die Styrian Speed Sisters mit ihrem rosa Mercedes und freuten uns jetzt schon auf den Jordanier, der das Auto später ersteigern und es stolz seiner Familie in Amman zeigen würde. Gleich daneben standen zwei alte Käfer, von denen der eine eigentlich schon gar kein Käfer mehr war. Der Wagen war so weit gestutzt und verändert worden, dass wir es hier wohl eher mit einer Kreuzung aus einem Regenwurm und einem Grashüpfer zu tun hatten, weshalb der Begriff «Restomobil» auch nicht im Ansatz an der Realität vorbeiging.

Die ersten dumpfen Töne von fremder Musik lagen in der Luft, sie legte sich über den Golf mit der auf das Dach geschraubten Sperrholzplatte, auf die später das Zelt gezurrt werden sollte. Sie umgab die Gruppe der drei tiefergelegten Mercedes-S-Klassen, von der ein Wagen schon beim Start den Auspuff verlieren sollte. Wir hörten sie, als wir an dem Citroën CX vorbeigingen, der bereits am Starttag vom Parkplatz würde geschoben werden müssen.

Wir gingen durch die Reihen der geparkten Fahrzeuge auf einen breiten Eingang zu. Viele Menschen liefen umher, teilweise sahen sie etwas merkwürdig aus mit ihren Lederhosen oder Dirndln, andere wiederum waren so normal angezogen wie wir: Khakihosen, buntbedruckte T-Shirts, darüber natürlich North-Face-Jacken, Goretex-Schuhe und Sympatex-Mützen. Die Wassersäule möchte ich sehen, die da durchkommt. Okay, wir würden im Auto sitzen …

Gemeinsam betraten wir das große Festzelt, in dem ein buntes Treiben vieler feierfreudiger Menschen zu beobachten war. In Oberstaufen findet regelmäßig ein Maifest statt – nicht ganz zufällig am Ersten des Monats und wahrscheinlich genauso wenig zufällig, wie die Auftaktveranstaltung mit dem Start der Rallye zusammenfiel. Das hatte für das freundliche Organisationskomitee den Vorteil, dass es nicht erst aufwendig Zelte und Veranstaltungsräume aufbauen oder besorgen musste, und für die Einheimischen bot sich die günstige Gelegenheit, den ortsansässigen Genpool mal wieder aufzufrischen. Den prüfenden

Blicken der Anwesenden bei unserem Eintreten nach zu urteilen, schien dies ein althergebrachtes Ritual zu sein.

Wir warfen erst mal nur einen kurzen Blick in die Runde und bewunderten den Mut der meisten, hier in Tracht herumzulaufen. Während auf der ganzen Welt die Jugend versucht, sich von der Elterngeneration zu unterscheiden, sich abzugrenzen, wird den Alten hier fleißig nachgeeifert. Vielleicht gefiel es ihnen ja, und sie hatten richtig Spaß? Dem Lärm nach zu urteilen hatten sie richtig Spaß ...

Während wir uns umschauten, bahnten wir uns gleichzeitig einen Weg zur Anmeldung. Diese war freundlicherweise direkt neben der Bühne aufgebaut, sodass wir ganz nah an den davorstehenden Boxen vorbeigehen durften. Zu unserer Freude wurde gerade ein Soundcheck durchgeführt. So hörten wir kein ganzes Lied, sondern nur das ständige und regelmäßige Einschlagen auf die Bass-Drum, die Snare und noch einige andere Teile des Schlagzeugs, was aber bald der allseits einsetzende Tinnitus übertönte. An dem Tisch angekommen, hinter dem das freundliche Organisationskomitee stand, bekamen wir erst mal diverses Material zum Mitnehmen. Die gelben Rallye-Schilder mit unserer Startnummer drauf, zwei weitere Aufkleber, mehrere Informationsbroschüren und, das Wichtigste, Getränke- und Essensgutscheine.

Auf ging es zu den Autos, schließlich wollten die neuen Utensilien sofort an Ort und Stelle angebracht werden. Von zwei Aufklebern hatten wir die Größe im Vorfeld gewusst, die klebten wir also genau an die Stellen, für die sie vorgesehen waren. Ein dritter und vierter fanden eher nach einem System, das an Tetris erinnert, ihren Platz auf den Wagen.

Das Anbringen der schönen gelben Schilder war da schon komplizierter. Zwar hatten wir genügend Kabelbinder dabei, um eine entsprechende Befestigung zu garantieren, aber wie einige andere Teams mit vorgefertigten Metallunterlagen zur Stabilisierung oder gar einem Akkuschrauber, um jede Form von Beweglichkeit zu unterbinden, waren wir nicht ausgestattet. Zunächst versuchte jeder sein Schild am Kühlergrill festzuzurren.

Der Fotograf ...

Chris meinte dann: «Ob das 'ne gute Idee ist, am Kühler?»

«Warum?»

«Wegen der Luft!»

«Vom Kühler die?»

«Ja!»

«Trotz Regen?»

«Ja, hier, aber da unten.»

«Stimmt, is warm dort.»

Später erfuhren wir, dass die Kühlluft meist von unten angesaugt wird und dass man Sätze auch mit Subjekt, Prädikat und Objekt bauen kann.

Trotzdem probten wir drei Strategien: Der Volvo befestigte das Schild oben am Gepäckträger, der BMW am Kühler, allerdings mit Ausbuchtungen, um ausreichend nicht benötigte Luft heranzulassen, und der Mercedes lieh sich kurzerhand ein Handschraubgerät und

... und sein Foto.

machte aus der Stoßstange ein Abtropfsieb für Nudeln. Letztendlich entschieden sich auch Carsten und Fahrzeugchef Fritz für den Gepäckträger.

Wir standen solange rum und überlegten, was zu tun sei.

«Sollen wir essen?»

«Hm?»

«Weiß nicht.»

«Hotel?»

«Okay.»

«Wo ist Carsten?»

«Der hat sich ein Bier bestellt.»

Also hockten auch wir uns hin. So laufen gruppendynamische Prozesse eben manchmal ab: anders.

Carsten hatte das irgendwann zu lange gedauert, und er bestellte sich zum Zeitvertreib ein Getränk. Also orderten wir sechs Bier und ein

Spezi. Ich musste ja noch fahren. Wahrscheinlich hatte ich im Gegensatz zu meinen Kollegen die Tatsache noch nicht verdrängt, dass wir mit dem kompletten Kram noch in unsere Herberge mussten. Und zwar mit drei Autos. Im Gegensatz zu meinen Kollegen hatte ich allerdings verdrängt, dass man auch mit Bier im Blut Auto fahren kann.

Lieber Bernhard, waren wir nicht im schönen Bayern angekommen, wo Günther Beckstein erst 2008 verlauten ließ, er wolle am liebsten die Promillegrenze zur Fahruntüchtigkeit auf zwei Maß Bier heraufsetzen? Selbstverständlich waren wir wesentlich verantwortungsbewusster und genossen höchstens eine winzige hopfige Pfütze, um den Gaumen zu benetzen und ihn auf das abendliche Fest(zelt)gelage einzustimmen. Neben einem ausgeprägten Hang zum Separatismus und einem unauslöschbaren Dialekt hat *der* Bayer ja vor allem eine Stärke: das Bierbrauen. Wer das nicht mag, der trinkt halt süße, klebrige, leicht blubbernde Limonade. Prost, Bernhard!

Danke für den Hinweis, Tobi. Aber leider war die Rezeptur des Spezis nicht ganz mit den deutschlandweit verbreiteten Ingredienzien versehen, denn anstatt der Fanta hatte man einheimische Limonade verwendet. Das mag Lokalpatriotismus pur sein, nur leider traf es meinen Geschmack nicht so genau. Es erinnerte mich eher an einen der Zaubertränke von Severus Snape.

Ich kann es nicht begreifen. Für diese zuckrige Plörre ersinnst du, lieber Bernhard, einen regionalen Geschmacksatlas und bemühst auch noch einen Lehrer von Harry Potter? Sei froh, dass dir diese Karies-Oase erspart geblieben ist. Dein Zahnarzt und deine Magenschleimhäute werden es dir gedankt haben.

Endlich klärte sich die Frage nach der Art des Essens: erst auswärts richtig, dann wiederkommen. Also machten wir uns auf und suchten unsere Herberge, die wir bereits im Vorfeld reserviert hatten. Erst eine schmale Straße hinauf, dann zwei, drei Biegungen, und schon sahen wir unsere Unterkunft. Wir freuten uns auf ein Abendessen in der heimischen Küche, eventuell konnten wir dann auch auf die abendliche Feier verzichten und direkt schlafen gehen. Genau genommen war es meine Hoffnung, auf diese Art und Weise den undisziplinierten Trinkern in unserer Runde wenigstens am ersten Tag einen kontrollierten Zufluss an nervengifthaltigen Getränken zu verpassen.

Auf unser Klingeln öffnete ein netter älterer Herr, der sehr einheimisch aussah und uns, ebenfalls sehr einheimisch, in Dialekt begrüßte. Er berlinerte. Leicht kulturgeschockt, war ich nun doch etwas perplex, ließ mich aber von dem Herrn bereitwillig darüber aufklären, dass er als Zahnarzt einfach mal etwas Ruhe haben wollte und deshalb aus dieser großen Stadt an der Spree hierhergezogen sei.

Leider war das mit der Ruhe sehr ernst gemeint, und schon die abendliche Küche mit einem anwesenden Koch wäre wohl zu laut gewesen, weshalb unser Gastgeber diesen kurzerhand nach Hause geschickt hatte. «Wusst ick nich, hättet ihr mir sahren müssen», entschuldigte er sich, als wir ihn darauf ansprachen. Zumal er gar nicht mehr mit uns gerechnet hatte, nach sieben Uhr abends ...

Unsere Bitte nach der Benutzung des Grills wurde ebenfalls abgelehnt, knackende Kohle wäre wahrscheinlich auch zu laut gewesen. Ach ja: Frühstück ab neun. Na gut, da wir um acht schon unten am Start sein mussten, würde sein Tag morgen genauso beginnen, wie er ihn sich vorgestellt hatte: leise.

Wenigstens waren die Zimmer gut gekühlt, und wir konnten die Heizung selbst anmachen. Mitmachhotel sozusagen.

Danach fuhren wir hinunter ins Tal. Erst zum Essen, danach auf die große Maiparty. Wir speisten im Kuhstall, dem P1 von Oberstaufen, dem Sansibar vom Allgäu. Allerdings waren wir fast die Einzigen – bis auf ein paar Landwirte, die nach getaner Arbeit den Tag an der Bar ausklingen lassen wollten, und ein oder zwei Pärchen am Nachbartisch.

Zu guter Letzt kamen wir mit dem Chefredakteur des Magazins *Scene* in Kontakt. Die Gemeinde Oberstaufen hat also eine eigene *Scene* … In Begleitung des Herrn befand sich zufällig eine Dame aus der Tourismusbranche, die uns darüber aufklärte, dass wir die Kurtaxe unter anderem dafür zahlten, um die Rad- und Wanderwege nutzen zu können. Ich freute mich schon auf den ersten Tag in unseren Autos.

Anschließend ging es nochmal zurück ins Festzelt, immer schön im großen Haufen. Hier gaben wir uns dann ganz den Feierlichkeiten hin. Umgeben von mehreren hundert Menschen, versuchten wir einen freien Platz zu ergattern, setzten uns irgendwo am Rand an eine Biertischgarnitur und genossen sowohl die Musik als auch die Getränke, als auch die Menschen.

Wie so oft konnte ich auch hier äußerst interessante Feldstudien betreiben. Nehmen wir mal das Auftauchen eines Paares: Wir haben da ein bereits länger zusammenstehendes Grüppchen junger Menschen, die aber so was von die Sau raus lassen wollen. Dann gesellen sich zwei neue Gäste hinzu. Zunächst ist das Begrüßungsritual der Männer auffällig, da es recht laut, zeitweise auch recht brutal vonstattengeht. Man reicht sich die Hände, eine archaische Form der Demonstration von Unbewaffnetsein und Friedfertigkeit. Allerdings nicht auf die übliche Art und Weise, mit ausgestrecktem Arm und gesenkten Fingerspitzen, sondern eher dergestalt, dass sich der rechte Arm beider Beteiligten nach oben im Ellenbogengelenk krümmt und die Handflächen ineinandergelegt werden, als wäre Armdrücken die nächste gewünschte Handlung. Dann werden die Arme jeweils angezogen, und die Oberkörper berühren sich. Dabei versucht das eine Männchen dem anderen seine Stärke und Furchtlosigkeit zu zeigen. Hin und wieder schlägt einer der Beteiligten mit der freien Hand auf die Schulter des Vererbungskonkurrenten, zwar freundschaftlich, aber bestimmt. Dazu werden Floskeln der Höflichkeit ausgetauscht, etwa «Ey, Alter!», «Na?» und «Scheiße!», die eigentlich alles aussagen, was es auszusagen gilt.

Die Gruppe der Weibchen verhält sich dagegen völlig anders.

Zunächst ist auffällig, dass sie das Gespräch bereits beginnen, bevor sie sich überhaupt berühren. Dieses Verhalten wird auch während der folgenden Handlungen nicht abgelegt, sondern höchstens unterbrochen, weil der Lautbildungsapparat mit anderen Tätigkeiten beschäftigt ist. Anschließend werden die Hände auf die jeweiligen Schultern der anderen gelegt, und eine Umarmung wird angedeutet. Dabei wird streng darauf geachtet, maximal die Oberkörper einander zu nähern, um eventuelle Duftmarken nicht miteinander zu vermischen.

Das ermöglicht es dem Männchen, sein Weibchen des Interesses auch im volltrunkenen Zustand zu erkennen. Während dieser zu einem Ritual verstümmelten Geste des «Kind-auf-den-Arm-Nehmens und -Wiegens» werden Küsschen ausgetauscht. Die Anzahl der mit einem unhörbaren Schmatzlaut versehenen Lippenbewegungen variiert hier von sozialer Gruppe zu sozialer Gruppe. Auf diese Weise kann auch in dem ohrenbetäubenden Lärm, den eine eventuell anwesende Combo auf der Bühne veranstaltet, anderen signalisiert werden, dass dies hier eine eingeschworene Gemeinschaft ist. Dass das Küssen vermutlich seinen Ursprung darin hat, dass Mütter ihr Essen einst vorkauten und dann wieder ausspien, um den Kleinstkindern die Nahrungsaufnahme zu erleichtern, ist hier so gut wie nicht mehr erkennbar. Einzig das Männchen neigt gelegentlich dazu, das Ausspeien zu späterer Stunde noch einmal zu praktizieren.

Ist die Begrüßung beendet, stellt der männliche Partner noch einmal seinen Besitzanspruch an das Weibchen klar. Dies habe ich auch schon oft beobachtet, wenn ein Paar eine andere gastronomische Lokalität beritt. ER legt den Arm um SIE, steckt seine Finger in ihre Hosentasche und gibt ihr einen Kuss. Das ist mit dem Markieren des Rüden von Wegpunkten durchaus vergleichbar, nur nicht ganz so eklig.

Während Bernhard die indigene Bevölkerung für seine Sozialstudien unter Beobachtung genommen hatte, richtete ich meinen Fokus auf das anwesende Fahrer(innen)lager. Die geographisch nicht zwingend im Allgäu verwurzelte Gemeinschaft der Rallye-Teilnehmer versuchte den lokalen Verhaltensmustern in freundschaftlicher Anerkennung zu entsprechen. Einigen wenigen gelang es sogar, die Erwartungen zu übertreffen. Sie kippten ungelenk und ohne den Hauch eines Bewusstseins von einer Bierbank oder schlugen großflächig mit dem ganzen Körper horizontal auf der Tanzfläche ein. Das gab nicht nur ein Mordsgetöse, sondern auch bewundernde Blicke der Einheimischen. Viele helfende Hände begannen dann die jeweiligen Personen wieder in die ursprüngliche Position zu manövrieren und leicht aufzupäppeln, damit das Schauspiel von neuem beginnen konnte.

Ähnlich erfolglos geriet unser gemeinsamer Rückzug aus diesem dicken Gemisch aus guter Stimmung, guter Laune und Live-Musik. Während die Band noch spielte, verließen Chris und Fritz als Erste den Veranstaltungsort, um zu Fuß nach Hause zu gehen. Wahrscheinlich gaben sie sich der Illusion hin, dass sich der Alkohol schneller, besser oder überhaupt nur abbaut, wenn man sich bewegt und den Kreislauf aktiviert. Der Rest der Truppe ließ sich in die Strömung der Massen fallen und fand sich später angespült an einem runden Biertisch im hinteren Teil des Zeltes wieder. Dort traf ich dann zum ersten Mal auf die Styrian Bustards, die mich alleine durch ihre besondere Fahrzeugwahl faszinierten: die drei roten und weißen T3er. Sofort stellten wir uns die Standardfragen der Fahrt: «Zum ersten Mal dabei?» – «Welche Strecke?» – «Und sonst?»

Nach dem kleinen Plausch mit unseren deutschsprachigen Nachbarn, die sich ebenfalls der GPS-gestützten Suche nach Tupperdosen hingaben[2], bemühte ich mich dann um eine Fahrgelegenheit

[2] Wir reden hier von Geocaching. Um weitere eventuelle Fragen zu klären, verweise ich auf das Buch *Aufzeichnungen eines Schnitzeljägers. Mit Geocaching zurück zur Natur.* Das hat zwei Vorteile: Erstens erfährt der Leser einiges mehr über dieses doch sehr reizvolle Hobby, zweitens erhöhen sich die Verkaufszahlen und damit mein Rang bei Amazon, und drittens kann man jedes Zitat und jeden Verweis gebrauchen, wenn man eine universitäre Karriere anstrebt.

nach Hause in die Pension des Berliner Zahnarztes. Zugegeben, der Gedanke an den Beruf des Hotelchefs war nicht gerade erbauend, vor allem nicht um irgendwas nach drei Uhr nachts. Fangen so nicht immer die gruseligen Filme an?

Während Tobi, Renate und Micha sich drinnen dem Konsum guter Gesellschaft hingaben, wartete ich draußen unter dem geschützten Vordach des Zeltes auf ein vorfahrendes Taxi. Endlich kam es, doch der Taxifahrer meinte, eher die anderen Mitbewerber um seine Gunst bevorzugen zu müssen, auch wenn ich immer noch der Meinung bin, wir, das heißt in dem Fall unser Kameramann Michael und ich, wären zuerst da gewesen. Aber wahrscheinlich siegte am Ende der Lokalpatriotismus, und ich ließ sie ziehen. Leichte Zufriedenheit überkam mich, als ich beim Losfahren des Wagens noch sah, wie sich der im Vorteil wähnende Fahrgast auf einmal die Hand vor den Mund hielt und offensichtlich erbrach. Wohin, lässt sich leider nicht sagen, der Wagen machte schon eine Linkskurve und versperrte mir den Blick auf die Beifahrerseite, auf der vermutlich ebenso hilflos wie verzweifelt versucht wurde, die Scheibe herunterzukurbeln.

Der nächste Wagen war unserer. Auch den hätten wir fast verpasst, hatte mich doch das offensichtlich im Innenraum des Festzeltes an einer Wand stehende Geschöpf irritiert, das zwecks Markierung seines Reviers das eigene Begattungsorgan zur inneren Befruchtung in Händen hielt und leicht schwankend kreisförmige Spuren auf der Sperrholzwand des Bonverkaufsstandes hinterließ.

Michael rief noch schnell den Rest der Truppe zusammen, dann stürmten wir mit fünf Leuten das Taxi, das nur vier von uns mitnehmen wollte, folglich fuhren wir zu dritt und die anderen zu zweit, und das alles an einem Abend.

Tag 2
Samstag, 2. Mai 2009
Oberstaufen – Traisen

Text: Tobias   **Anmerkungen: Bernhard**

Kopfschmerzen.

Das erleichterte es mir, mich in der unbekannten Umgebung zu orientieren. Wegen der enormen Allgäuer Kälte musste ich mich nach dem kläglichen Weckversuch früh um sieben wieder unter dem gigantischen Federbett verkrochen haben, um zu hoffen, der Tag beginne vielleicht doch ein paar Stunden später. Dort, wo der Schmerz war, müsste sich allem Anschein nach mein Kopf befinden, mutmaßte ich. Bingo! Zu meiner Überraschung kramte ich noch einen kleinen Laptop, ein Netzwerkkabel und ein Mobiltelefon unter meinem Astra(l)-Körper hervor. Dadurch erklärten sich dann auch die Hämatome und eingeklemmten Nerven in diversen anderen Körperteilen. Beschwingt von so einem übersichtlichen Start in den Tag, versuchte ich trotz der enormen Kälte die Matratze zu verlassen.

«'n Morgen!», frohlockte ich in Richtung des anderen Bettes, wo ich meinen Zimmergenossen Bernhard vermutete.

Keine Antwort. Nur leises Gebrabbel vom Flur.

Nachdem ich meinen Körper nun vollends aus dem Bett manövriert hatte, konnte ich durch die weitgeöffnete Zimmertür die komplette StaubMaul-Belegschaft inklusive Bernhard bereits emsig ihre Habseligkeiten zu den Autos tragen sehen. Ich nickte ihnen wohlwollend zu und begab mich in unsere unterkühlte Nasszelle, um diese ausgiebig auf ihre Funktionstüchtigkeit zu testen. Aufgrund der Wassertemperatur und allgemeiner Lustlosigkeit beließ ich es bei dem Nötigsten und reihte mich in die Geschäftigkeit der anderen ein. Nach wenigen Momenten schwappte die Erregung über den bevorstehenden Start unserer lang herbeigesehnten Unternehmung dann selbst auf meinen Geist über, auch wenn dieser noch in einem Plasma aus restalkoholischem Weißbier vor sich hin waberte.

Der Berliner Zahnarzt-Hotelier hatte Wort gehalten und nichts weiter unternommen, um unseren Aufenthalt durch Nahrungsangebote oder andere nervige Kontaktaufnahmen absichtlich zu verlängern. Nachdem sämtliches Gepäck in den Autos verstaut oder auf deren Dächern verzurrt war, begab ich mich vorsichtig auf den Beifahrersitz des Volvos. Bernhard hatte vermutlich meine glasigen Pupillen bemerkt und hielt es für sicherheitsrelevant, das Fahrzeug auf den ersten Metern selbst zu steuern.

Der Morgen fühlte sich feucht, klamm und nebelig an. Der Tau hatte sich um diese Zeit noch nicht ansatzweise darüber Gedanken gemacht, irgendeinem Lichtstrahl die Chance zu geben, ihn zu vertreiben. Durch grüne Allgäuer Wiesen mit ihren täuschend echt wirkenden drapierten Kühen schlängelte sich unser frühsportlicher Konvoi die paar Kilometer zum Festzelt, wo der Start erfolgen sollte. Nichts deutete unterwegs auf ein größeres Ereignis in der unmittelbaren Nähe hin. Das änderte sich jedoch schlagartig, als wir im Epizentrum der reisefreudigen Fahrerveranstaltung ankamen.

Das Festzelt vom Vortag lag gemütlich verregnet in einem großen Matschhaufen, umgeben von zahllosen Rallye-Fahrzeugen und den mehr oder weniger planlos drum herumschlendernden Insassen. Interessierte Einheimische, leicht zu erkennen an Regenschirm, anständiger Bekleidung und panischer Angst vor schmutzigen Pfützen, flanierten am Fuhrpark vorbei und verfolgten die weiteren Startvorbereitungen. Wir parkten unsere stolzen Reisesitzmöbel einfach irgendwo.

«Meinst du, hier können wir stehen bleiben?», wandte ich mich sorgenvoll an Bernhard.

«Darüber können wir diskutieren, falls du bei der Parkplatzsuche ein anderes Prinzip als die Chaostheorie zugrunde legen kannst», raunzte es vom Fahrersitz.

«ENTSPANN DICH!», brüllte ich gedanklich zurück, unterließ aber die verbale Artikulation, um meine Kräfte zu schonen.

Generell war ich natürlich froh, dass Bernhard bei unserem kleinen Ausflug in den Orient mit an Bord war. Verschiedene Wesenszüge prädestinieren ihn für ein solches Vorhaben. Zunächst wäre da eine temporäre Komfortresistenz, die ihn gerne für einen Zeitraum X auf jegliche Annehmlichkeiten der als zivilisiert definierten Welt verzichten lassen kann. Da hierunter auch Deoroller und Handwaschmittel fallen können, wird eine ebensolche Fähigkeit bei seinen Mitabenteurern unbedingt vorausgesetzt. Selbstverständlich ist er im Rahmen der jeweiligen Möglichkeiten ein überaus reinlicher Mensch, und sogar bei der Nahrungsaufnahme kommen vor allem steriles Fastfood und ultrahocherhitzte Konservenwaren zum Einsatz. Dadurch ist ein international verträglicher Standard an Keimen gegeben, und der Körper wird nicht weiter angegriffen.

Der Motor seines Fortkommens, quasi als Perpetuum mobile konzipiert, ist seine ungezähmte Neugierde. Vermutlich sind sogar die Hautzellen derart modifiziert, dass sie Wissensfragmente absorbieren und direkt ins Gehirn weiterleiten können. Allerdings ist das Areal, welches dafür zuständig ist, die kleinen Einheiten zusammenzusetzen oder allzu unvollständige Informationen als irrelevant zu löschen, durch den übereifrigen Wahrnehmungsapparat gelegentlich unterversorgt. Außerdem fährt er gerne Auto. Hätte ich mir einen besseren Teamkollegen vorstellen können? Mein Emergency-Deoroller lag übrigens die ganze Fahrt über im Survival-Kit im Handschuhfach …

Wir unterließen es also, zu streiten, und betraten durch eine garagengroße Öffnung auf der Rückseite das Zelt.

Einer plötzlichen Erkenntnis folgend, begann Bernhard zu referieren: «Schau an! Hier werden wir also zum Start in das Zelt fahren. Dahinten! Da haben die eine Holzrampe vor die Theke gezimmert, über die wir dann ...»

«Jaja», verkürzte ich seine Ausführungen, «kümmern wir uns zunächst um die Theke. Dort gibt es Kaffee, diese pimmeligen Weißwürste, eimerweise süßen Senf und Weizenbier.» Letzteres wurde zum Schutz der umliegenden Dörfer und Anrainerstaaten auf der ersten Rallye-Etappe übrigens ausschließlich alkoholfrei ausgeschenkt. Insgesamt ein Frühstück ganz nach meinem Geschmack.

Wir erfuhren, dass der Start der Teams mitten im Tempel der Bierseligkeit stattfinden sollte. Ich freute mich bereits auf die Abgase und hoffte, dadurch meine Kopfschmerzen weitestgehend betäuben zu können. Wollte ich doch nicht gleich am ersten Morgen um Linderung aus Renates gutsortierter Reiseapotheke bitten, die ich eigenhändig, ganz alleine, ohne Hilfe, völlig freimütig, kompetent und unabhängig zwei Tage vorher eingekauft hatte. Also vier Fünftel davon ...

Noch nicht ganz auf der Höhe meiner geistigen Kräfte, wurde ich übermütig und extrem experimentierfreudig: Ich bestellte die ersten Weißwürste meines Lebens. Zwar hatte ich schon des Öfteren süddeutsche Gefilde bereist, aber kulinarisch war mir diese Erfahrung bisher verwehrt geblieben. Warnungen über eine glibberige Fleischpaste, die extrem diffizil aus ihrer darmigen Umhüllung zu befreien sei, stellten sich für meine an diesem Morgen noch etwas unbeholfenen taktilen Fähigkeiten als wahrhaftig heraus. Trotz aller motorischen Schwierigkeiten liebte ich aber den Geschmack, vor allem wegen des von mir schon vorher geschätzten süßen Senfs. Allein als Trägermasse für Letzteren waren die weißlich glitschigen Wurstwaren vorzüglich geeignet.

So war ich bereits das erste große kulinarische Abenteuer dieser

Reise angegangen. Um meinen Magen nicht unnötig zu provozieren, spülte ich meinen Heldenmut mit dem mitgelieferten Kaffee in Pottgröße XL herunter. Leider schienen keine frankophonen Fahrerlager anwesend zu sein. Zu gern hätte ich beobachtet, ob der Franzose in typischer *savoir-vivre*-Manier die weiße Wurst in den Pott getunkt oder wenigstens in dieser Kombination dem Bohnenkaffee etwas Respekt gezollt hätte.

Die Kollegen aus unserem Team StaubMaul taten es mir gleich, legten aber bereits eine gewisse Routine bei der Wurstentpellung an den Tag. Danach streunten wir in kleinen Gruppen durch das Meer von etwa 180 mehr oder weniger ausgefallenen Autos vor dem Zelt oder begutachteten die Konkurrenz im Inneren.

«Ha-fiiiiiiep-llo, li-fiiiiiiep-be...», dröhnte es plötzlich aus den Lautsprechern, gefolgt von einem «Scheiße, mach ma leiser».

Eine Heerschar von Rednern und administrativen Begleitern betrat die bühnenartige Rampe, über die wir im Laufe des Vormittags in die Rallye Richtung Amman entlassen werden sollten. Wilfried vom selbsttitulierten «freundlichen Organisationskomitee» machte den Anfang. Diesen Typen konnte man liebenswert als «naturhigh» bezeichnen. Seine Ausbrüche an Begeisterung und Motivation waren nahezu surreal, und mit dem Motor seiner Freude, der unnachahmlichen Lache, müssten allgemeine Ermattung und Depression in chemiefreien Dosen orkanartig weggeblasen werden können.

Dieser Eruption guter Laune war ich zu diesem Zeitpunkt allerdings noch nicht gewachsen. Um die süddeutschen Fleischfrüchte besser verdauen zu können, stapfte ich ein bisschen durch den Matsch rund um das Zelt und begutachtete wieder die Fahrzeuge der anderen Teams. Das Portfolio reichte von langweiligem Irgendwas über festmontierte 50-Liter-Fassbierhalterungen auf Dachgepäckträgern bis hin zu einem komplett selbstgebastelten Fahrzeugding. An dieser Stelle muss ich gestehen, bei den Themen

Automobile und Fußballbundesliga einer kölnisch-brasilianischen Transe in Sachen Ahnungslosigkeit in nichts nachzustehen. So blieb mir nur übrig, die Kisten nach ihrem Äußeren zu beurteilen. Begeistert beobachtete ich die Reserveräder des Teams 77, The Laughing Cow, die zur Befestigung einfach auf den Kofferraum gespaxt waren.

Die Kletterer unter den Lesern kennen den Begriff «gespaxt» bestimmt als kleinen Nebenschauplatz der sportlichen Betätigung. Dabei geht es darum, möglichst lange an einem möglichst schlechten Griff zu hängen. Diese Reifen haben natürlich nicht versucht, sich verzweifelt mit letzter Kraft an der glatten Kofferraumklappe festzukrallen, das übernahm vielmehr eine selbstschneidende Universalschraube der gleichnamigen Firma.

Ich malte mir die Blicke all der Menschen aus, die den ganzen Samstag vor ihrer Reihenhausgarage damit verbringen, ihren Wagen auf Hochglanz zu polieren, wenn man ihnen exemplarisch einen neuen Klappradhalter an die Karosserie dübelt. Während ich an den pinklackierten Mercedes E 190 der Styrian Speed Sisters vorbeischlenderte, vernahm ich eine mir bekannte Stimme vom Podium. Schnell steckte ich den Kopf in das Zelt und sah, dass Bernhard das Podest erklommen hatte und zu den willigen Massen sprach. Eine Hand lässig in der Tasche seines Heavyband-Kapuzen-Shirts, wiegte er sich leicht autistisch von einem Bein auf das andere und versuchte die Anwesenden für seine Theorien zu begeistern. Es ging um die Heisenberg'sche Unschärferelation und das Zwillingsparadoxon. Die Zuhörer waren total geil auf die propagandaartig vorgetragenen, wissenschaftlich ollen Hüte und applaudierten wie blöd. Ich möchte allerdings nicht ausschließen, dass just in diesem Moment wieder ein Restschluck Weißbier durch den kognitiven Teil meines Hirns schwappte und ich da irgendwas falsch verstanden habe.

Ich hoffte, diese Form der Selbstdarstellung nicht jeden Morgen beim kollektiven Team-Zähneputzen ertragen zu müssen, und schlich wieder vor die Tür. Gegenüber vom Eingang hatten sich gerade die Styrian Bustards mit ihren drei V W-Transportern positioniert, die mehr oder weniger ausgebaut waren. Es gab bequem aussehende Pritschen im Fond der Fahrzeuge, und überhaupt wirkte dieses Gespann regelrecht gemütlich und obendrein dynamisch rallyemäßig lackiert. Neidvoll musste ich anerkennen, dass die Jungs einem Monsun in den Südkarpaten oder einem Stauborkan in der syrischen Wüste wesentlich mehr entgegenzusetzen hätten als wir mit unseren gesponserten Wurfzelten für 49,95 Euro.

Mittlerweile hatten sich die typischen Symptome einer Weißbiervergiftung vom Hirn in den Darm verlagert, der augenblicklich nach Linderung schrie. Eiligen Schrittes watete ich durch die Pfützenlandschaft zum einzigen herangeschafften Toilettenmobil. Dort reihte ich mich in die Schlange der Wartenden ein, um artig auf Zutritt zu den Aborts zu harren. Dass das Festzelt gleichzeitig für die mehrtägigen Maifeierlichkeiten der Oberstaufener genutzt wurde, ließ sich auch ohne Vorkenntnisse des Sachverhalts leicht an den Entsorgungsstationen menschlicher Bedürfnisse ablesen. Die waren nämlich leicht verwohnt. Während der unangebracht langen Zeit, in der ich auf einen freien Toilettenplatz wartete, konnte ich sehen, dass ein Mitarbeiter des TÜVs gerade auf dem Weg zur Zelteinfahrt für die Fahrzeuge Position bezog. Blau berockt, bereitete er sich trotz des Nieselregens auf die Vergabe seiner bunten Plaketten zum Aufkleben vor. Sorgen über eventuelle Beanstandungen wegen technischer Mängel überließ ich getrost denjenigen, die über genügend Sachverstand verfügten.

Nachdem sich das lange Warten und Schwitzen gelohnt hatte, platschte ich erleichtert und beseelt wieder zum Zelt zurück und sah durch die offene Autoausgangsluke, dass sich auf der Bühnenrampe gerade ein Priester breitgemacht hatte, der sich mit einem klobürstenähnlichen Gegenstand an der Segnung der Rallye-Fahrzeuge und Fahrer versuchte. Der Pope …

Bei einem Popen handelt es sich um einen Geistlichen der griechisch-orthodoxen Kirche. Der Begriff wird, vermutlich wegen seiner nach getrocknetem Nasenschleim klingenden Konnotation, gerne zur Herabwürdigung katholischer Geistlicher verwendet. Aber das möchte ich Tobi hier nicht unterstellen. Ihm vorwerfen, dass er allzu großzügig mit Begrifflichkeiten umgeht, allerdings schon. Zugegeben bin ich aber auch etwas unschlüssig, wie ich besagten Redner bezeichnen soll. Später kam noch ein muslimischer Geistlicher, vielleicht ein Imam, der dann auch noch den Segen Allahs über die Anwesenden herabwünschte.

… schwenkte seinen triefenden Prengel fröhlich durch die Gegend, und das Volk verfolgte sein Gebaren mit einer Mischung aus Ergriffenheit und bayrischem Bierbankpalaver. Leider schaffte ich es nicht mehr bis in die erste Reihe und musste mich somit der Hoffnung hingeben, auch als Unbeträufelter unter göttlichem Geleitschutz zu stehen.

Dann wurde das Rennen offiziell eröffnet. Es hatte sich inzwischen herumgesprochen, dass ein Team nach dem anderen in der Reihenfolge der vorab vergebenen Startnummern über das hölzerne Podest rollen, ein paar Worte in das bereitgehaltene Mikrophon sprechen und sich sodann auf den Weg zur ersten Prüfung machen sollte. Da wir mit der Nummer 52 ganz offensichtlich nicht zu den Ersten gehören würden, hatten wir es nicht eilig und verfolgten gemeinsam den sehenswerten Start der Konkurrenz.

Neben allerhand kreativen Präsentationsformen hatten sich die heimischen Zimmerleute eine besonders hinterlistige Hürde für den Start ersonnen. Die hölzerne Rampe, über die hinweg es aus dem Zelt gehen sollte, war so steil konzipiert, dass bereits das erste Fahrzeug unter einem fröhlichen Donnern mit dem Auspuff oder anderen, tiefer liegenden Bauteilen am Heck aufsetzte und diverse Kleinteile auch direkt an Ort und Stelle zurückließ. Eine spontan durchgeführte statistische Baureihenerhebung ergab, dass es unserem Mercedes unter der Führung von Fritz vermutlich nicht anders ergehen würde. Da der Benz ohnehin bei Geschwindigkeiten unter zehn Stundenkilometer selbsttätig den Motor abstellte, rechnete ich damit, dass die altertümliche S-Klasse nicht unbedingt den glamourösesten Auftritt hinlegen würde. Während sich der Start der 51 Teams vor uns wie erwartet über mehrere Stunden hinzog, versuchten fleißige Helfer allerorten motivierte, müde, halbtrunkene und enthusiastische Fahrer mit ihren Autos in die richtige Reihenfolge zu bugsieren, was bei dem beschränkten Platzangebot nicht einfach zu bewerkstelligen war.

Voller Vorfreude bestiegen wir Stunden später geschlossen als Team unsere Wagen und reihten die drei Möchtegernboliden in den Korso vor dem Eingang zum Festzelt ein. Wir hofften natürlich, dass wir auch im Ziel immer noch mindestens zu sechst sein würden, denn eine der Regeln für eine erfolgreiche Teilnahme besagte, alle Teilnehmer eines Teams müssten in mindestens einem der angemeldeten Fahrzeuge in Jordanien eintreffen. Kameramann Michael galt nur als toleriertes Anhängsel, welches sich strikt aus den Abläufen herauszuhalten hatte und dessen Verlust unterwegs sich daher nicht auf den erfolgreichen Ausgang der Rallye ausgewirkt hätte. Wir waren aber trotzdem selbstverständlich bemüht, ihn möglichst nicht zu verlieren.

Die Tragweite dieser Regel wird einem klar, wenn man die Geschichte eines Teams aus dem Vorjahr gehört hat. Da zwei ihrer Wagen bereits beim ersten Alpenpass den Geist aufgaben, organisierten sie spontan einen Anhänger fürs Gepäck und fuhren zu sechst weiter. In einem Auto!

Nach wenigen Metern brachte uns der längst in Vergessenheit geratene TÜV-Mitarbeiter im Blaumann wieder zum Stehen. Die testende Fachkraft umkurvte den vorderen Teil des Volvos, zwinkerte freundlich ins Wageninnere und pappte mit Schmackes einen offiziell wirkenden TÜV-Aufkleber direkt auf die Windschutzscheibe. Einfacher hätten wir das selbst auch nicht machen können. Neben diesen augenscheinlichen Verkehrstauglichkeitsauszeichnungen und den Logos unserer Sponsoren waren letztendlich auch die großen, runden Startnummern mit der «52» auf den Türen dafür verantwortlich, Volvo, Mercedes und BMW als Fahrzeuge unseres Teams StaubMaul zu identifizieren.

Bernhard am Steuer, ich daneben, bewegten wir uns langsam hinter unseren Teamkollegen zum Start. Bernhard, eigentlich in der Darbietung von Kunststückchen in der Öffentlichkeit nicht unerprobt, schien die Situation nervös zu machen.

«Ich würg das Ding bestimmt auf der Rampe ab», sorgte er sich.

«Wenn es einer schaffen kann, dann du!», versuchte ich ihn zu ermuntern.

«Was soll ich denn dann sagen?», murmelte es wenige Sekunden später vom Fahrersitz.

«Bernhard, wer labert denn beruflich permanent in alles, was man ihm unter die Nase hält?» Ich wurde langsam ungehalten. Konnte ich mich bei diesem spontanen Motivationsprogramm doch einfach nicht auf die Dose Erdnüsse konzentrieren, die ich im Handschuhfach entdeckt hatte.

So säuselte er permanent vor sich hin und grinste dabei höflich in jede dargebotene Kamera, während wir im Schritttempo auf die Rampe zurollten. Der Mercedes vor uns hielt, was die Holzrampenstatistik versprochen hatte, und setzte nach einem ächzenden Seufzer der Stoßdämpfer derart heftig mit dem Schalltopfdings auf dem steilen Stück der Rampe auf, dass es fortan keck baumelnd unter der Stoßstange hervorlugte. Fritz ließ sich jedoch nichts anmerken, sprach ein paar freundliche Worte in das ins Wageninnere penetrierte Mikrophon und rollte noch aus eigener Kraft aus dem Zelt. Draußen versagte der Mercedesmotor mal wieder seinen Dienst.

Ich hatte es mir in der Zwischenzeit auf dem Beifahrersitz des Volvos gemütlich gemacht. Mampfte die Dose gesalzene Erdnüsse, um meinen Haushalt an Elektrolyten wieder aufzufüllen, beobachtete das Treiben auf der anderen Seite der Windschutzscheibe und genoss die momentane Verantwortungslosigkeit. Bernhard meisterte heldenhaft seine erste persönliche Prüfung und erklomm mit Schwung die Rampe, machte in wenigen Worten der verbliebenen Zuhörerschaft deutlich, dass man seinen Namen schon mal in den Sockel des Rallye-Allgäu-Orient-Olymps meißeln könne, und rauschte mit Schwung aus dem Zelt, ohne dabei den verreckten Mercedes zu rammen. Bei der nächsten Parkgelegenheit stoppten wir und richteten unglaubliche 150 Meter nach dem Start unsere erste interne Teambesprechung während der Rallye aus.

Renate hatte das weitere Vorgehen bereits geplant und infor-

mierte uns über den Ablauf. «Wir müssen als Erstes die sogenannte Hündle-Sesselliftbahn finden, mit dieser auf den Hündle fahren
und dort die weiteren Unterlagen für die Rallye wie Roadbook und
Lösungsbuch in Empfang nehmen.»

«Hündle klingt süß, und die Benutzung eines TÜV-geprüften
Sessellifts scheint mir auch nicht allzu gefährlich zu sein. Wir
haben eine reelle Chance, die erste Runde unseres Abenteuers zu
überleben!», versuchte ich meinen Mitstreitern Mut zu machen
und erntete ein paar mitleidige Blicke, bevor die Köpfe wieder
über diversen Karten und unter der offenen Motorhaube des Benz
verschwunden waren.

Vielleicht hatte das freundliche Organisationskomitee aber
auch geplant, dass das Allgäu sich noch einmal von seiner besten
Seite präsentieren konnte, bevor die Eindrücke von fremderen
Kulturen verdrängt werden würden. Zugegeben, Fleischmann,
Märklin und Co. hätten die Landschaft nicht besser gestalten kön-
nen. Saftig grüne Hügel, dazwischen sich entlangschlängelnde
Landstraßen, und irgendwer hatte alle paar Kilometer eine Hand-
voll stilechter Bauernhäuser in die Gegend geworfen. Dort, wo der
Modellbau an seine Grenzen stieß, punktete die höhere Intelligenz,
die für die aktuellen Umwelteinflüsse verantwortlich zeichnete:
Es regnete unaufhörlich.

An einer T-Kreuzung sahen wir rechts die zu erreichende
Talstation der Sesselliftbahn und einige Fahrzeuge der anderen
Rallye-Teams.

Kurz bevor wir beschlossen, die Fahrzeuge zu verlassen, um,
der Sintflut entkommen, den Berg Ararat zu erklimmen, knis-
terte es im Bordfunk, und eine uns unbekannte Dame erklärte, sie
habe vor, bei diesem Sauwetter ihre knapp bemessenen trockenen
Kleidungsvorräte zu schonen und die Liftfahrt auf den Gipfel im
Bikini zu absolvieren. Offensichtlich war diese aufreizende Nachricht an ihre Teamkollegen gerichtet, und zwar auf einer allgemei-

nen Funkfrequenz, die nicht uns zum gewünschten Adressaten hatte. Genetisch zum Anspringen auf solcherlei Schlüsselreize verdammt, drückten sogleich verschiedene männliche StaubMäuler die Nasen an die beschlagenen Fensterscheiben. Im diesigen Dunst der Regenfahnen am anderen Ende des Parkplatzes war bloß leider kaum etwas wahrzunehmen, was der Ankündigung auch nur entfernt hätte entsprechen können.

Bevor wir uns der Authentizität des Angekündigten vergewissern konnten, holte Renate uns mit einem nachdrücklichen «Mensch, kommt jetzt – von den 6000 Kilometern nach Jordanien sind noch 5992 übrig!» wieder ins Leben zurück. Inspiriert ignorierten wir das schlechte Wetter und gondelten, von ausdauerndem Sprühregen berieselt, mit dem Sessellift den Berg hinauf. Nachdem knapp 400 Höhenmeter überwunden waren, hüpften wir kollektiv aus dem schaukelnden Lindwurm und eilten in die bereitstehende Hündle-Hütte, in der es verführerisch nach wärmenden Speisen und Getränken duftete. Die bergländisch typisch gemütliche Gaststube war wegen des Ansturms der bereits eingetroffenen Rallye-Teams fast schon überfüllt, sodass wir uns einen der letzten freien Tische in einer Ecke erkämpfen mussten.

Den Beginn unserer Expedition hatten wir damit also geschafft. Dank unserer eisernen Disziplin, genährt von unbändiger Abenteuerlust, hatten wir einen pittoresken Hügel im Allgäu mittels einer modernen Sesselliftbahn erklommen. Selbst der frühsommerliche Regenschauer vermochte es nicht, unsere Unternehmung zu stoppen. Nehberg, Fuchs, Messner und das ganze andere unbedarfte Gesocks würde uns die Bude einrennen, um von diesen unmenschlichen Erfahrungen zu profitieren.

Unterdessen hatten Teile des freundlichen Organisationskomitees sich vor der Hütte postiert und händigten uns die benötigten Unterlagen aus. Zentraler Bestandteil war das sogenannte Roadbook, welches die Sonderaufgaben sowie genügend Raum für die Dokumentation des Reiseverlaufs bereithielt. Neben dem Reglement für Auto- und Streckenwahl galt es in jedem durchreisten Land Noten und Text der jeweiligen Nationalhymne oder eines anderen landestypischen Liedes zu besorgen. Natürlich nicht aus einer Bibliothek oder dem Internet, sondern mittels nachweislicher Kontaktaufnahme zur indigenen Bevölkerung. Außerdem hatten wir ein Bäumchen dabei, welches es die Fahrt über zu betüdeln galt, damit es am Schluss nahe der den Event sponsernden Käserei mitten in der Wüste ein Stück Boden zum Wachsen und Gedeihen finden möge. Ebenfalls im Gepäck hatten wir je ein Hörgerät pro Team und kartonweise Kinderspielsachen, die möglichst unbeschadet einem der palästinensischen Flüchtlingscamps in Jordanien übergeben werden sollten. So entpuppten sich Teile der Sonderaufgaben als humanitäre Hilfsprojekte. Schließlich ging es bei dieser Rallye mitnichten darum, als Erster ins Ziel zu brettern, sondern mittels der gestellten Aufgaben Land und Leute kennenzulernen und möglichst viele Punkte für die Siegerauswertung zu sammeln.

Leider ist uns dieses zwar kleine, aber wichtige Detail der Aufgabenstellung, nämlich Punkte pro durchfahrenem Land zu ergattern, bei der Streckenwahl durchgegangen. Die von uns angestrebten Ziele, «möglichst wenige Grenzen passieren» und «möglichst viele Länder bereisen», verhalten sich dazu leider diametral entgegengesetzt.

Sofort analysierte Renate die zu absolvierenden Aufgaben und entwarf einen Plan zur effektiven Erledigung derselben. Die anderen Teammitglieder versuchten unterdessen möglichst schlau zu schauen, da unser Zelluloidkurbler Michael diesen Akt der Vorbereitung auf Video bannen wollte.

Ich wollte mich derweil für eine der drei angebotenen Sorten Wurstsalat entscheiden. Obwohl gerade mal zwei Stunden seit dem leichten Weißwurst-Frühstück vergangen waren, konnte ich beim Anblick der Speisekarte nicht widerstehen. Als ausgesprochener Freund dieser sauer eingelegten Fleischspezialität tendierte ich zur Schweizer Variante, da sie dem Käse-Paprika-Gewürzgurken-Rezept am nächsten kam, welches, von mir in meiner heimischen Küche erfunden, bis heute auf internationale Anerkennung wartet. Ich wollte die anderen auf das Duell zwischen mir und der Schweizer Salattradition vorbereiten, denn sie sollten nicht ahnungslos daneben verharren, während ich von meinem Fleischwurstthron herabstieg, um einem unbedeutenden bayerischen Hütten-Heinz die Gelegenheit zu geben, sich mit mir zu messen.

Bernhard verhinderte die Kür und bellte: «Kaffee leer trinken und hopp. Wir versuchen heute noch die 666 Kilometer, die das Reglement pro Tag erlaubt, zu schaffen. Deswegen ist jetzt Schluss mit gemütlich und so!»

Das mit dem *gemütlich und so* ging ganz klar in meine Richtung, daher verabschiedete ich mich von der bevorstehenden Salatverkostung und brüllte ein unvermitteltes «Wien, wir kommen!» in die Runde. Diese wunderte sich ob meines plötzlichen Gefühlsausbruchs. Sie konnten ja nicht ahnen, welch spannende Prüfung ihnen da gerade entging. Dass wir an diesem Tag noch mindestens in die Gegend von Wien kommen, wenn nicht gar die Grenze nach Ungarn überschreiten wollten, war ja bereits beschlossene Sache und entfachte somit auch keinerlei Begeisterungsstürme.

Über 600 Kilometer maut- und autobahnfrei zurückzulegen, bedeutete einen Ritt bis spät in die Nacht, denn mittlerweile lag auch die Mittagszeit schon weit in der Vergangenheit. Doch darauf waren wir vorbereitet. Das war unser Schicksal für die nächsten zehn Tage.

Wir schaukelten den Berg wieder hinab zur Talstation und installierten uns in die klammen Sitzmöbel des StaubMaul-Verbundes. Bernhard steuerte weiterhin den Volvo, während ich mit unwichtigen Recherchen, Mittagsschläfchen und Butterkeksen auf dem Beifahrersitz beschäftigt war.

Renate und Chris führten das Team im BMW an und wiesen mit äußerst geringer Fehlerquote den Weg. Es ging geradewegs Richtung Osten, und noch vor der deutsch-österreichischen Grenze ließ sich die Abstimmung der drei Wagen in ihrem Fahrverhalten zueinander als nahezu teamfähig bezeichnen. Nur an besonders unübersichtlichen Stellen kam es noch zu gelegentlichen Ausbrüchen der beiden Fahrzeuge vor uns. Bernhard und ich quittierten das jedes Mal mit Totalverweigerung der Weiterfahrt und warteten bockig, bis einer der Vorausgeeilten uns wieder abholte oder uns zumindest Anweisungen über Funk erteilte.

Gegen Abend erkoren wir im österreichischen Linz ein Fastfood-Restaurant dazu aus, dem allgemeinen Hungergefühl Linderung zu verschaffen und einen ersten Reisebericht auf der Staub-Maul-Homepage hochzuladen.

Bereits hier in Oberösterreich zeichnete sich bei uns eine reflexhafte Konditionierung in Bezug auf eine bestimmte Fastfood-Kette ab. Die unter Survival-Puristen noch nicht ganzheitlich verbreitete Akzeptanz der Verwendung amerikanischer Fresstempel in einem Abenteuerszenario birgt durchaus einige Vorteile. Beispielsweise kann man einen gewissen Standard bei der Toilettenhygiene erwarten und bei einem Papptässchen trinkbaren Kaffees meist kostenfrei im Internet recherchieren sowie Grüße und Berichte an die Menschen daheim schicken. In den Berichten gaben wir natürlich vor, die Nahrung selbst zu erlegen, diese nach erfolgreicher Verdauung mit dem eigens dafür geschulterten Klappspaten zu entsorgen und die Nachrichten mit einer mühevoll selbstausgebildeten Brieftaube in die Zivilisation zu senden.

Uns war noch nicht ganz klar, wie viel Zeit wir für die einzelnen Etappen benötigen würden. Der vorgeschriebene Landstraßengebrauch unbekannter Beschaffenheit und die Unkenntnis darüber, was uns noch so alles an Pannen oder ähnlichen Verzögerungen ins mobile Haus stehen würde, gemahnten uns zur Eile. Wir hatten fünf Tage Zeit, um Istanbul zu erreichen, wo der zweite Teil der Rallye mit einem Massenstart beginnen sollte.

Deshalb versuchten wir Zeit zu sparen und verkonsumierten die Nahrung aus Linz vorsichtshalber unterwegs. Das brachte den Vorteil, den Volvo aus seiner frischen Sterilität zu befreien und zu einem wohligen Vehikel heranwachsen zu lassen. Die Soßengefäße schmiegten sich passgenau ins Armaturenbrett, und die Überreste einer Großpackung frittierter Kartoffelstäbchen verschwanden zur späteren Verwendung im Fußraum, genauer in den Aussparungen der Verpackungen diverser Elektronikartikel. Schwarze, weiße, dünne und mitteldünne, mit kleinen oder großen Steckern versehene Kabel bildeten dort unten ein netzförmiges Geflecht. Dieses Raster sammelte automatisch sämtliche gröberen Verpackungseinheiten und bot kleinteiligeren Nahrungsmitteln Durchschlupf zur Verwahrung und eventuellen späteren Verkostung.

Im weiteren Verlauf der Fahrt beschlossen wir, einen Ort im Umland von Wien als Tagesziel auszusuchen, und erwählten schließlich Traisen in Niederösterreich als Lagerstätte für diese Nacht.

Renate hatte wichtige Vorarbeit geleistet und bis in die Türkei hinein einige je nach der Tagesetappe erreichbare Zeltplätze notiert, bei denen eine Übernachtung höchstens zehn Euro pro Nase kosten würde. Diese Vorgabe des freundlichen Organisationskomitees sollte verhindern, dass gutbetuchte Freizeitabenteurer sich daraus einen interessanten Wellness-Trip quer über den Balkan bis in den Orient strickten.

Gegen zehn Uhr abends erreichte ich telefonisch den Mitarbeiter eines passenden Campingplatzes.

Hightech pur — bis auf den Volvo um den Laptop herum.

«'n Abend, hätten Sie vielleicht noch ein bisschen Platz für drei Autos und vier Zelte?»

«Ja, gerne. Wann möchten Sie denn kommen?»

«Heute. So kurz nach Mitternacht.»

«Das wird mir aber ein bisschen spät ...»

«Uns auch, wenn wir noch lange weitersuchen müssen ...»

«Gut, dann stellen Sie sich einfach auf die zentrale Wiese am Eingang. Seien Sie aber bitte leise, sonst wecken Sie mir den ganzen Platz auf. Die Formalitäten regeln wir dann morgen.»

Ich verzichtete darauf, die empfohlene Lautstärke unserer noch am selben Abend ausstehenden Teambesprechung zu erfragen. Ebenso verschweige ich, dass dabei kühle Getränke gereicht werden sollten, welche trotz fortschreitender Müdigkeit nicht zur Reduzierung des Lärmpegels geeignet waren.

Trotzdem stellte ich fest, dass die Österreicher spontan dazu in der Lage waren, auf ein liebgewonnenes Stück Bürokratie zu verzichten. Schade! Schon wieder ein Vorurteil weg. Bei der letzten kurzen Tankstellenrast bestand das Personal aus einem einsamen jungen Mann. Nach ein wenig Smalltalk, um die Zeit der Toilettengänge der anderen zu überbrücken, erfuhren meine Mitkämpfer, dass der Herr aus dem syrischen Damaskus stamme und somit in der Lage sei, uns den einen oder anderen Tipp zu geben. Mir selbst blieben die Details verschlossen. Ich konzentrierte mich auf die Erholung meines Körpers, der sich von der Entspannung des Tages auszuruhen gedachte.

Gegen halb zwei bogen wir dann auf den düster ruhenden Innenhof des ausgekundschafteten Campingplatzes ein. Gegenüber vom Empfangsgebäude tat sich, eingerahmt von diversen Dauercampern, in der Tat ein großes, frei gebliebenes Stück Wiese auf, das sich hervorragend dazu eignete, eine klassische Wagenburg zu errichten. In Windeseile holten wir die Packtaschen vom Dach, warfen die Wurfzelte in der Gegend herum und installierten die frischen Tische und Stühle, an denen noch die Preisschilder hingen, in der Mitte unseres Lagers. Nachdem sich jeder sein Nachtlager bereitet hatte, trafen wir uns zu einem Tagesresümee im Rund unseres Zeltplatzes und besprachen den vergangenen Tag.

Sieben euphorische Menschen in Erwartung einer großartigen Reise und der Freude über die ersten 550 pannenfrei absolvierten Kilometer, von einigen Dosen Bier zusätzlich beflügelt und der Müdigkeit trotzend, passten leider nicht ganz in den Tages- und Nachtrhythmus der umliegenden Dauercamper. Ab und an leuchtete eine Funzel im Vorzelt eines der Wohnwagen für kurze Zeit vorwurfsvoll auf. Plötzlich und unerwartet waren wir dem aggressiven Geräusch von sich öffnenden und schließenden Zeltreißverschlüssen ausgesetzt. Für den Fall, dass uns diese Drohgebärden nicht ausreichend einschüchterten, ließ es sich ein älter Herr nicht nehmen, in seinem Pyjama plötzlich und unerwartet als lebensgroße Menschenattrappe neben seiner temporären Behausung lautlos aufzutauchen und uns anzustarren. Worte waren nicht seins. Wir gruselten uns kurz und widmeten uns dann weiterhin wichtigeren Dingen. Später kuschelten wir uns in die fabrikneuen Zelt- und Schlafsackgarnituren und träumten von noch dramatischeren Abenteuern. Umzingelt von schlaflosen, Flanellpyjamas tragenden Rentnern in jägerbezäunten Wohnanhängern, deren arretierte Räder diesen Platz nie wieder verlassen würden.

Tag 3
Sonntag, 3. Mai 2009
Traisen – Makó

Text: Bernhard   **Anmerkungen: Tobias**

Am nächsten Morgen wurde mir das Ausmaß der gestrigen Entscheidung, den Campingplatz in Traisen anzufahren, erst richtig bewusst, als ich bei strahlendem Sonnenschein die schön gleichmäßig geschnittene Grasoberfläche betrat, den zärtlich von kleinen Sträuchern eingerahmten Poolbereich sah und die liebevoll gestalteten Vorgärten der Wohnwagen betrachtete. Schon immer hat mich das Campen fasziniert. Klingt es doch nach Abenteuer, Wind und Wetter ausgesetzt sein, Schlafen auf hartem Boden und der Erwartung, jeden Tag neu ums Überleben kämpfen zu müssen.

Kaum nimmt man jedoch von dem Wort «Campen» die letzten beiden Buchstaben weg und ersetzt sie durch «ing», sind sämtliche Gefahren gewichen. Bei einem leichten Schauer zieht man sich unter sein Vorzelt zurück, bestückt mit Tisch und Stühlen, diversen Regalen, Heizung, respektive Klimaanlage, Mehrfachsteckdose, Fernseher mit Satellitenempfang und ausgelegt mit einem Teppich. Obendrein sind die wie Butzenfenster[3] gestalteten durchsichtigen Plastikelemente mit Vorhängen versehen. Wasserdicht natürlich. Sollte der Wind einmal zu stark blasen und das Flattern der Planen einem auf die Nerven gehen, zieht man sich einfach in den Wohnwagen zurück. Der ist, was die Einrichtung betrifft, von einem Standard-Einfamilienhaus kaum mehr zu unterscheiden. Einzig die aus Kunststoff bestehenden Holzimitate und seine Gesamtgröße, die einer durchschnittlichen Einbauküche entspricht, lassen einen spü-

[3] Hier ein kurzes Zitat aus einer digitalen Wissensquelle: «Eine Butzenscheibe, Batzenscheibe, Nabelscheibe, fälschlicherweise auch als ‹Ochsenauge› oder scherzhaft ‹Flaschenboden› bezeichnet, ist eine runde Glasscheibe von sieben bis 15 Zentimetern Durchmesser mit einer Erhöhung, dem *Butzen* oder *Nabel*, in der Mitte.»

ren, dass man sich immer noch den Gefahren der Wildnis ausgesetzt hat.

Die jeweiligen Vorgärten stehen der Gestaltung des zur Straße reichenden Grundstückbereichs einer deutschen Reihenhaussiedlung ebenfalls in nichts nach. Liebevolle Hecken, gesetzte Rasenflächen, leicht geschwungene Kieswege und jedes Wochenende frisch gestrichene Gartenzaunelemente machen das Leben am Rande der Existenz gerade eben erträglich. Wenn ich hin und wieder für einen Kurzurlaub oder zur Übernachtung während einer Kanutour an einem solchen Gestade strande und mein Jack-Wolfskin-Outdoor-Gletscher-über-5000-Meter-du-kannst-mich-mal-Zelt aufbaue, werde ich gerne mal leicht kritisch von der Seite angestarrt. Der eine oder andere empfiehlt mir dann schon mal die nächste Brücke, und nicht selten werde ich morgens wach und finde Spenden in Form von Speisen und Kleidung vor meinem Zelteingang vor.

So ähnlich wäre es uns auch hier fast ergangen. Ich wartete geradezu auf den Menschenauflauf, der sich um unsere kleine Zelt- statt Wagenburg versammeln würde, um dann neugierig die Finger mal auf diesen Reißverschluss zu legen oder dezent nach der Funktion jener Selfinflatingisoma zu fragen. Aber es war einfach zu früh, und alle schliefen noch. Die Einzigen, die wir auf dem morgendlichen Klogang antrafen, waren wohl nur unterwegs, weil sie altersbedingt nach dem Motto verfuhren: Viele Menschen müssen (auch nachts) oft raus.[4]

Nach einem kurzen Frühstück, an das ich mich allein deshalb nicht mehr erinnern kann, weil es vielleicht gar nicht stattgefunden hat, packten wir zusammen. Im Prinzip war alles schnell verstaut, trotzdem kletterten wir natürlich wieder – wegen des Abenteuers – auf den Wagendächern herum, allerdings widersetzten

[4] Das Gefühl, nachts öfter mal rauszumüssen, liegt übrigens nicht an einer kleineren Blase im Alter, sondern an einer Veränderung der Nerven des Schließmuskels. Das heißt, in der Blase ist immer noch genauso viel Platz wie in jungen Jahren, als man mehrere tausend Liter Bier sinnlos auf dem Volksfest in Oberammergau in sich hineinschütten konnte, bloß die Nerven sagen jetzt früher: «Mach mich leer.»

sich unsere selbstaufbauenden Zelte jeder Form von Praxisnähe. Diese Stoffbehausungen waren mit biegsamen Stangen dergestalt versehen, dass sie sich von alleine aufspannten. Keine Ösen, gerade mal drei Heringe und nur zwei Minuten Aufbauzeit. Das Abbauen war leider kein Teil des Patents.

In unserem Team gab es grob drei Gruppen von Zeltabbauern:

Die erste studierte die reichbebilderte Gebrauchsanweisung, konnte danach ein Atomkraftwerk nachbauen, hatte aber von der Praxis keine Ahnung.

Die zweite stürzte sich mit Anlauf auf das Zelt und würgte es. Kämpfte bis zur Erschöpfung. Bog und drehte die Stangen, bis sie anfingen zu jammern und um Gnade zu flehen. Alles ohne Erfolg. Sobald jemand einatmete, machte das Zelt «FUMP» und stand wieder. Ganz im Gegensatz zu gestern Nacht, als es selbst nach mehrmaligem Werfen bloß als Scheibe auf dem Boden lag.

Die dritte Gruppe schaute nur zu und hatte mit Abstand den meisten Spaß.

Während Chris und Michael verzweifelt versuchten, die Ordnung vom Vorabend in den Gepäckstücken wiederzufinden, und sich wunderten, dass die sieben Campingstühle irgendwie über Nacht größer geworden waren, hatte Renate bereits den kompletten Bürokram mit allen Unterschriften, Quittungen, Nachweisen und Belegen erledigt. Nicht nur das: Beständig das große Ziel im Auge, möglichst alle anstehenden Sonderprüfungen perfekt zu erledigen, hatte sie sich außerdem mit dem Campingplatzbesitzer zu einem gemütlichen Stelldichein getroffen. Dabei hatte sie ihm unsere Grundaufgabe auseinandergesetzt, nämlich dass wir die einzelnen Hymnen mit Text und Noten, am besten auch noch mit Partitur, aller durchfahrenen Länder besorgen sollten.

Die Version aus Österreich hatte der freundliche Mann nicht parat – wie auch als Niederösterreicher? –, dafür zückte er seine Fremdsprachenlexika und schrieb uns die Wörter «Partitur», «Hymne», «Bitte» und «Jetzt aber sofort, zack, zack!» in allen erdenklichen Variationen auf eine Postkarte des Campingplatzes. Hegte er etwa die stille Hoffnung, das jordanische Königshaus werde sich eines Tages zu einem Zeltwochenende bei ihm einquartieren?

Ich habe Netz, und Chris wartet eifersüchtig darauf, meinen Platz einnehmen zu dürfen.

Irgendwann fuhren wir los. Tobi lenkte den Wagen, ich saß bequem auf dem Beifahrersitz. Über Landstraßen ging es Richtung Ungarn, das wir eigentlich schon am Vorabend hatten erreichen wollen. Ich hatte gehofft, dass wir die erlaubten 666 Kilometer voll ausschöpfen könnten und ohne Rücksicht auf Verluste so nahe wie möglich an die Grenze herankamen, aber dann hatte uns doch die Müdigkeit übermannt.

Keine Stunde später erreichten wir den wunderschönen Ort St. Veit/ Triesting. Das Wort hinter dem Querstrich, auch Slash genannt[5], schien von großer Bedeutung zu sein, denn ein solcher befand sich hinter jedem auch nur irgendwie erwähnten Veit. Während wir so durch diesen Ort kurvten,

[5] Der Strich, nicht das Wort.

nahm ich aus dem Augenwinkel eine Ansammlung von Menschen wahr, und als ich nach links blickte, sah ich das große Feuerwehrhaus der Freiwilligen Feuerwehr St. Veit/Triesting (wichtig!). Vor dem Gebäude liefen unzählige Menschen in lustigen Kostümen herum, die ich bei näherem Hinsehen als Tracht oder vielmehr Montur erkannte. Da schien ein Fest stattzufinden. Neben Stühlen und Tischen saß da auch eine ... Wusch, eine Häuserwand unterbrach meine Wahrnehmung und ließ den Rest Phantasie werden.

Saß da gerade eine wunderschöne Frau, die nur darauf wartete, von Rittern aus dem großen Reich im Norden aus dieser Ödnis befreit zu werden, damit sie ...

«Eine Kapelle», unterbrach Tobi meinen Tagtraum.

«Was, du willst beten?», erwiderte ich, noch immer leicht traumtrunken.

«Da war 'ne Kapelle, 'ne Band, die feiern ein Fest.»

Zurück in der hier zwar als Vergangenheit beschriebenen, damals aber als Gegenwart empfundenen Realität, überlegten wir, ob es nicht einen inhaltlichen Zusammenhang zwischen «Hymne», «Partitur» und «Band» gebe. Die Ergebnisse ließen sich schnell mit einem Ja zusammenfassen, und so informierten wir den Rest des Teams darüber, dass wir jetzt wenden würden, um ein Stück zurückzufahren und die Feiernden nach den Noten für die Hymne zu fragen.

Das mag zunächst mal relativ undemokratisch klingen, «wir informierten». Allerdings blieb uns gar nichts anderes übrig, denn: Am Vortag waren wir schon einmal an einer so etwas wie Musik von sich gebenden Gruppe Menschen mit Blas- und Schlaginstrumenten vorbeigekommen. Da dachten Tobi und ich noch, es wäre sinnvoll, dem

StaubMaul-Team einen Halt vorzuschlagen, vor den Einheimischen eine öffentliche Ansprache über unsere Bitte zu beginnen und die Aufspielenden nach einem lokalen Lied, wenn nicht gar nach der Nationalhymne zu fragen. Wir wollten jedoch zunächst Gegenargumente aus den Fahrzeugen vor uns einholen, damit diese gegeneinander abgewogen und eine Entscheidung getroffen werden konnte, die dann wiederum zur Diskussion in der Gruppe vorgeschlagen werden sollte. Das ging jedoch leider nicht. Allein Punkt eins, das Einholen der Gegenargumente, dauerte nämlich so lange, dass wir da schon kilometerweit von der fröhlichen Menschengruppe entfernt waren. Folglich kam diesmal die spontane Bestimmung durch Tobi und mich zum Tragen.

Wir bremsten, wendeten und fuhren zurück, wobei wir in die erstaunten Gesichter unserer Hintermänner blickten, die mit weit aufgerissenen Mündern und Augen unser Manöver verfolgten – und es schließlich nachahmten.

Nach ein paar hundert Metern – nun ja, auch spontane Entscheidungen brauchen ein wenig Zeit – stellten wir unsere Wagen vor der Einfahrt zum Feuerwehrhaus in St. Veit/Triesting (wichtig!, wichtig!, wichtig!) ab, stiegen aus und gingen, saucool, wie wir waren, auf die feiernden Leute zu. Sofort kam uns jemand aus der Menge entgegen. Es war der zuständige Standortleiter und, wie sich später herausstellte, sogar der Regionalganzweitobenirgendwas. Er erkundigte sich nach unserem Begehr und lud uns ein, eine Weile hierzubleiben und das Fest mitzufeiern.

Doch zunächst ging es zur Kapelle, zur Musikkapelle …

Ich suchte nach dem Verantwortlichen, dem Chef, dem Entscheider. Land und Kleidung nach zu urteilen, handelte es sich bei der Combo mit Sicherheit um kein demokratisches oder gar ein anarchistisch organisiertes Konstrukt, vielmehr sah das Ganze sehr nach Steuerung von oben aus. Dazu sei hier erwähnt, dass dies bei einer Musikgruppe ein durchaus sinnvolles Führungskonzept ist. Nur, wer war hier der Chef? Der mit dem feinsten und filigransten Instrument, der mit der

Während Chris sich die Netzabdeckung erklären lässt, tollen die Kinder um unser Auto und fragen sich, warum sie Papas nicht bekleben dürfen.

lauten, großen Tuba, oder vielleicht der hinter der dicken Pauke? Oder war es gar die ... Nein, eine Frau schloss ich aus den eben erwähnten Gründen «Kleidung» und «Region» und dem daraus resultierenden sozialpolitischen Handlungsspielraum von vornherein aus. Schließlich fiel meine Wahl auf einen ganz anderen, und ich sollte recht behalten. Es war der mit dem größten Bierglas.

Dass Bernhard bei diesen Dickebackenmusik-Kaftanen auf ein wertekonservatives Verhalten schloss, konnte ich durchaus nachvollziehen. Die Region allerdings ist in Sachen femininer Mitbestimmung wesentlich aufgeklärter als so mancher bergländische Nachbarstaat. Während hier in Niederösterreich, ebenso wie in Deutschland, das Frauenwahlrecht «bereits» 1918 eingeführt wurde, dauerte es bei unseren Banken-Bekannten in Liechtenstein beispielsweise bis 1984.

Der kleine Schweizer Kanton Innerrhoden musste gar 1990 von einem Bundesgericht zur Einführung der Damendemokratie gezwungen werden. Der Name des Kantons hat übrigens trotz der ehemals männlich dominierten Politik nichts mit der körperlichen Testosteronfabrik gemein, sondern leitet sich von Rhoden ab.

Auch wenn dieser Aspekt noch weiter vom eigentlichen Thema wegführt, möchte ich doch kurz dem Pfad, dem Tobi hier eingeschlagen hat, folgen und einen weiteren Abzweig hinzufügen, auf dass dieses weitreichende Wegenetz uns alle verbinden möge. Genug der pazifistischen Floskeln: Bei der Erwähnung des Frauenwahlrechts stellt sich eine interessante Frage zur Definition von Demokratie. Eigentlich versteht man darunter ja eine Staatsform, in der alle (Erwachsenen) wählen dürfen. Somit wäre die Schweiz keine Demokratie in diesem Sinne gewesen, die DDR und Russland dagegen schon, denn wählen durfte dort ja jeder. Großbritannien ist übrigens bis heute kein Mitglied im Club, da Teile des Königshauses nicht wählen dürfen.

Wenn man Demokratie als Volksherrschaft übersetzen möchte, wären zumindest die Briten wieder dabei. Ihre Majestäten wären nicht *amused*, würde man sie zum Volk zählen.

Also eine viel bessere Definition von «Demokratie», finde ich: ob und wie viel Blutvergießen nötig ist, wenn das Volk die Regierung wechseln will. In einem Staat, den wir als demokratisch verstanden, wartete man auf die nächste Wahl. Das haben sie im Iran ja auch versucht.

Der sehr nette Mensch mit dem großen Bierglas war uns jedenfalls gerne behilflich. Zunächst erklärte er uns, dass wir nicht die erste Gruppe seien, die hier die Aufgabe mit der Hymne zu lösen versuchte, sie hätten schon einigen anderen Teile ihrer Notenhefte mitgegeben. Das mit der Hymne, die hier übrigens «Bundeslied» heiße, sei davon abgesehen gar nicht so einfach, denn besagtes Lied dürfe man nur bei bestimmten Anlässen und unter sonstigen bestimmten Bedingungen spielen.

Schade, das hätten wir gerne mit unserer Kamera aufgenommen. Aber Genaueres wollten wir dann doch nicht wissen, da wir für die 34 Semester zum Studium der Verfassung der Österreichischen Republik leider nicht genug Zeit hatten.

Dafür versprachen sie uns immerhin ein weiteres Stück aus der Notensammlung des Musikvereins St. Veit/Triesting (wichtig!, wichtig!, wichtig!, wichtig!). Das müsse allerdings erst noch kopiert werden, so hieß es, wir sollten uns doch solange an dem Frühstücksbüfett gütlich tun. Nach einem herzlichen Dankeschön unsererseits spielten sie uns das Stück sogar noch einmal vor. Wir bannten den großen Moment auf Video und ließen uns das mit dem Büfett nicht zweimal sagen. Schließlich hatten wir außer einem Kaffee noch nichts zu uns genommen, und wer will schon so ein Frühstück auslassen, wenn es einem so nett angeboten wird?

Das traditionelle Frühstück entsprach voll und ganz unserer Erwartung und bestand aus Kasseler, Kraut, Rettich und Bier, respektive Softdrinks in Form von mehreren Flaschen Cola und Fanta.

> Das Fatale an diesem eigentlich schmackhaften Gericht war die Tatsache, dass es gar keinen Krautsalat gab, sondern dieser sich als geraspelter Rettich entpuppte – leider nach der Verköstigung. Das erwartete säuerlich-süße Frischeerlebnis wich einer Schärfe von umgerechnet drei Kilotonnen Sambal Olek.

Mutige Behauptung, Herr Zimmermann. Zunächst einmal sei klargestellt, dass es sich bei Schärfe nicht um einen Geschmack, sondern um ein Schmerzempfinden handelt, weil die pflanzlichen Inhaltsstoffe die Wärmerezeptoren auf der Zunge durch Andocken an die aus der Biomembran ragenden Proteine anregen. Während es beim Chili durch die Capsaicinoiden ausgelöst wird und man die Schärfe verschiedener Chilisorten mit der Scoville-Skala vergleichen kann, geschieht dies bei Rettich durch Isothiocyanate. Hierbei handelt es sich um ein leicht flüchtiges Öl, was erst auf der Zunge zu einem flammenden Inferno und danach in der Nase zu einem tosenden Feuersturm führt. Der Vergleich mit Sambal Olek ist jedenfalls irreführend, da selbiges von eifrigen Heimwerkern aus roten Chilischoten gebastelt wird und einen Scoville-Wert zwischen 1000 und 10 000 hat.

Sollte es sich hier um eine österreichisch-kulinarische Nationalbeigabe handeln, erklärt sich mir auch die Stimme von Hans Moser und die Tatsache, warum manche Österreicher doch recht hatten mit der Behauptung, Falco habe gar nicht gekokst, sondern lediglich seinen Teller leer gegessen.

Sehr lecker. Genau mein Ding. Für mich ist Frühstücken sowieso gleichbedeutend mit verlorener Zeit. Da der Körper sich des Nachts in einer Phase des Fastens befindet, halte ich es für unverantwortlich, ihn mit aller Gewalt da herauszureißen und in die Realität des angebrochenen Tages zu zerren, nur um ein Ritual des Wachwerdens zu zelebrieren. Da kann man auch einfach mal gepflegt auf den Balkon gehen, sich kräftig strecken und dabei einen lauten Grunzer von sich geben. Macht obendrein mehr Eindruck bei den Nachbarn.

So saßen wir also da und frühstückten. Der Regionalganzweitobenirgendwas setzte sich zu uns und holte aus.

«Dieser Tage ist Sankt Florian, und getreu dem Motto ‹Heiliger Sankt Florian, zünd nicht mein Haus, zünd andre[6] an› wird natürlich gefeiert. Das Schöne daran ist, dass vor einigen Jahren die verschiedenen Bezirke zusammengelegt worden sind, und deshalb ...»

Ich schaute mich um und stellte entsetzt fest, dass ich alleine am Tisch saß. Als ich mich Stun-

[6] Dass meine Rechtschreibkontrolle hier das Wort «André» vorschlägt, lässt mich vermuten, dass deren Programmierer ebenselbigem nicht besonders zugeneigt zu sein scheint und ihn gerne brennen sehen würde ...

den später wieder meinem Gesprächsnachbarn zuwendete, blickte er versonnen gen Himmel und schwadronierte zu Ende.

«Da die Feuerwehr St. Veit/Triesting nun einmal 135 Jahre alt ist, wird das heute ganz besonders gefeiert. Daher freue ich mich natürlich auch ganz besonders über diesen hohen Besuch aus unserem geschätzten Nachbarland Deutschland.»[7]

[7] Der Dia- bzw. Monolog wurde für dieses Buch übrigens dialektbereinigt.

So verbrachten wir einen guten Teil der Zeit, die wir eigentlich mit Streckemachen füllen wollten, mit Smalltalkhalten. Bei derart netter Gastfreundschaft fällt es einem eben schwer, auszubrechen. Außerdem fühlte sich in unserem Team niemand für die Zeitplanung verantwortlich, es gab keine eindeutige Führungsperson. Mit der Zeit kamen neben dem Regionalganzweitobenirgendwas auch noch der Vertreter des Regionalganzweitobenirgendwas und der Regionalnichtganzweitobenirgendwas vom Nachbardorf vorbei. Irgendwann stellten wir uns dann noch vor das vermutlich einzige Feuerwehrfahrzeug im ganzen Tal und posierten für ein Foto. Da die Einheimischen uns zunehmend Kinder, Ehefrauen und Tiere mit ins Motiv schoben, nahmen wir an, dass sie auf dieses neue Brandwehrgerät besonders stolz waren.

Irgendwann hieß es dann Abschied nehmen. Buchstäblich in letzter Sekunde konnten wir es verhindern, dass wir auch noch die örtliche Ausstellung von Feuerwehrdevotionalien aus unzähligen Ländern besichtigen mussten, aber mit dem Versprechen, ihnen ein Stück für die Sammlung, etwa einen Helm, einen Schlauch oder zumindest einen Gruß aus Jordanien zukommen zu lassen, ließen sie uns endlich von dannen ziehen.

Weiter ging's, südlich des Neusiedler Sees entlang Richtung ungarische Grenze. Vorne der BMW mit Renate und Chris, dahinter der Mercedes mit Carsten und Fritz, dann Tobi und ich mit dem Volvo als Schlusslicht. Wo Michael war, weiß ich nicht mehr, wahrscheinlich ist er hinter uns hergerannt und hat versucht, schöne Bilder zu machen. Jedenfalls war dies der erste Moment, in dem wir das «alte Europa» verließen und uns dem weniger durch Erlebnisse, sondern mehr durch Erzählungen bekannten «neuen» Teil näherten.

> Diese Formulierung bietet mir eine gute Gelegenheit, mich beim Ex-US-Verteidigungsminister (irgendwas scheint er sowieso bei der Berufsbezeichnung «Verteidigungs-» missverstanden zu haben) Donald Rumsfeld für die Einführung des Begriffs des «alten Europas» im Jahre 2003 zu bedanken. Dass in diesem innovativen Konzept ein Land wie Ungarn zum «neuen Europa» gezählt wird, ist nach wie vor überraschend. Sollte es sich nicht doch nur um einen «Knuff-knuff-ihr-ollen-Deutsch-Franzosen-der-Ostblock-tanzt-jetzt-nach-unserer-Pfeife»-Kommentar gehandelt haben, empfehle ich Herrn Donald «Böller-statt-Brot»-Rumsfeld die eine oder andere Komplettbibliothek zum Thema europäische Geschichte. Ungarn soll sogar schon *vor* der Amtszeit der Bush-Administration eine gewisse Rolle in der Historie Europas gespielt haben, munkelt man.

Kleiner Hinweis, man sollte zumindest nicht in Österreich danach suchen, die haben vielleicht in dieser Hinsicht auch eine leicht andere Wahrnehmung.

Schon als wir auf die Grenze zufuhren, machte sich im Team die erste Nervosität breit, und die Funke ging an.

«Wir nähern uns der Grenze, sollen wir die Funkgeräte wegpacken?», erkundigte sich Fritz.

«Warum das denn?», fragte ich vom Sozius zurück.

«Nicht, dass die Zöllner neugierig werden.»

«Hast du Angst, dass die dir deinen Föhn wegnehmen?»

«Nein, aber was ist mit dem Laptop?»

«Wir fahren bloß nach Ungarn.»

Interessant: Sobald man sich einem fremden Land nähert, das man nicht kennt, in dem man noch nie war und dessen Sprache man nicht versteht, macht sich leichte Unsicherheit bemerkbar. Ursache ist der Verlust der bekannten Dinge, an denen man sonst Halt findet, denn man hat nichts als die Geschichten im Kopf, die einem so erzählt werden. Leider vergisst man dabei oft, dass diese Geschichten nichts als weitererzählte Horrormeldungen sind. «Die klauen die Tankdeckel!» – «Die schneiden dir die Scheibenwischer ein!» – «Die tragen euch die Sachen aus dem Auto!» sind beliebte wiederkehrende Motive. Natürlich bleibt unklar, wer «die» eigentlich sind, und man hat auch noch nie Sätze gehört wie: «Die lassen dich problemlos fahren!» oder «Wenn du irgendwo stehst, dann passiert nix!» Letztendlich muss man sich im Klaren darüber sein, dass wir hier nur von Ungarn reden und nicht von Nordkorea[8]. Ach ja, von wegen Sprachprobleme: Bayern und Österreich hatten wir doch auch überstanden.

[8] Natürlich habe ich nichts gegen Nordkoreaner, aber als selbst von der UNO anerkannte Antisympathieträger eignen sie sich hier für einen Vergleich.

Tobi und ich waren also entspannt und belächelten die Vorurteile unserer Teammitglieder. Unterdessen fuhren wir einen sanften Hügel hinab, und als wir den Grenzübergang sahen, wunderten wir uns selbst über die Sorgen und Gedanken, die sich auf einmal in unser Bewusstsein setzten: Ist es tatsächlich hier sicher? Sind die überhaupt in der EU?

Ja, bereits seit 2004. Habe ich leider erst nach der Reise recherchiert. Angeblich als Nachfolger für die Bayern, die bald aus sämtlichen feudalistischen Systemen austreten werden. Vielleicht sollte ich aber auch die Wahl meiner Quellen überdenken.

Egal. Wir verließen Österreich: niemand. Wir betraten Ungarn: niemand.

Na also, genau wie ich es immer gesagt, dann allerdings kurz vorher doch unwilligerweise angezweifelt hatte.

Plötzlich, gerade mal zehn Meter hinter der Grenze, scherte das Führungsfahrzeug nach rechts aus. Der BMW hätte fast die Absperrung durchbrochen, welche die rechten beiden Spuren von den anderen

Fahrbahnen trennte, umfuhr dann jedoch die erste Pylone und kam knapp dahinter zum Stehen. Der nachfolgende Benz reagierte schnell genug, und auch der Volvo mit uns schaffte es. Wir schauten uns an und griffen fast gleichzeitig zum Funkgerät.

«Was ist los? Wenn niemand da war, kommen sie spätestens jetzt aus allen Löchern raus.»

«Stempel!», sagte Chris nur trocken.

Natürlich! Wir mussten unseren Grenzübertritt ja dokumentieren. Gut, wir hätten entspannt zur Tanke 200 Meter weiter fahren können, gut, eine kleine Ansage per Funk hätte uns vorbereitet, und okay, etwas mehr Abstand zum Vordermann wäre auch nicht so tragisch gewesen, aber auf diese Weise konnten wir auf entspannte Weise nicht nur das spontane Kurvenverhalten der Wagen ausprobieren, sondern auch das Reaktionsvermögen der Fahrer trainieren.

Natürlich passierte auch hier wieder nichts, trotz unseres auffälligen Fahrverhaltens. Wir stiegen aus, und alle anderen Autos, Urlauber, Geschäftsreisende und Ausflügler, fuhren einfach weiter. Mist, Vorurteile! Wir hatten die Autos schräg nebeneinander am Straßenrand geparkt und standen ein Stück weiter schön ordentlich deutsch auf dem Bürgersteig und warteten. Nur Renate war weg. Ein Rundumblick machte schnell klar: Um den Stempel zu holen, der unseren Grenzübertritt dokumentierte, war sie in eine Wechselstation gegangen. Schon vor einer ganzen Weile. Schon vor einer ganz langen Weile. Ich hoffte für den Mitarbeiter, dass er kooperierte. Renate kann nämlich sehr hartnäckig sein. Und Sprachbarrieren stellen zumindest für SIE kein Problem dar.

Nach einer Weile, wir hatten uns in der Zwischenzeit locker gemacht, die Fahrbahn betreten und uns ganz nah an die Fahrspur rangewagt, kam sie endlich aus dem Häuschen heraus, ein triumphierendes Lächeln auf dem Gesicht.

«Hier.» Sie hatte unser Roadbook mit einer weiteren Unterschrift versehen. «Aber der Typ war total bescheuert.»

Sie hatte ihn natürlich sofort auch noch nach der ungarischen Hymne gefragt. Da wir Ungarn nur durchfahren wollten, ohne zu übernachten, mussten wir die Aufgabe irgendwie unterwegs bewältigen. Renate hatte dem freundlichen Wechselstubenmitarbeiter ihr Anliegen sicher in mehreren, vermutlich auch nicht indogermanischen Sprachen erklärt – leider erfolglos. Er überreichte ihr lediglich einen Zettel, auf dem das Wort «*hymnus*» stand. Ja, so kann man die Hymne auch aufschreiben.

Auf einmal hörten wir Sirenengeheul, und ein lautes Motorengeräusch ließ uns alle gleichzeitig herumfahren. Wir beobachteten, wie ein österreichisches Polizeifahrzeug mit Blaulicht und hoher Geschwindigkeit über die Grenze fuhr. Der Beifahrer zückte schon die rote «STOPP!»-Kelle, ehe der Wagen 150 Meter weiter stehen blieb und vor einem Zivilfahrzeug hielt, das sie offensichtlich verfolgt hatten.

Schon zweifelten wir an der Tatsache, dass wir die Grenze bereits überschritten hatten, bis ich die Vermutung anstellte, dass es sich dabei um das Recht der Österreicher handelte, grenzübergreifend zu agieren. Wir diskutierten die Sache aus, stiegen wieder in die Wagen und machten uns daran, die rund 500 Kilometer durch Ungarn zu fahren.

Das Erste, was mir auffiel, waren die unzähligen Hochspannungsmasten. Das klingt jetzt vielleicht merkwürdig, aber man ist ja einen bestimmten Anblick gewohnt. Irgendwas ist hier anders, dachte ich, dann fiel es mir auf: Hier waren die Masten nicht symmetrisch gebaut, die Ausleger waren links und rechts auf verschiedenen Höhen. Eine Kleinigkeit, aber es half, sich fremd zu fühlen, denn ansonsten änderte sich eigentlich wenig im Landschaftsbild. Die Straßen waren gut ausgebaut, die Strecke beschildert, und ob wir jetzt fremden blauen Zahlen oder fremden grünen Zahlen folgten, spielte letztlich keine Rolle.

Im weiteren Verlauf der Reise entwickelte Bernhard einen regelrechten Strommasten-Fetisch. Jede neue Variable in den Nuancen der Stahlverstrebungen feierte er frenetisch. Umso

Wann immer möglich, wird Strom abgezapft, auch wenn der Laptop danach nur noch ein verschmolzener Klumpen Plastik ist.

erstaunlicher ist es, dass er immer noch nicht auf den korrekteren Terminus «Freileitungsmast» zurückgreift. Übrigens ist die bereits oben erwähnte Demokratische (!) Volksrepublik Korea, besser bekannt als Nordkorea, oder von G. W. Bush kess «Schurkenstaat» genannt, das einzige Land, in dem ein Freileitungsmast im Staatswappen auftaucht.

Das ist nicht dein Ernst! Nordkorea? Ab jetzt liebe ich dieses Land.

Wir schalteten das Radio ein, und passenderweise kam traurige ungarische Musik – zumindest klang sie traurig und ungarisch. Aber Musik war es, da bin ich mir sicher. Wenn man so vor sich hin fährt und ständig darauf achtet, den wasserdichten, signalfarbenen Transportsack auf dem Dach des Vordermanns nicht aus den Augen zu verlieren, hat man viel Zeit, sich so ein Land mal «durch den Kopf gehen zu lassen». Ich hatte den Laptop auf der geöffneten Klappe des Handschuhfaches postiert und mit einer halbleeren Flasche Duschgel festgeklemmt. So tippte ich meine ersten Eindrücke in die Tasten. Natürlich wollte ich dazu auch die Meinung meines Umfeldes einholen.

«Das Land ist doch ... pfffft», lautete mein verzweifelter Versuch, von Tobi einige erste Eindrücke per Interviewtechnik zu erhaschen. Scheinbar lenkte ihn das Fahren dann doch mehr ab, als ich vermutet hatte.

In vielen öffentlichen Nahverkehrsmitteln gibt es Schilder mit der Aufschrift «Nicht mit dem Fahrer sprechen!», Taxen in zahllosen Ländern haben eine Scheibe zwischen Fahrer und Fahrgästen, Lokomotivführer sitzen allein in ihrer Kanzel – alles ohne Grund? Ich dagegen soll, während ich als Pilot eines Rallye-Fahrzeugs die Verantwortung für einen Teil unserer Unternehmung trage, in wenigen gutüberlegten Sätzen ein ganzes Land beschreiben, ja gar aburteilen. Und das alles auf der Basis von ein paar Metern Landstraße und einem Radiosender. Ich stehe nach wie vor zu meiner, dieser Situation angepassten, bewusst offen gehaltenen Beurteilung des Grund und Bodens unserer ungarischen Freunde.

Natürlich soll man nicht mit dem Fahrer sprechen. Aber nirgendwo steht, man soll nicht mit dem BEIfahrer sprechen, und genau DAS war das Problem. Ich hatte meinen Teil längst beendet. Abgehakt, den Ball dir zugeworfen, das Zepter übergeben, den Fokus auf dich gerichtet, mich zurückgezogen, entschieden zu schweigen. Aber was kam? Nix!

Deshalb von mir etwas differenzierter: Ich war hin- und hergerissen. Auf der einen Seite war es hier wie in jedem anderen westlichen Land – sofern sich das aus einem vorbeifahrenden Auto beurteilen ließ. Umgekehrt stellte sich natürlich die Frage: Was hatte ich erwartet? In solchen Situationen denkt man ja gerne entweder «Klar!» oder «Ah!». Demnach waren die unausgebauten Nebenstraßen, die aus der Katalysatorabdeckung des Benz ein chinesisches Feuerwerk machten, und der dreirädrige Eiswagen eindeutig ein Fall für die «Klar!»-Gruppe: «Osteuropa, klar!» – «Schlechte Straßen, klar!» Die ausgebauten, auf den Straßenkarten rot eingezeichneten Strecken dagegen, die sich von einer Eifellandstraße nicht wesentlich unterschieden, gingen ohne Zweifel an die «Ah!»-Gruppe: «Ah, so was haben die hingekriegt.» Die gezählten 14 WLAN-Netze in Kiskőrös bekamen übrigens glatt ein Doppel-«Ah!».

Letztendlich spiegelte all das aber nur ein Gefühl wider, das besagte: «Wir sind toll.» Wahrscheinlich brauchten wir das, um uns in der fremden Umgebung wohlzufühlen. Dabei befanden wir uns immer noch in Mitteleuropa ...

Die Fahrt führte uns über die Donau und danach ein ganzes Stück über Land – was vor allem daran lag, dass es hier nun einmal ziemlich viel Land gibt. Gegen Abend näherten wir uns so langsam der Grenze, es waren nur noch ein oder zwei, vielleicht auch drei oder vier Kilometer. Die Nacht wollten wir ganz in der Nähe verbringen, und wie nicht anders zu erwarten, holte Renate ihre Liste mit den in Frage kommenden Campingplätzen heraus. Sobald wir uns zeitlich dem Abend näherten, versuchten wir einfach, den nächstgelegenen zu finden, und so kamen wir schließlich zu dem urgemütlichen Campingplatz an der Mureş.

Kurze Zwischeninfo: Er, sie oder es hat ein Einzugsgebiet von 27 832 Quadratkilometern und in Arad eine Wasserführung von 177 Kubikmeter/Sekunde.

Eigentlich eine nicht wirklich relevante Information zum Erlebten, aber Tobi hat wohl Wert darauf gelegt. Vielleicht kann der Leser so einen Hauch von dem spüren, was ein Mensch empfindet, der neben jemandem sitzt, der ständig in der Wikipedia nachschlägt. Und das auch noch lückenhaft. Der Vollständigkeit halber sei hier noch erwähnt, dass der Fluss 756 Kilometer lang ist und 850 Meter ü. M. in den Ostkarpaten im Kreis Harghita (am Nordabhang des Harghitagebirges am Tincan-Pass) entspringt.

Wir brauchten noch nicht mal die Zelte aufzubauen, da wir zu unserer Freude für den erlaubten Preis jeweils Doppelzimmer bekamen. Nach kurzer Zeit saßen wir alle gemütlich um den abendlichen Tisch herum, ich bei einer Apfelschorle, die anderen bei Bier. Während wir uns unterhielten und ich im nüchternen Zustand darüber nachdachte, wie weit wir heute hätten kommen können, entfernten sich die anderen immer weiter von meinem eben erwähnten Zustand. Dank meines klaren Bewusstseins erkannte ich die zunehmende Wahrnehmungstrübung auf den drei anderen Seiten des Tisches, und als jemand eine Flasche mit rotem Inhalt daraufstellte, war mir klar, dass sich dieser Abstand immer weiter vergrößern und ich mit meinem Sprudel bald nur noch ein leicht glimmendes Rücklicht sein würde. Nicht zuletzt deshalb keimte in mir der Verdacht, dass Tobi und die anderen morgen vermutlich nicht wirklich fahrtüchtig sein würden.

Ich beschloss, mir die Erholung zu gönnen, die man braucht, wenn man eine lange Strecke Auto fährt, da die anderen zu dieser Erkenntnis nicht mehr fähig waren, und während ich die Treppen zu unserer Kemenate hinaufschritt, vergrößerte sich der Abstand zwischen uns auch räumlich, Stufe um Stufe, Meter um Meter. Die Strecke sei hier nur das Symbol der Bewusstseinsebenen, die sich weiter voneinander entfernten. Mir schwante, dass dies ein Schicksal war, das ich von nun an fast jeden Abend würde durchstehen müssen. Ich alleine, die anderen in der Gruppe, ich mit Erinnerung, die anderen ...

Wer weiß? Die sicher nicht.

Tag 4
Montag, 4. Mai 2009
Makó – Brașov

Text: Tobias   **Anmerkungen: Bernhard**

Endlich wieder Kopfschmerzen ...

Ich wurde wach. Nein, das traf es nicht ganz. Bevor ich mir meiner eigenen Existenz bewusst werden konnte, war da der Schmerz. Ein heftiges Pochen in der Schläfe, welches einen Schädeldurchmesser von mindestens 3,40 Metern voraussetzte. In der 7,30 Meter langen Speiseröhre ätzten sich gerade zwölf Liter Magensäure Richtung Rachen. Langsam schafften es ein paar Synapsen, mein Ich-Bewusstsein wieder in Gang zu setzen. Leider. Dadurch wurde mir nämlich klar, dass ich just in diesem Moment von Bernhard und irgendeinem weiteren mittelkräftigen Schergen aus meiner Lagerstätte zum Auto getragen werden sollte. Erschwerend kam hinzu, dass sich mein Schlafgemach in einem baumhausartigen Pavillon befand und es somit aus zwölf Metern Höhe über morsche Holztreppen steil abwärtsging, was einer Beruhigung meines Magens nicht unbedingt dienlich war.

Ich konnte weder Arme noch Beine bewegen, was ich offensichtlich dem Umstand verdankte, mich noch in meinem Schlafsack zu befinden. Keine guten Voraussetzungen für ein sicheres Überleben im Sturzfall. Als es einigen weiteren meiner halbbetäubten Gehirnzellen gelang, mein linkes Augenlid ein Stück anzulupfen, erblickte ich zu allem Übel auch noch die Umrisse von Michael, der das Geschehen mit seiner Kamera dokumentierte. Na ja, vielleicht wäre «inszenierte» die treffendere Formulierung. Ich war also nicht nur das Opfer einer nicht mehr abrufbaren alkoholischen Meisterleistung geworden, sondern diente eventuell auch noch der medialen Verspottung meines eigenen Schicksals.

Während mein Schlafsack mit seiner wertvollen Fracht langsam drohte, Bernhards und seines Schergen Händen zu entgleiten und die Treppe hinunterzustürzen, hatte ich Zeit, darüber nachzudenken, was mich in diese missliche Lage manövriert hatte.

Ich möchte diesen kurzen Moment vor dem Sprung in die traurige, lückenhafte Vergangenheit von Tobi nutzen und kurz erwähnen, dass es sich bei diesem «Schergen», der zum Glück nicht auch noch als «gedungen» oder «kompromittiert» bezeichnet wird, um Chris gehandelt hat. Wir waren beide vernünftigerweise zu Bett gegangen und hatten uns am nächsten Morgen, wie sich das für Erwachsene gehört, verantwortungsvoll der Aufgabe des angebrochenen Tages gewidmet: Wir waren aufgestanden. Dass Tobi hier ein solches Wort benutzt, zeigt eigentlich nur, in welcher Gedankenwelt er sich gerade bewegte – und befand. Zumindest ließ das von ihm verströmte Eau d'Œuvre dies vermuten.

Du meintest sicher Horsd'œuvre. Das ist eine Art Vorspeise in der französischen Küche. Ich hoffe doch stark, meine ausgedünsteten Geruchsmoleküle hatten nicht die Größe von Wachteleiern?

Ich ... also ... pffft.

Am Vortag hatten wir Ungarn fast komplett durchquert und uns gegen zehn Uhr abends dem rumänischen Grenzübergang bei Nagylak genähert. Wir machten kurz Rast, um einige gekühlte Getränke als Grundlage für den ersten großen Einsatz des Grillmasters Carsten einzukaufen.

Das klingt nach Cola und Wasser. Wir erwarben aber Bier. Genau genommen mehrere Flaschen. Mir persönlich bleibt der Genuss von Bier ja verschlossen. Es schmeckt bitter, löscht nicht den Durst und beeinträchtigt die Sinne. Dennoch war der allabendliche Konsum von Drogen im Team ein nicht unerheblicher Bestimmungsfaktor von Handlungen.

Für einen Totalverweigerer jeglicher Getränke, in denen Spurenelemente von Bier enthalten sein könnten, zählt dieses köstliche Grundnahrungsmittel offensichtlich schon zu den Betäubungsmitteln. Die Verwendung als Letzteres ist nicht vollkommen auszuschließen, aber im Regelfall zählt der abendliche gemeinsame Genuss einer lokalen Bierspezialität doch auch zu den vielfältigen und besonders einprägsamen kulturellen Impressionen auf einer langen Reise. Dass es sich zudem um ein gesundes und nährstoffreiches Getränk handelt, das den von Bernhard bevorzugten Limonadenmischgetränken in Sachen Health-Faktor weit überlegen ist, muss hier wohl nicht weiter diskutiert werden.

Stimmt, muss nicht, kann aber: Die Formulierung «gesund» lässt mich aufhorchen, da ich keineswegs den Eindruck hatte, meine Mitmannen und die Mitfrau hätten Probleme mit ihrer Gesundheit und müssten ihren Körper zur Senkung der das Wohlbefinden beeinträchtigenden Symptome gegenseitig durch Darreichung von verzuckerter Stärke wieder auf ein erträgliches Maß an Gesundheit hieven. Früher war Bier nicht gesund, weil es gesund war, sondern weil die Alternative Wasser so UNgesund war. Heute sollte man Bier als Genussmittel betrachten und das darin enthaltene Nervengift auch als solches verstehen und kein Kulturdingens draus machen.

Ein gesellschaftlich größtenteils akzeptiertes Genussmittel, welches bekanntermaßen anregende und enthemmende Nervengifte enthält, früher als gesunde Alternative zum unhygienischen Wasser galt und somit heute auf eine wechselvolle Bedeutungstopologie im sozialen Kontext blicken kann: Das IST ein Kulturdingens!

Jedenfalls beschlossen wir, die Grenze erst am nächsten Tag, also heute, zu überqueren und stattdessen die sechs Kilometer nach Makó zurückzufahren, um den Zeltplatz aufzuspüren, dessen

Beschilderung wir im Dunkel noch meinten, ausfindig gemacht zu haben. Genau genommen beschloss das nicht das ganze Team in einer basisdemokratischen Abstimmung, sondern Bernhard und ich wurden irgendwie von den anderen beschlossen und damit in unserem Vorwärtsdrängen geringfügig gehemmt, aber was soll's.

Die Gegend, in der wir den Campingplatz suchten, wirkte in der Dunkelheit ungemein trostlos. Die Beschilderung zum Platz führte uns über menschenleere, immer kleiner werdende, finstere Straßen, unter einer großen Autobrücke hindurch, bis wir plötzlich am vermuteten Ufer eines Flusses vor einer Art Pavillon standen, der quadratisch kompakt ungefähr zwölf Meter hoch in den Himmel wuchs. Bevor wir uns Sorgen machen konnten, ob es sich womöglich um eine unbewohnte Behausung handelte, ging hinter einem der Fenster ein Licht an, und ein freundlicher Herr bot uns eine Übernachtung in ebendiesem Haus an. Der Preis pro Nase entsprach der Zehn-Euro-Vorgabe, außerdem gab es Toiletten und Duschen mit fließend kaltem Wasser und als besonderes Bonbon einen gemauerten Grillplatz. Wir fanden keine Argumente, an diesem Ort nicht zu bleiben. Die Doppelzimmer bestanden aus einem kleinen Raum mit einer gemauerten, dünn bematratzten Liegewiese, auf der locker drei oder vier Personen Platz gefunden hätten.

Da sieht man mal, welch wahrnehmungsverzerrende Wirkung das Nervengift hatte. Die Erhöhung war nicht gemauert, sondern aus Spanplatten zusammengezimmert. Allerdings war der vordere Teil mit einer Tapete mit Mauermuster beklebt. Spätestens beim Betrachten der sich bereits lösenden Ecken hätte auch ein Blinder erkennen können, dass dies kein normales Phänomen von Mauerverfall war.

Bei diesem Anblick überlegten wir kurz, ob wir uns etwa in einem ungarischen Swingerclub einquartiert hatten. Dagegen sprachen jedoch der günstige Preis und dass wir – natürlich – nicht über die gemeine Inneneinrichtung eines ungarischen Swinger-clubs informiert waren.

Für die Rotlichttheorie sprachen der Zustand der Bezüge und Laken, weshalb wir uns entschlossen, unsere Schlafsäcke zu verwenden. Bevor wir uns in den Hochbungalow verziehen wollten, sollte der Abend seinen Abschluss bei Grillspeisen und Bier finden. Während Carsten im Schein seiner Stirnlampe gemütlich vor sich hin grillte, Renate aus was auch immer einen schmackhaften Salat zauberte und die anderen irgendwo in der Dunkelheit herumlümmelten, sahen Bernhard und ich uns ein wenig um. Wir taperten hilflos, aber neugierig durch die Gegend, immer in Hör- und Sichtweite unseres Domizils, um nach kaum hundert Metern an einen Fluss zu gelangen. Ein wenig mehr Orientierungssinn hätte uns gezeigt: Hier ist sie wieder, die Mureș.

Die neben größeren Ortschaften wie Aiud, Alba-Iulia, Arad, Deva, Geoagiu, Lipova, Luduș, Makó, Nădlac, Ocna Mureș, Reghin, Târgu Mureș, Toplița (in alphabetischer Reihenfolge) auch diese kleine Einöde kreuzt.

Am Ufer stießen wir auf einen verlassenen kleinen Betonturm in einem eingezäunten Areal. Da ich mir für den ausklingenden Abend außer der Trinktemperatur des ungarischen Dosenbiers nur wenig an Überraschungen und Neuigkeiten versprach, beschloss ich, dieses Gebäude näher zu inspizieren. Bernhard muss man in einem solchen Fall nicht lange überreden, und so öffnete ich das Gartentürchen, und wir stiegen über eine steile Treppe auf eine Plattform. An deren flusszugewandter Seite war ein dickes Stahlseil befestigt, das straff gespannt in der Dunkelheit in Richtung des gegenüberliegenden Ufers verschwand. Nachdem wir noch einen Stromkasten mit Kabeln und Knöpfen entdeckt hatten, machten wir uns sogleich daran, das Gesehene zu interpretieren. Wir bildeten Kleingruppen und fertigten rasch einige PowerPoint-Präsentationen sowie komplexe Flipchart-Graphiken an.

Bevor ich meine Argumentationsstrategie richtig ausarbeiten konnte, sprudelte es aus Bernhard auch schon schulmeisterlich heraus: «Eine elektrische Seilbahn über den Fluss!» Vollkommen baff von dieser assoziativen Höchstleistung, bastelte ich ihm ein Krönchen und trug ihn auf den Schultern, dreimal «Hoch solla lääben» singend, um die Plattform herum. Großmütig verschwieg ich dabei, dass meine Überlegungen mich nur Sekunden später zu einer ähnlichen Bemerkung veranlasst hätten.

Beschwingt von so viel logischem Denkvermögen, kletterten wir heiter brabbelnd die Treppe wieder herunter und empfanden die dunkle, fremde und merkwürdig einsame Umgebung dadurch überhaupt nicht mehr als bedrohlich. Jedenfalls bis zu dem Moment, als wir am Fuße der Treppe, und noch mit mindestens sechs Metern Abstand zum Gartentürchen, ein kurzes Rasseln, gefolgt vom brüllenden, bestialischen Bellen eines Höllenhundes hörten, was in Sekundenbruchteilen unsere Ruhe in blanke Panik verwandelte. Laut meinem Rückenmark befanden wir uns in absoluter Lebensgefahr, und bevor ich auch nur einen überlegten Gedanken fassen konnte, sah ich mich, von blankem Entsetzen beflügelt, weit hinter der Maschendrahtzaungrenze zum Grauen. Bernhard schien es auch irgendwie geschafft zu haben. Da wir noch lebten, vermutete ich, dass der Höllenhund an einer Kette angeleint war. Das zu überprüfen hatte ich allerdings keine große Lust, und so versuchte ich meine Pulsfrequenz um den Faktor sieben zu senken und damit wieder auf einen überlebensfähigen Wert zu kommen. Danach machten wir uns auf den Rückweg zu den Kollegen am Grill.

Hätte Tobi die Zellen benutzt, die sich nicht in seinem Rückenmark, sondern etwa einen Meter höher zwischen den beiden Teilen seines Os parietale befinden, wäre ihm aufgefallen, dass der Hund zwar durchaus Laute von sich gab, diese aber mitnichten dem «brüllenden, bestialischen Bellen eines Höllenhundes» ähnelten. Der arme Hund hatte aufgestellte Ohren, einen wedelnden Schwanz, den Vorderkörper abgesenkt und ein leicht geöffnetes Maul mit V-förmigen Mundwinkeln: ein Spielgesicht eben. Begeistert nahm ich die Aufforderung an, hockte mich auf den Boden, knickte den Vorderkörper ab, legte die Ohren nach hinten und bellte zurück, doch leider verstand das Tier mich nicht. Vielleicht ist mein Ungarisch in Hündisch doch nicht so gut, wie ich dachte.

Die anderen waren mittlerweile nicht mal mehr allein. Während Bernhard und ich uns mit den Methoden ungarischer Objektsicherung vertraut gemacht hatten, waren noch mindestens zwei weitere Teams auf dem vor unserer Ankunft verlassenen Campingplatz eingetroffen. In einer in diese nächtliche Kulisse mehr als gut passenden Quentin-Tarantino-Dramaturgie hätten wir auch mit dieser Vielzahl an Abenteuerwilligen keine Chance gehabt, dem Serienkiller oder Zombiegesocks zu entkommen, aber langsam stellte sich gesellige Ferienlageratmosphäre ein. Carsten verstand es nicht nur, die erlesenen Grillspezialitäten vorzüglich zuzubereiten, sondern Teile davon sehr effizient mit den anderen Teams gegen gekühltes Bier oder sonstige knappe Güter einzutauschen.

Irgendwann holperte ein großer Mercedes übers Gelände. Team Aha mit einem VW LT tauchte auf und begrüßte uns kurz, nur um unverzüglich im großen Laderaum des Gefährts zu verschwinden. Der späten Stunde sei es geschuldet, dass wir überrascht unserer Phantasie freien Lauf ließen, der Realität war es jedoch zu verdanken, dass wir noch überraschter waren, als sich herausstellte, dass der hintere Teil des Wagens in eine große Küche umgebaut worden war. Keineswegs in eine schlichte Küchenzeile, sondern eine Profi-Großküche mit Mensa-Herdplatte, einem Bataillon-Suppentopf und einer echten Heerlager-Kartoffelschälmaschine. Da kamen wir mit unserem popligen Grill nicht mit.

Nach der fürstlichen Tafelei gingen Renate, Carsten und ich allein zum Dessert in Form eines ertauschten Kräuterschnapses über. Die anderen betteten ihre müden Häupter bereits auf die Sperrholzplatte. Danach ...

Zurück zum Morgen der Misere: Nachdem Bernhard und seine Schergen sich ausreichend an meinem betäubten und somit unwehrhaften Zustand ergötzt hatten, legten sie mich mitsamt meinem Schlafschlauch einfach auf der morschen Zwischenveranda ab und ignorierten mich fortan.

Leicht unzufrieden mit der Gesamtsituation, versuchte ich zunächst, mich aus meinem synthetischen Lagerwulst zu befreien, um dann weitere Pläne für eventuell folgende Handlungen zu überdenken. Durch den dumpfen Schmerz meiner Schläfen hindurch konnte ich ausmachen, dass meine Teamkollegen bereits weitestgehend abfahrbereit waren und mittlerweile die Gepäckstücke auf die Fahrzeuge verteilt hatten. Mich in diesem Zustand in ein sich bewegendes Objekt zu begeben, kam mir reichlich absurd vor, und ich hätte es mir auch unter Zuhilfenahme von mehreren Kilogramm bewusstseinserweiternder Mittel beim besten Willen nicht vorstellen können. Daher brabbelte ich nur irgendwas in Richtung meines Fahrer(innen)lagers und empfahl mich damit zu den Sanitäranlagen.

Einige der wenigen Erfahrungen, die ich an diesem Morgen machen musste, war jene, dass die Temperatur des vorabendlichen Bieres und die des Wassers, welches sich aus dem Duschkopf über mich ergoss, in einem direkten Zusammenhang stehen mussten. Das Bier am Vorabend war lauwarm gewesen.

Da ich artikulatorisch noch nicht in der Lage war, längere zusammenhängende Sätze zu bilden, versuchte ich die Abfahrtszeit mit Zähneputzen, Sachenpacken und dumm rumstehen hinauszuzögern. Carsten kam noch auf die glorreiche Idee, einen mitgeführten lebensgroßen Kamelkopf (aus Stoff natürlich) mit großem handwerklichen Geschick an den Kühler des Volvos zu klöppeln. Das sah nicht nur toll aus, sondern brachte mir mindestens noch einmal 15 Minuten Aufschub.

Für Kurzweil sorgten auch die anderen Teams. Mit der Selbstverständlichkeit, mit der sich normale Menschen morgens einen Kaffee kochen, fuhr das Team 64, acht Eier mit vier Köpfen, seinen Audi V8 über einen 50 Zentimeter hohen Absatz auf der Campingwiese. In dem entstandenen Hohlraum unter der Fahrzeugmitte begann einer der leidenschaftlichen Kfz-Verbesserer auf einer bequemen Leopardenfelldecke ein frühsportliches Geschraube. Meine rudimentären Kenntnisse in Sachen Kraftfahrzeugmechanik verboten es mir, mein betäubtes Konversationszentrum im Hirn zu aktivieren und mit diesem Kollegen zu fachsimpeln, daher schaute ich einfach nur zu.

Nach einer Weile trat Carsten zu mir und bat mich freundlich, aber bestimmt in den Volvo, da Bernhard bereits im BMW bei Renate Platz genommen hatte. Es war erst der dritte Tag angebrochen, und Bernhard verweigerte mir offensichtlich die Beifahrt, noch dazu ohne mit mir ausführlich darüber gesprochen zu haben (was ehrlich gesagt auch nicht besonders erfolgreich gewesen wäre). Trotzdem hatte ich natürlich Glück mit Carsten, der nicht so unentspannt wie gewisse andere heraushängen ließ, dass alle bereits seit langem fertig waren und nur auf meine Transportfähigkeit warteten. Er hatte volles Verständnis für meine Weigerung, mich ans Steuer zu setzen, denn er hatte mindestens so viel Restalkohol, Kopfschmerzen und Mundgeruch wie ich.

Nur um mich im Nachhinein aus der Situation herauszureden: Ich wollte auch mal den BMW fahren. Im Vorfeld der Rallye gab es leichte Unstimmigkeiten darüber, ob ein Fahrzeug nun an bestimmte Fahrer gebunden sei oder ob wir das flexibel halten sollten. Während mich beim Mercedes keinerlei Bedürfnis befiel, ihn einmal auszuprobieren, hatte der BMW schon seinen Reiz für mich. Allein wegen der coolen Wegfahrsperre, deretwegen man – völlig sinnlos – vor jedem Zündvorgang ein kleines Plastikstäbchen an eine bestimmte Stelle halten musste. Außerdem führte der Wagen jedes Mal einen kompletten Systemcheck durch, der etwa 23 Fehler in der Fahrzeugelektronik anzeigte. Renate beruhigte mich mit den Worten: «Das macht der immer!», was ihr nur teilweise gelang.

Der Grenzübertritt nach Rumänien gestaltete sich, ebenso wie die Einreise nach Ungarn vom Vortag, weniger aufregend, als von uns erhofft, denn wir fuhren wiederum durch eine offene Grenze. Da vermasselten uns EU-Beitritt, Schengener Abkommen und NATO-Mitgliedschaft doch glatt das Abenteuer! Dabei ist die Umsetzung des offenen Grenzverkehrs doch eigentlich erst für 2011 geplant.

Um wenigstens den süßen Duft der Bürokratie atmen zu dürfen, hatten wir uns vorgenommen, den Stempel für das Roadbook und die Vignette für Rumänien direkt an der Grenze und nicht an einer der großen Tank- und Rastanlagen zu erwerben. Alle größeren Straßen in diesem Land sind mautpflichtig und stellen daher eine der wenigen Ausnahmen im Rallye-Reglement dar. Die Verkäuferin der Vignetten saß in einem leicht heruntergekommenen Verschlag direkt an der Grenze und gab sich große Mühe, möglichst sämtlichen Klischeebildern westeuropäischer Männer über osteuropäische Frauen zu entsprechen. Sie war jung, hübsch und reagierte sehr freundlich auf die Lächelattacke von Kameramann Michael.

«Dürfen wir hier drehen?», lautete der erotisierende Standardfragesatz des Kameramanns.

Hier machte sich Michaels Erfahrung auf internationalem Parkett breit. Wenn einer alle Sprachen dieser Welt beherrscht, außer Musik und Mathe, dann unser Kameramann. An jeder Grenze, jedem Ortsschild, jeder nicht einheimischen Restauration lehnte er sich stolz zu uns nach vorne und sagte so was wie: «Ügükük lüüüpü? – Darf ich hier filmen?» Natürlich passend in der Landessprache, wenn vielleicht auch nicht immer passend zum Land. In Ungarn sagte er: «Kamera parkadee.» Auf meine Nachfrage meinte er, das habe er immer in Indien benutzt, was dort aber völlig überflüssig sei, weil die Inder sowieso gerne gefilmt würden. Sie stünden meist in einer Handbreit Abstand vor dem Objektiv und versuchten zu ergründen, was wohl hinter der Linse sei.

«Aber sicher, ihr dürft ALLES filmen!», entgegnete sie mit einem entwaffnenden Lächeln, das sie immerhin so lange aufrecht hielt und dabei das zentrale «Alles» betonte, bis selbst dem Letzten von uns vollkommen klar war, worauf sie hinauswollte. Das klärende Gespräch mit der Teamdame vermieden wir lieber. Vielleicht hatten uns auch nur hormonelle Verschaltungen einen Streich gespielt, jedenfalls machten wir uns weiter brav auf den Weg.

Wir nahmen die Straße nach Arad, der Hauptstadt des gleichnamigen Kreises, noch im äußersten Westen Rumäniens. Ohne genau sagen zu können, warum, empfand ich, dass sich die Landschaft und das Straßenbild veränderten. Arad selbst stellte dann eines der zahlreichen kulturell-architektonischen Highlights des Abenteuers dar – meist eben aus unserer Rallye-Perspektive. Das bedeutet: Mit etwas Glück steckten wir im Stau fest und hatten so ein wenig Zeit, die Stadt aus dem Auto heraus zu betrachten. Generell hatten wir uns vorgenommen, Ballungszentren möglichst zu meiden, da diese eine nicht unerhebliche Zeitverzögerung bedeuten würden.

Arad begann am Stadtrand unaufdringlich und steigerte sich zum Zentrum bis zu regelrecht monumentaler Prachtarchitektur. Als wir auf den Boulevard einbogen, erblickten wir beeindruckende Kathedralen und Paläste. Neugierig, in welche Stadt es uns da verschlagen hatte, bemühte ich mein Offline-Lexikon und gründete augenblicklich den Infokanal in unserem Bordradio, indem ich die gerade ermittelten Informationen in kleinen, merkfähigen Häppchen aufbereitet über den Teamfunk referierte. Spätestens die Information über die veraltete rumänische Postleitzahl von Arad (nämlich 2900, die mittlerweile in 310 plus drei folgende Ziffern für die jeweiligen Bezirke geändert ist) war nur noch einem interessierten Fachpublikum gewidmet.

Wir verließen die Stadt so schnell, wie wir gekommen waren, eine klassische Durchreise eben. Gleichfalls taten es übrigens auch die Mongolen, die Türken, die Österreicher, die Ungarn und nicht zuletzt die Rumänen, wenngleich mit etwas aggressiveren Gastgeschenken und größerer Ausdauer als wir. Die Türken blieben von 1551 bis 1699 gleich ganze 148 Jahre vor Ort.

So viel Zeit hatten wir nicht. Als heutige Spezialsonderprüfung hatte sich das freundliche Organisationskomitee ausgedacht, dass wir eine lokale Tageszeitung erwerben und die Schlagzeilen von Vertretern der indigenen Bevölkerung übersetzen lassen sollten. Die Niederschrift der rumänischen Hymne glaubten wir in einem Aufwasch gleich mit erledigen zu können. Mit meinem persönlichen Fahrer, Grillkanone Carsten, tuckerte ich gemütlich am Ende des Konvois, als die beiden Führungsfahrzeuge nach der spontanen Ansage per Funkgerät «Links raus!» auch schon in einer Staubwolke auf der Dorfstraße von Lipova verschwanden. Wir befanden uns immer noch im näheren Umkreis von Arad, womit wir seit Verlassen der Stadt weniger als 30 Kilometer zurückgelegt haben mussten.

In Bezug auf die ungewohnt hohe Pausenfrequenz lief dieser Tag bisher sehr gut für mich und meinen Magen. Carsten und ich vermuteten richtig, dass in diesem Ort wieder eine Kontaktaufnahme zur rumänischen (Klein-)Stadtbevölkerung stattfinden sollte. Ich begann die relevanten Daten von Lipova in meiner digitalen Offline-Bibliothek zu ermitteln, um die anderen über den

Bordfunk auf das Zusammentreffen vorzubereiten. GPS-Koordinaten (N 46°05'593", O 21°42'242"), Einwohnerzahl (11 199 am 1. Juli 2007), Telefonvorwahl (0257) sowie die Jahresdurchschnittstemperatur (9,5 °C) waren bereits recherchiert, als mein Magen gegen diese Doppelbelastung rebellierte und ich ihm zuliebe einfach aus dem Fenster schaute und bei jedem Schlagloch oder Minigebirge auf der Straße wohlig aufstieß.

Wir steuerten auf die Klosterkirche Maria Radna zu, die mit ihren Doppeltürmen zentral auf einem Hügel des Ortes ruht und jedes Jahr am 15. August scharenweise christliche Pilger anzieht. So auch uns, wenngleich aus anderer Motivation. Bis zur Kirche schafften wir es leider nicht. Am Gartentor eines kleinen Häuschens am Straßenrand stand ein älterer Herr, die Arme in die Seiten gestemmt, und beäugte interessiert die buntbeklebten Autos, die da vor seinem Anwesen entlangzuholpern gedachten. Diesen Spieß galt es umzudrehen.

Aus sicherer Entfernung (sicher für die anderen – mir war inzwischen wieder speiübel von dem Geschaukel) konnte ich zusehen, wie der beobachtende Einwohner ins Visier genommen wurde. Die Wagen hielten, Türen klappten, und Bernhard stürmte gemeinsam mit Chefbuchhalterin Renate auf den verdutzten Herrn zu. Durch die verstaubte Windschutzscheibe verfolgte ich, dass es irgendeine Art von Kommunikationsmöglichkeit zwischen beiden Parteien geben musste. Da ich Bernhards rumänische Sprachkenntnisse nicht als sonderlich ausgeprägt einschätzte, startete ich schon mal für den Ernstfall das Übersetzungsprogramm Deutsch–Rumänisch auf dem Laptop.

«Was passiert denn da?», fragte ich ins Funkgerät.

Irgendein anderer Wartender aus unserem Team antwortete: «Aufgabe erledigen.»

Danke, das war mir klar. «Wie reden die denn miteinander?», wollte ich dann nach einer Weile wissen.

«Der Typ spricht Deutsch.»

Natürlich – warum auch nicht. Wir waren ja auch erst 580 Kilometer vom deutschen Sprachraum entfernt (ob Österreich, wie von mir hier selbstverständlich angenommen, zu diesem gehört, ist in diversen anderen Veröffentlichungen hinreichend diskutiert worden) und standen in der Seitenstraße einer Kleinstadt, die für die Weltpolitik nun nicht gerade eine übergeordnete Rolle spielt.

Vielleicht sollte ich mich hier kurz einklinken, um quasi eine Nahaufnahme des von Tobi aus größerer Distanz wahrgenommenen Ereignisses zu zeichnen:

Renate und ich gingen auf den Mann zu und versuchten es wieder einmal mit einer Mischung aus Englisch und Deutsch. Seine Antworten waren zwar mutig betont und die Worte waghalsig umgestaltet, der Sinn dennoch recht deutlich zu verstehen. Nach einigem Hin und Her gratulierte ich ihm zu seinen hervorragenden Deutschkenntnissen und sagte, dass ich es wirklich klasse fände, wenn jemand mehrere Sprachen beherrscht, da ich mich damit nicht so einfach tue. Seine Deutschkenntnisse seien wirklich überdurchschnittlich, wenn auch nicht perfekt.

Daraufhin schaute er mich leicht befremdet an und sagte: «Ich komme aus Ostwestfalen.»

Dass es in diesem Teil Rumäniens nicht ungewöhnlich ist, auf Deutsche zu treffen, verriet mir mein Lexikon erst später, außerdem hatte das rein gar nichts mit dem vorliegenden Fall zu tun. Nach einer Weile konnte ich dann beobachten, wie eine Frau aus dem Haus das Stelldichein ergänzte. Sie wirkte durchaus vertraut mit dem Anwohner, wenngleich in ihrem Stoffwechsel wesentlich begünstigter als er. Nachdem auf Seiten der beiden Lipovaer offensichtlich der Wunsch entstanden war, uns zu helfen, begaben sich die Protagonisten wieder zu ihren Fahrzeugen, und der Treck setzte sich in Bewegung.

«Wir fahren alle zum Rathaus», erfuhr ich durch den Bordfunk. Meine passive Rolle gefiel mir ungemein, und ich schloss mich freudig der weiteren Unternehmung an – sofern man davon sprechen kann, denn ich brauchte ja lediglich weiterhin sitzen zu bleiben. Nach unangenehm kurzer Zeit musste ich meine wohlige Lethargie allerdings aufgeben. Wir waren irgendwo angekommen, und ich war neugierig, was als Nächstes passieren sollte. An einer gepflasterten Straße im Zentrum des Ortes parkten wir an einem Gebäude, bei dem ich willkürlich an die Sparkasse in Radevorm-wald-Hückeswagen denken musste. Davor stand eine Sicherheits-bedienstete, die uns dank der Hilfe unserer neuen rumänischen Freunde bereitwillig Zugang zu den Räumlichkeiten gewährte.

Der leicht untersetzte hilfsbereite Anwohner wusste zu berichten: «Bis vor zehn Jahren war ich beim Deutschen Roten Kreuz in Soest in Westfalen. Davor war ich Bäcker in Soest. Vor eben zehn Jahren bin ich dann zu meiner Frau nach Rumänien gezogen.»

Prima. Eines der unformulierten Ziele dieser Reise war es, mög-lichst viel Kontakt zu unglobalisierten Teilen der einheimischen Bevölkerung zu bekommen. Und was war das Ergebnis? Der erst-beste potenzielle rumänische Informant stellte sich nach kurzer Zeit als Ostwestfale heraus. Zumindest das mit der globalisierungs-fernen Provinz hatte somit geklappt. Da ich nur wenige Kilometer von dort selbst sozialisiert worden bin, war mir nicht nur Soest bestens bekannt, sondern auch das Bestreben, diese Gegend zu ver-lassen. Die Idee, einer charmanten Dame nachzufolgen, konnte ich ebenfalls nachvollziehen. Nur bei der Entscheidung, die Zelte aus-gerechnet hier in Lipova aufzuschlagen, haperte es noch ein biss-chen. Aber bei den rumänischen Sprachkenntnissen von Herrn S. haperte es ja auch noch.

Dieses Defizit wusste Frau S. bestens auszugleichen. Sie sprach fließend Deutsch und entpuppte sich schnell als ausgezeichnete und einzig verfügbare Dolmetscherin zur Vermittlung unserer Anliegen, nämlich eine verschriftlichte Hymne einzusacken und eine Schlagzeile aus der Tageszeitung übersetzen zu lassen. Durch sie erfuhren wir auch, dass der Bürgermeister sich momentan nicht im Haus befand. Scheinbar strahlten wir den Wunsch nach einer Chefbehandlung förmlich aus. Es gebe aber einen kompetenten und hochdekorierten Mitarbeiter, der uns im Büro des Bürgermeisters empfangen würde, um ein bilaterales Gespräch über Form und Inhalt der Landeshymne zu führen. Wir fühlten uns geschmeichelt.

Durch einen kleinen Korridor geleitete man uns direkt ins Vorzimmer des Stadtersten, wo die beiden Sekretärinnen, die offensichtlich bereits Bescheid wussten, uns direkt durchwinkten. Bei dem Chefzimmer handelte es sich um eine Eckkemenate von großzügigen 15 Quadratmetern mit einem großen Mahagoni-Schreibtisch und angrenzendem Konferenztisch(chen) für sechs Personen, außerdem gekreuzter Beflaggung hinter dem herrschaftlich geschrumpften Ensemble und einem weiteren kleinen Schreibtisch in der Ecke. Eigentlich bestand das ganze Zimmer aus Ecken. Nach kurzer Zeit erschien ein freundlich dreinblickender Herr mit Schnauzbart und nahm sich unser an. Da er sich an dem kleinen Schreibtisch bestens auszukennen schien, war er vermutlich der Eigentümer desselben und ebenso vermutlich der persönliche Assistent des Bürgermeisters.

Dank unserer persönlichen Übersetzerin kam eine Art Gespräch zustande, das grob den Inhalt und das Anliegen unserer Reise vermittelt haben könnte. Als die völkerverständigende Konversation sich langsam in den Austausch von höflichem Nicken und wohlgesinntem Lächeln wandelte, kam unverhofft ein Bote herein und überbrachte dem Vize-Bürgermeister ein dickes Buch. Es handelte sich offensichtlich um einen Band über die Geschichte von Lipova. Das Werk sollte uns helfen, was wirklich nett gemeint war, nur leider war in dem historischen Abriss weder die Hymne noch die Schlagzeile einer aktuellen Tageszeitung vermerkt. Und beides waren nun mal die Aufgaben, die wir hier zu erledigen gedachten.

In dem Moment tat sich die Tür auf, und ein weiterer, nicht ganz so festlich gekleideter Herr betrat die Bühne. Kein Geringerer als der Herr Bürgermeister persönlich hatte es sich während seiner Freizeit (wir hatten ja noch Montagmittag) nehmen lassen, unseren Besuch mit seiner Anwesenheit zu beehren. Die Erwartungen waren hoch, und wir bekamen langsam Übung darin, diplomatische Floskeln auszutauschen, die die unbekannten Gefühle und Befindlichkeiten des fremden Volkes möglichst unberührt ließen. Es sei denn, es handelte sich um offensichtlich friedlich und völkerverständigend gemeinte Phrasen, die man gut mit einem langsamen Nicken und großen Gesten übermitteln konnte. Eigentlich sprach vor allem Bernhard oder vielmehr seine persönliche Dolmetscherin. Die anderen nickten, während ich fotografierte.

Quasi minütlich wartete ich darauf, dass Bernhard auf den dickbelederten Stuhl steigen und einen Segen à la *urbi et orbi* aussprechen würde oder begänne, die Fahnen hinter dem Schreibtisch zu schwenken und die Internationale anzustimmen. Da der Präsident ... äh ... der Bürgermeister inzwischen eine typische Verabschiedungskörperhaltung eingenommen hatte, unterband er alle Bestrebungen dieser Art, und wir begannen mit der Verabschiedungszeremonie. Flugs ordnete ich die Anwesenden und brachte sie in eine sinnvolle Aufstellung für ein Gruppenfoto, nicht ohne die beiden Hauptdarsteller der Szene (Bernhard und den Bürgermeister) zu einem staatsmännischen Shakehands zu animieren. Die Nebendarsteller und Statisten blickten ebenfalls recht freundlich in die Kamera, und wir hatten das Gefühl, viel für die deutsch-rumänische Freundschaft getan zu haben.

Unsere neuen rumänischen Freunde verhielten sich ähnlich. Ob es sich hierbei um authentische Wesenszüge oder die freund-

Rumänien, Mai 2009. Bernhard Hoëcker: «Ich bin ein Lipo-vaererer!»

liche Variante von «Jetzt haben die komischen Deutschen mit den albern beklebten Autos mir auch noch die Mittagspause vermasselt» handelte, lässt sich im Nachhinein nicht mehr feststellen.

Ein kleines Detail möchte ich an dieser Stelle noch ergänzen: Nach dem Gespräch verspürte ein Teil der Mannschaft ein gewisses Bedürfnis nach Flüssigkeitsabsonderung. Letztlich bewegte uns die ganze Reise über die Frage: Wo ist hier das nächste Nicht-Steh-Klo? Wir waren uns sicher, wenn irgendwo, dann an diesem Ort, also fragten wir freundlich nach und erhielten die Genehmigung, dem Gang zu folgen und uns zu erleichtern. Den entsprechenden Beleg hat Renate wahrscheinlich irgendwo abgeheftet. Schnell die Tür geöffnet, die Kleidung in die für diese Aktion nötige Position gebracht und niedergesetzt. Das Gefühl war unbeschreiblich, dennoch will ich es hier mal versuchen. Keine Angst, der eigentliche Prozess zur Verrichtung der Notdurft ist hier nicht gemeint, sondern der Moment, die Klobrille zu berühren. Zunächst denkt man, kaltes, hartes Plastik berührt die Haut, was einen unwillkürlich zusammenzucken lässt. Aber nein, der Sitz gab nach. Ein leicht verwirrter Blick nach unten ließ mich erkennen, dass es sich hier allen Ernstes um eine gepolsterte und ebenfalls verlederte Klobrille handelte. Ich hätte nie gedacht, dass es so etwas gibt, vor allem nicht HIER.

Mit Hilfe von Frau S. erweiterten wir unseren rumänischen Grundwortschatz von nichts auf «*muito mesk*» (phonetische Transkription), was hoffentlich so viel wie «Vielen Dank» bedeutet. Jedenfalls benutzten wir es danach noch öfter in diesem Sinnzusammenhang, ohne im Anschluss Prügel oder zweideutige Angebote zu bekommen.

Die Stippvisite in Lipova hatte gute zwei Stunden in Anspruch genommen, weshalb wir beschlossen, die restliche Zeit des Tages auf der Landstraße zu verbringen. Als Etappenziel des heutigen Tages waren die Südkarpaten angedacht.

Auf dem Weg nach Deva wurde mir bei einer spontanen Offline-Recherche bewusst, dass wir uns kurz vor den Toren Siebenbürgens befanden. Das klang doch schon mal ganz nett. Noch netter war die Erkenntnis, dass es sich bei der deutschen Bezeichnung «Siebenbürgen» um nichts anderes als Transsilvanien handelt. Das Land, in dem man Döner am besten «mit allem» bestellt, hauptsächlich wegen der Knoblauchsoße. Hier musste es von Burgen, Friedhöfen mit gepfählten Fürsten und nebelumwobenen Ruinen nur so wimmeln. Mit allerlei Vampirgedöns im allmählich regenerierten Hirn ließ ich mich von Carsten durch die Gegend schaukeln.

«Die Untoten haben gleich den ganzen Lkw gekapert. Da vorn! Da ist er! Los, häng dich dran!», quäkte es unvermittelt aus dem Funk.

«Der Wagen kommt aus Kiel, ich rufe da jetzt an», rauschte Bernhard aus dem kleinen Gerät zurück.

Die Absurdität des Gehörten machte mich stutzig, und ich beschloss, endgültig wach zu werden.

«Der Tankwagen da vorne vor dem Benz trägt die deutsche Beschriftung eines Kieler Unternehmens und hat ein rumänisches Nummernschild!», versuchte Carsten mich über die aktuelle Realität, die er dem Funkverkehr der übrigen Wagen entnommen hatte, auf dem Laufenden zu halten. Da ich aufgrund dieser Information weder in Tränen ausbrach noch sonst eine Gefühlsregung zeigte – ich wüsste bis heute nicht, welche und warum –, fuhr er fort: «Bernhard ruft da jetzt gleich mal an, um zu checken, ob mit dem Wagen alles in Ordnung ist.»

Im Affekt schnappte ich mir das Funkgerät und brüllte in den Äther: «Hör sofort damit auf, diesen ethno-kriminalisierenden paranoiden Scheiß auf dem Rücken eines armen rumänischen Tanklastwagenfahrers auszutragen. Was ist, wenn wirklich was nicht in Ordnung ist? Willst du den 40-Tonner ausbremsen, um dann auf den Fahrer oder die Reifen zu schießen, oder nur dem Kieler Spediteur eine Postkarte schicken?»

Vermutlich hatte ich mal wieder den Sprechknopf am Funkgerät nicht richtig bedient, denn es erfolgte über längere Zeit keine Reaktion auf meine sprachliche Zurechtweisung. Da ich nach diesem Ausbruch an verbaler Gewalt Lust auf gute Laune hatte, beließ ich es bei dem einen Versuch und kuschelte mich wieder in den miefigen, grobgerasterten Volvo-Sitzbezug.

Nach einer Weile ließ man uns in sachlichem Ton wissen: «Alles klar. Der Wagen ist von der Kieler Firma offiziell nach Rumänien verkauft worden.»

Da war ich aber mal froh, nicht in einen Fall von multinationaler Tanklastwagenverschieberei verwickelt worden zu sein. Dank der investigativen Recherchen von Sherlock Hoëcker konnte ein neuer Brummi-Gate-Skandal vermieden werden, und die Botschafter der beteiligten Länder konnten sich endlich ihren vernachlässigten Familien widmen.

Da ich nun schon einmal wach und von den Auswirkungen des Äthanol-Exzesses vom Vorabend einigermaßen erholt war, widmete ich mich wieder den Außeneindrücken.

Die Straßenverhältnisse nahmen so langsam das an, was wir später als den Rumänien-Style bezeichnen sollten, an dem wir fortan alles Folgende maßen. Keineswegs waren damit die Schlaglöcher gemeint, vor denen wir uns im Vorfeld so sehr gefürchtet hatten. In diversen Internetforen und Gesprächen mit Rallye-Teilnehmern der vergangenen Jahre hatten wir vor unserer Reise die wildesten Geschichten über die «Ausbrüche», wie die Vertiefungen im Straßenbaujargon korrekt genannt werden, der rumänischen Straßen gehört. Garzweiler und Hambach zusammen hätten die Ausmaße eines Hagelschadens, verglichen mit den Versenkungen im transsilvanischen Wegenetz, wussten einige Tagebaugeschädigte zu berichten. Von diesen ausbremsenden Erfahrungen blieben wir jedoch zum Glück verschont. Als störend empfanden wir eher die Überholattacken einiger rumänischer Straßenverkehrsteilnehmer.

Während ich Sportwagen und andere übermotorisierte Kleinwagen nur mit einem Kopfschütteln bedachte, da sie dank ihrer Beschleunigung noch die größten Überlebenschancen hatten, musste ich bei Kleintransportern und Anhängergespannen mit kompletten, notdürftig verzurrten Wohnungseinrichtungen auf dem Dach schon leise schimpfen. Im Falle einer Kollision eines solchen Fuhrwerks mit dem Gegenverkehr wäre nicht auszuschließen gewesen, dass mir als Kollateralschaden eine gusseiserne Tischlampe oder gar die Marmorplatte eines barocken Kommödchens nicht zu vernachlässigende Schmerzen bereitet hätte.

Nach unzähligen Kilometern und ebenso vielen ignorierten Kamikaze-Klapperkisten wurde mir klar: Das war erst Level eins. Für das nächsthöhere Level hatte die Straßenmeisterei baulich die beiden relativ schmalen Fahrbahnen mit langen Betonmäuerchen getrennt. Diese Trennbauwerke ergaben auf den ersten Blick nicht viel Sinn, erstreckten sich aber gerne mal über mehrere hundert Meter. Vermutlich sollten sie einem Überholverbot, sofern dieses Konzept im rumänischen Denken tatsächlich irgendeine Rolle spielt, Nachdruck verleihen. Als der erste vollbeladene Lieferwagen (selbstverständlich die Langversion) hinter uns ausscherte und direkt auf der anderen Seite dieser verlängerten Verkehrsinsel landete, packte mich ein leichtes Grauen. Hierbei handelte es sich eindeutig um Ignoranz, völlige Verblödung oder einen gewissen Hang zum russischen Roulette – mit fünf scharfen Patronen in der Sechsertrommel. Der Lieferwagenfahrer schien zumindest diese Runde überlebt zu haben, denn nach der Kurve waren keine größeren Wrackteile zu sichten.

Vielleicht ist es aber auch einfach nur so, dass die Straßenverkehrsordnung in Rumänien mit einem sehr viel geringeren Maß an Regelwerk und somit Bürokratie auskommt als unser komplexes System. Das Fahrverhalten der Einheimischen ließ mich folgern, dass zwei Paragraphen ausreichend wären:

§ 1: Fahr, so schnell du kannst.

§ 2: Immer!

Unser Team-Mercedes schien sich ganz im Zeichen der Völkerverständigung der Integration verpflichtet zu fühlen und versuchte, das rumänische Überholverhalten gelegentlich zu imitieren. Da die übrigen Fahrzeuge noch nicht ganz so weit waren, zog sich unsere kleine Karawane irgendwann bis an die Funkgrenze auseinander.

Bei einem Tankstopp konnte ich durch zwei Tanksäulen hindurch beobachten, dass es bereits zu leichten Reibereien innerhalb unseres Fahrerlagers kam. Es schien mindestens zwei Parteien zu geben. Die eine, die am Tankstutzen, betrachtete die rasanten Überholmanöver als Gefahr, die andere, die mit nervös vor dem Körper verschränkten Armen, nannte es einen unkontinuierlichen Fahrstil. Die Kontrahenten umrundeten ihre Fahrzeuge, stießen gelegentlich in die gegnerische Gruppe vor und ließen einzelne Phrasen fallen wie «Kann man nicht ...» – «Unprofessionell» – «Lebensgefährlich» – «Kann halt nicht jeder». Da die einzelnen Bemerkungen weitestgehend kontextlos quasi im Vorbeigehen vorgetragen wurden, ließ sich der Sinn dahinter nur durch Interpretation entschlüsseln. Nun taugt die subjektive Interpretation eines Menschen, der sich gerade unangenehm kritisiert fühlt, nicht eben zu einem harmoniestiftenden Ergebnis. Und schon konnte ich von meinem Logenplatz Phase zwei beobachten: Vermutungen über Anschuldigungen wurden an Verbündete und Unabhängige weitergegeben.

Dunkel keimt in mir der Verdacht auf, an dieser Stelle aufklärerisch wirken zu müssen. Die Situation war folgende: Drei, die zusammengehören, und ungefähr 6000 Gegner, also eine klassische Computerspiel-Situation. Ein Überholmanöver sieht da meiner Meinung nach dergestalt aus: Der Erste in der Kolonne überholt, hält den nötigen Abstand ein und reduziert die Geschwindigkeit wieder, bis der Rest der Truppe hinterhergekommen ist. Nun dauerte es angesichts überhöhter Lkw-Geschwindigkeit, kurviger Straße und Gegenverkehr sowie dem skurrilen Wunsch, das Ganze überleben zu wollen, naturgemäß eine Weile, bis der Nächste in der Kolonne den mutigen Sprung ins Überholmanöver wagen konnte. Da sich Straßenverhältnisse und Lkw-Geschwindigkeit zudem recht variantenreich präsentierten, war es schwierig, einen konstanten Abstand einzuhalten. Plötzlich scherte der von mir soeben überholte Lkw aus und setzte seinerseits zum Überholmanöver an. Spontan beschloss ich, ihn gewähren zu lassen – man will ja niemanden provozieren –, und eine leichte Ermattung bemächtigte sich meines Körpers.

Für den nachfahrenden Mercedes stellte sich die Situation wohl etwas anders dar: Ich hatte überholt und wurde danach so langsam, dass der überholte Lkw meinetwegen die Geschwindigkeit reduzieren musste. Irgendwann hatte er dann genug und überholte mich.

Für den Lkw sah das Ganze wiederum anders aus: Wie, ich wurde gerade überholt? STIRB!

Für den Volvo dagegen bewegte sich das Problem auf einer völlig anderen Ebene: Mir ist schlecht.

Spannungen würden auf unserer Reise in jedem Fall auftreten und das Zusammenleben beeinflussen – das war uns schon im Vorfeld klar gewesen, und nun war es so weit: Es brodelte, und keiner hatte eine Ahnung, was man professionell dagegen tun könnte. Niemand hatte es zeitlich geschafft, vor der Abfahrt einen Mediationskurs oder ein Antiaggressionstraining zu besuchen. Dieses ständige Über-alles-Reden kann einem sowieso tierisch auf den Senkel gehen. Um die Lage zu entspannen, musste ich also etwas tun, daher erfand ich schnell eine Erweiterung zum interaktiven Infokanal in unserem StaubMaul-Bordfunk.

Da Carsten mich noch immer chauffierte und Bernhard den BMW durch Transsilvanien lenkte, hatte ich genügend Zeit, unser technisches Archiv im Fond des Volvos zu inspizieren. In Bernhards gelbem Leinenbeutel (die sollen ganz besondere Schutzeigenschaften für empfindliche Elektronik haben) entdeckte ich einen MP3-Player und, noch viel besser, ein UKW-Funkübertragungsset für das Autoradio. Ich gab die eingestellte Frequenz per Funk an die anderen Fahrzeuge durch und startete eine kurze Testübertragung. Selbst aus der hinteren Position konnte ich mit der bescheidenen Sendeleistung bei einem normalen Sicherheitsabstand der Fahrzeuge bis zum ersten in der Kolonne funken. Nach dem erfolgreichen Probelauf kümmerte ich mich zunächst redaktionell um meinen ersten ausgewählten Beitrag. Es musste etwas Beruhigendes sein, das intellektuell forderte, aber nicht überforderte, etwas, das den Horizont erweiterte, neue Impulse für das Zwischenmenschliche gab und Frieden schuf. Ich arbeitete hart, und nur wenige Minuten später ging ich auf Sendung.

«*Brehms Thierleben*, Band vier: *Lurche und Kriechtiere*», säuselte es aus dem Radio.

Ich kann mir kaum vorstellen, dass dich das wirklich interessiert hat.

> Wieso sollte ich mich nicht auch für die Tierwelt interessieren? Für einen Tekki wie dich ist es natürlich schwer nachvollziehbar, werden doch die meisten Lurche und Kriechtiere ohne Akku und USB-Anschluss von Mutter Natur ausgeliefert. Charles Darwin bemerkte dazu übrigens 1882: Jag har läst största delen af Brehms arbete och finner det beundransvärdt; afbildningarna äro de bästa, som jag någonsin sett i något arbete.

Schade, dass Tobi sich vor allem mit Bantudialekten und mongolischen Sprachbesonderheiten auskennt. Dadurch passieren natürlich kleine Fehler im Dänischen: Es muss nicht «jag» sprich «jaäi» heißen, sondern «jeg» und auch nicht «äro», sondern «är».

Leider konnte ich die Einschaltquote nicht in Echtzeit überprüfen, sondern musste sie über stichprobenartige Befragungen im Nachhinein ermitteln. Auf jeden Fall schien mein Programm das gewünschte Ziel zu erreichen, denn die Wogen der Aufregung glätteten sich.

In dieser Stimmung kam der Stau gerade recht. Irgendwo zwischen Deva und Sebeş ging plötzlich gar nichts mehr, und der komplette Verkehrsfluss erstarrte. Entspannung pur. Vereinzelt

Mit bloßem Auge kaum noch zu erkennen: Das Stauende tauchte rechts hinter den Karpaten wieder auf.

näherten sich aus der Gegenrichtung noch Fahrzeuge mit der üblichen Höchstgeschwindigkeit und fegten die Menschen, die bereits ihre Autos verlassen hatten, von der Straße. Irgendwann kam auch aus dieser Richtung nichts mehr, und als wir daraufhin eine Böschung erklommen, konnten wir selbst mit einem Fernglas nicht das Ende dieses Superstaus ausmachen.

Dafür erhielten wir eine neue Lektion in Sachen rumänisches Verkehrsgebaren. Von Zeit zu Zeit stießen wie kleine Insekten überall im Stau Pkws aus der großen Masse heraus und steuerten über die inzwischen mit Menschen überfüllte Gegenspur in Fahrtrichtung zum Stauende. Sobald ein Lkw-Fahrer das von weitem erspähte, rannte er in sein Führerhaus und scherte ebenfalls mit dem kompletten Transportgerät aus, um die Gegenspur zu versperren und die vorwitzigen Verkehrsanarchos an der Durchfahrt zu hindern. Das hatte wiederum ein wüstes Geschimpfe und Gekeife zur Folge. Die zierliche Fahrerin eines Fullsize-SUVs stellte sich gar auf den Holm ihres blankgewienerten PS-Monsters und brüllte, für uns unverständlich, dafür aber saulaut, den Fahrer eines querstehenden 40-Tonners an, der sich daraufhin nicht genötigt sah, mit der Dame in einem Ton zu kommunizieren, wie es einem in der Tanzschule beigebracht wird. Das Aggressionspotenzial war dermaßen groß, dass wir jederzeit mit einer zünftigen Keilerei rechnen mussten.

Gemeinsam genossen wir die Szenerie. Die gemeinsame Erheiterung über die Probleme der anderen ließ die Spannungen in der eigenen Gruppe offensichtlich für einige Zeit in Vergessenheit geraten. Wenig später kamen dann jedoch die ersten Zweifel auf, ob die veranschlagten Kilometer an diesem Tag überhaupt noch zu schaffen waren. Zwischendurch erörterten wir daher die Überlegung, die Fahrerei nach Einbruch der Dunkelheit einzustellen, um nicht auch noch herausfinden zu müssen, ob die Rumänen selbst ohne Tageslicht nicht auf den antrainierten Fahrstil verzichten wollten. Unbeleuchtete Pferdefuhrwerke zählten im Übrigen auch zu den unschönen Überraschungsmomenten auf nächtlicher Landstraße. Wie unangenehm – wenn man bedenkt, dass sie mit Sicherheit nur äußerst schwierig wieder aus der Windschutzscheibe zu pfriemeln waren, sofern man sie bei einer Durchschnittsgeschwindigkeit von 100 Stundenkilometern vom Straßenrand eingesammelt hatte.

Nach lächerlichen drei Stunden, dafür hätte man an einem Freitagnachmittag im Ruhrgebiet noch nicht mal den Sender der Stauschau im Radio gesucht, ging ein Ruck durch die Wartenden, und der Zug setzte sich langsam wieder in Bewegung. Nach einigen Kilometern erreichten wir eine Baustelle, die offensichtlich für die Totalsperrung der Haupt-Ost-West-Verbindung in Rumänien verantwortlich war. Vielleicht aber auch nicht. Eigentlich kann ich mich im Nachhinein kaum an die Baustelle erinnern. Irgendwas mit Lurchen habe ich noch im Kopf, aber das mag auch daran liegen, dass ich den Bordfunk mit *Brehms Thierleben* wieder aktiviert hatte und mich in einer minder ausgeprägten Wachphase befand.

Wir anderen vertrieben uns die Zeit mit einer kleinen Wette. Die Frage lautete, aus welchem Grund sich der Stau wohl gebildet hatte, und als mögliche Optionen hatten wir «Bahnübergang», «Baustelle» und «Ampel» zur Verfügung. Letztendlich stand es 4:1:1 für die Baustelle. Tobi hat sich bis zum Ende nicht beteiligt. Das Ergebnis war dann ganz anders: Eine Ampel steuerte den Verkehr an einer Großbaustelle am Bahnübergang.

Ein dreistündiger Megastau ohne einen Meter Bewegung. Die Menschen saßen nicht nur in der Sonne, sondern pflanzten zwischenzeitlich Getreide an und ernteten es, um zu überleben. Da habt ihr an eine Ampel oder einen Bahnübergang als Hinderungsgrund gedacht? Auf welchem Planeten habt ihr den geparkt? Wie wär's mit einer Horde aufreizender Zwergpinguine oder dem plötzlichen Auftauchen eines Atom-U-Boots im Löschteich hinter dem Seitenstreifen? Das ist ungefähr genauso realistisch.

Meine leichte Ermattung war inzwischen einem Frösteln gewichen, und es bahnte sich ein Kranksein an. Ich vermute, dass dies die merkwürdige Situationseinschätzung ausreichend erklärt.

In Sibiu wurde ich wieder wach. Der Name klang wesentlich weniger rumänisch, wenn man die deutsche Bezeichnung dieser Stadt hinter dem Schrägstrich nicht ignorierte: Hermannstadt. Das hatte ich natürlich schon mal gehört, das klang irgendwie deutsch. Ist es auch, wie das Lexikon mir bald verriet.

Bereits im Jahre 1143 kamen die ersten deutschen Siedler und ließen sich im heutigen Stadtgebiet nieder, und ab 1223 ist der lateinische Name «Villa Hermanni» belegt. Über die Jahrhunderte war die Stadt von ihren Bewohnern geprägt, den Siebenbürger Sachsen, die Hermannstadt zu ihrer Kapitale in Siebenbürgen machten. Die Sachsen waren somit die ersten Deutschen, die meinten, Gebiete im östlichen Europa besiedeln zu müssen. Mit wenigen kurzen Unterbrechungen gelang es ihnen auch, eine prächtige Handelsmetropole in der Region zu errichten. Die erste Ausnahme waren die Mongolen, die während des nach ihnen benannten Sturms im 13. Jahrhundert über Europa so ziemlich alles kurz und klein bekamen. Die zweite Ausnahme war ein ungarisch-transsilvanischer Fürst im 16. Jahrhundert, der die Stadt plündern ließ und kurzfristig alle Deutschen der für diese Zeit beachtlich großen Stadtmauern verwies.

Aber von einem transsilvanischen Fürsten erwartet man ja auch nichts anderes. Derjenige, an den ein jeder dabei als Erstes denkt, nämlich Vlad III. Tepes, in der populären Literatur besser bekannt als «Graf Dracula», soll angeblich ebenfalls um 1460 dort seiner Lieblingshinrichtungsmethode nachgegangen sein und 10 000 Hermannstädter wegen subversiven Verhaltens gepfählt haben. Schwamm drüber. Danach lief's runder, und ab 1920 gehörte Sibiu dann zu Rumänien. Auch wenn die deutsche Minderheit bis heute einen gewissen politischen Einfluss in der Stadt genießt, ist sie mit 1,6 Prozent der Gesamtbevölkerung doch relativ überschaubar.

All diese Dinge erfuhr ich aber erst während der Nachbereitung, denn alles, was wir von Sibiu zu sehen bekamen, war ein kleiner grauer Parkplatz am Rande der Hauptverkehrsader in einem Geschäftsviertel in Sichtweite des historischen Zentrums (das wir übrigens nicht gesehen haben) und ein Einkaufszentrum mit diversen Fastfood-Arealen an der Ausfallstraße nach Bukarest.

Letzteres sollte dazu dienen, unsere unterforderten Mägen zu beschäftigen. Zunächst versuchten wir es in einem der bekannten Fastfood-Restaurants, deren Dependancen dank der Globalisierung natürlich auch quer über den Balkan verstreut sind. Unser Zeitplan erlaubte an diesem Tag leider keine kulinarischen Exkursionen in Sachen landestypischer Küche. Das gesteckte Tagesziel in den Südkarpaten war noch ungefähr 200 Landstraßenkilometer entfernt, und der Tag schien sich langsam darüber Gedanken zu machen, die Dämmerung einzuläuten.

Irgendwer hatte nur leider vergessen, in Rumänien den Euro einzuführen. Dass die lieben Kollegen seit 2007 unter Vorbehalt in der EU verweilten, war uns sehr wohl bekannt, weswegen wir auf ein simples Entlohnungsprocedere bei den zu erwerbenden Mahlzeiten hofften. Dem war jedoch nicht so. Der Landeswährung waren wir nicht habhaft, und die Burger-Administration wollte partout keine der von uns offerierten Kreditkarten akzeptieren. Jeder Einzelne aus unserem Team versuchte, abwechselnd mit Kreditkarten und Euro winkend, die Bediensteten zur Herausgabe eines wie auch immer gearteten Mahls zu überreden:

«14 Burgers, and ...»

«Nu» sowie einige weitere, für Nichteingeweihte schwer zu übersetzende rumänische Laute folgten. Da die Bediensteten ihren Worten keine Taten folgen ließen, kamen wir so nicht weiter. Also trafen wir uns alle gemeinsam wieder auf dem Parkplatz an unseren Fahrzeugen und hielten eine Krisensitzung ab.

Nach drei Nanosekunden platzte es aus Kameramann Michael heraus. In einer fulminanten Schimpftirade ging es zuerst der allgemeinen Nahrungslosigkeit und dann unserer Planungsschwäche an den Kragen. Vermutete ich erst noch eine gekonnte satirische Inszenierung zur Entschärfung der Situation, wurde mir schnell klar: Das WAR die Verschärfung der Situation. Hierbei handelte es sich keineswegs um einen leise vor sich hin glimmenden Schwelbrand. Das war ein Buschfeuer.

Wie üblich blieb das Buschfeuer nicht auf einen Fleck begrenzt, sondern raste quer über den Parkplatz zu einem mondänen Supermarkt und ließ uns verdattert und irritiert in den verkohlten Resten unseres Teamgeistes zurück. Nachdem ein Großteil des Rauchs verflogen war, kehrte Buschfeuer Michael zurück und präsentierte unseren überraschten Augen einen Berg von Brot, Wurst, Käse und Obst. Die nährstoffreichen Gaben schien er schlichtweg im gegenüberliegenden Supermarkt erstanden zu haben. Noch völlig baff von dieser simplen Art der Problemlösung, machten wir uns über die erstandenen Waren her und mussten dem Versorger gegenüber zugeben, den Punkt «Nahrung» auf unserer Reiseplanung bisher schlichtweg ignoriert zu haben. Wir hatten Unmengen an Bier, gutgekühltem Grillgut, Schaschliksoße und Tütensuppen dabei, aber nichts, was für eine kurze Rast am Straßenrand oder als Nahrungsergänzung während der Fahrt taugte. Mit steigendem Sättigungsgrad wurde aus dem Buschfeuer langsam wieder ein kleines Teelicht, welches gefahrlos in eines der Fahrzeuge verfrachtet werden konnte. Michael war sogar schon wieder in der Lage zu lächeln.

Mittlerweile setzte die Dämmerung ein und veranlasste uns zu einem zügigen Aufbruch, allerdings war der Vorsatz, die Straßen nur bei Helligkeit zu befahren, damit hinfällig. Der nun folgende Ritt hielt alle wach. In einem furiosen Himmelsgemälde bewegten wir uns gen Osten. Der Drang, den Tag möglichst bald zu beenden, führte zu neuen Höchstgeschwindigkeiten und weiteren Reminiszenzen an das rumänische Überholgebaren. Jedes Mal, wenn ich dachte, jetzt geht der aber zu weit, wobei «der» ein beliebiger Lenker aus unseren Reihen sein konnte, erblickte ich aus dem Augenwinkel eine kurze Reflexion der Armaturenbeleuchtung auf einem vorbeizischenden Stück Lack. Im Schutze der Dunkelheit schienen einige der tagsüber schon als Kamikazeanwärter bezeichneten Einheimischen erst so richtig aufzudrehen. Ich rechnete jederzeit mit dem Schlimmsten und wunderte mich, dass die Straßenränder nicht mit Fahrzeugtrümmern und den Leichen der zugehörigen Insassen gepflastert waren. Das mag teils an den steilen Böschungen, teils aber auch an der gesunden und frei lebenden Population des karpatischen Braunbären gelegen haben.

Gegen elf Uhr abends erreichten wir Brașov, mit 280 000 Einwohnern eine relativ große Stadt in den südlichen Ausläufern der Karpaten, die siebenbürgisch-deutsch auch «Kronstadt» genannt wird. Nur wenige Kilometer vor uns lag Bran mit seinem berühmten Schloss. Die Braner rührten seit Jahren mächtig die Marketingtrommel, um der Menschheit zu vermitteln, hier stehe die Burg des Grafen Dracula. Historisch gibt es nicht mal einen Beleg für eine kurze Stippvisite des realen Vlad III. Egal, Devisen bringt die hübsch-romantische Burg wohl trotzdem in nicht geringem Umfang. Historisch sehr wohl zu belegen war die Verbindung des Dirigenten Klaus Knall zu Brașov. Der war nämlich dort aufgewachsen und mir nur wegen seines beneidenswerten Namens in der Wikipedia-Liste «Söhne und Töchter der Stadt» aufgefallen. Hierzulande eine noch größere Prominenz als Klaus Knall dürfte mittlerweile Peter Maffay erreicht haben, der in Kronstadt geboren wurde und angeblich das für ihn typische «Rrrrr» aus dieser Zeit als Andenken bewahrt hat.

All diese Informationen, die lediglich einen minimalen Vorgeschmack auf die Kultur dieser interessanten transsilvanischen Metropole boten, taugten nur leider nicht im Geringsten dazu, meine Mitfahrer zu unterhalten oder gar mit nachhaltigem Wissen zu versorgen.

Plötzlich bremste der BMW beim Auftauchen eines matten Campingplatzschildes und schoss quer über die Fahrbahn in die Einfahrt der unterdurchschnittlich einladend wirkenden Freizeitanlage.

Hier wird die Dramaturgie der Ereignisse leicht verkürzt dargestellt. Wir wussten, dass der Campingplatz bei Kilometer 160 sein sollte. Daher folgten wir den Begrenzungspfählen, in der

Hoffnung, keine verbliebenen Hermannstädter Köpfe darauf zu finden. Bei 1148 beginnend, landeten wir unvermittelt bei 166, also zu weit. Während irgendwelche Viren bereits hinter meinen Augenlidern Schlange standen, um gleich in einem eleganten doppelten Flickflack-Auerbach-Salto meinen gesamten Körper zu übernehmen, drehten wir und fuhren zurück, diesmal voll konzentriert. Und vor allem erfolgreich.

Bei Nacht betrachtet wirkte der Empfangsbereich, umgarnt von mehreren Autoreparaturwerkstätten und Schlossereien, eher unbelebt. In Windeseile gelang es uns aber, den Nachtportier zu wecken. Wir brauchten noch nicht mal unsere Zelte zu installieren, da das Nachtlager aus kleinen, zeltförmigen Holzverschlägen bestand. Hätten wir eine gemeinsame Sprachbasis mit dem rumänischen Nachtportier gefunden, hätte er uns mit Sicherheit auch auf die Bärengefahr hingewiesen. So blieben uns nur die Jägermärchen von Fritz, unserem bekennenden Weidmann, denen wir fröhlich beim Verzehr von Brotresten vor unseren putzigen Behausungen lauschten. Zu den Krümeln gesellten sich noch Käsereste und der verführerische Duft von Ursus-Dosenbier. Die karpatischen Braunbären müssen Schlange gestanden haben hinter dem Zaun. Bernhard empfahl sich als Erster unter dem Vorwand eines grippalen Infekts, während der übermüdete Rest der Truppe, oder auch nur der Rest vom Rest, tapfer die Reste des Ursus vertilgte.

Auch das ist nicht nett. Ich parkte den Wagen noch vor dem kleinen Häuschen und schleppte die letzten Gepäckstücke in die anderen Wohnstätten. Der Infekt hatte bereits meine gesamten Sinne benebelt, ich fror und verzichtete deshalb sogar aufs Zähneputzen. Fast wie immer, nur diesmal mit Grund. Während ich so langsam wegdämmerte, dämmerte es mir, dass die verpatzte Überholsituation vielleicht das erste Symptom beginnender Unzurechnungsfähigkeit gewesen war.

Die feuchte Kälte kroch durch alle Ritzen und behinderte

das Aufkommen einer ausgelassenen Tanzveranstaltung. Wäre vielleicht auch etwas gewagt gewesen. Schließlich war es saukalt, der kondensierende Atem nahm jedem die Sicht, wir waren unbewusst von Bären umzingelt, und es war Mitternacht – noch dazu mitten in Transsilvanien. Da kann man das Tanzen ruhig mal auf den nächsten Tag verschieben.

Michaels Interesse, uns in bewegten Bildern festzuhalten, war rein beruflicher Natur. In Wirklichkeit interessierte er sich ausschießlich für Heraldik.

Tag 5
Dienstag, 5. Mai 2009
Brașov – Biser

Text: Bernhard   **Anmerkungen: Tobias**

Es war irgendwie Morgen geworden. Ich hatte keine Ahnung, wie die Nacht es geschafft hatte, sich selbst zu überstehen, und war noch völlig im Delirium. Meine Mitstreiter, deren Silhouetten sich im morgendlichen Nebel aus dem Dunst herausschälten, sahen aber auch nicht besser aus. Der Unterschied war nur, dass sich mein Körper mit einem wenngleich harmlosen, so doch viralen Infekt auseinandersetzen musste, bei den anderen dürfte es eher so gewesen sein, dass sich die eigentlich vorhandenen Energiereserven anderweitig beschäftigen mussten.

Als ich wieder zu mir kam und sich mein Körper auf eine Art Normalzustand eingependelt hatte, saß ich auf dem Beifahrersitz, und von der Landschaft um mich herum war nicht mehr viel zu sehen. Wir waren mitten in București, also Bukarest, und versuchten den morgendlichen Verkehr mitzugestalten, sozusagen Teil einer neuen Art von Chaos zu werden.

Ich war erstaunt. Wir hatten noch zwei Tage Zeit, bis wir in Istanbul sein mussten, einem der wenigen fest vorgegebenen Punkte, und noch über 600 Kilometer vor uns, und nun mussten wir mitten durch eine europäische Großstadt. Zu allem Übel fehlte uns das nötige Kartenmaterial. Okay, Immerhin waren in unseren Plänen für die Stadt, die gerade ihr 550-jähriges Gründungsjubiläum feierte, locker drei große Straßen eingezeichnet. Die gelben Linien schlängelten sich durch das sie umgebende Grau. Die Neugierde veranlasste die für die Wegauswahl Verantwortlichen im Führungsfahrzeug, eine kleine Besichtigungstour einzubauen, die uns an den Hauptattraktionen der ehemaligen Hauptstadt der Walachei vorbeiführte.

Hatte ich früher immer gefürchtet, wenn ich jemals in die Walachei geschickt würde, noch dazu in deren Hauptstadt, einen nicht unbedingt reizvollen Ausflug absolvieren zu müssen, so war mir plötzlich klar, dass es sich bei der Walachei um eine real existente Landschaft in Rumänien handelt, deren altehrwürdige Hauptstadt zudem Bukarest persönlich ist. Selbst die Geschichte in Bram Stokers nicht gänzlich unbekanntem Roman *Dracula* spielt mitnichten in Transsilvanien, sondern in dieser landschaftlich und kulturell bezaubernden Ödnis. Nun gilt es nur noch die Pampas und Timbuktu auf ihre touristischen Qualitäten hin zu überprüfen.

Wir umrundeten den *Arcul de Triumf*, nur leider hinderte uns die ständige Bewegung daran, das mit zahlreichen Eintragungen und be-

Der Triumphbogen.

Eine Stunde später: Wir kommen voran.

merkenswerten Reliefs versehene Bauwerk nach klassisch-römischer Art genauer zu betrachten. Wir überstanden die Fahrt von Nord nach Süd und wollten wenigstens einen kurzen Blick auf den Parlaments-palast werfen, das laut Wikipedia zweitgrößte Gebäude der Welt – wenngleich es auch andere Rankings gibt. Da wir an diesem Prachtbau des Diktators Nicolae Ceauşescu nicht vorbeikamen, mussten wir uns mit dem theoretischen Wissen begnügen, welches wir unserer mobilen Offline-Enzyklopädie entlockten.

Ich konnte das Ding aus der Frontscheibe, der Seitenscheibe und dem Seitenspiegel sehen, als wir auf dem großen Bou-levard neben dem Palast vorbeichauffierten. Wenn wir uns darauf einigen können, dass die perspektivischen Probleme bei einem Abstand unserer Augenpaare von knapp 80 Zenti-metern (Fahrer ‹–› Beifahrer) zu vernachlässigen sind, wage ich zu behaupten: Wir sind an dem Teil vorbeigefahren. Das angeblich wie viel auch immer größte Gebäude der Welt zu übersehen, gehört schon eher zur Kategorie Ignoranz statt bloße Dösbaddeligkeit.

Ich persönlich glaube, dass es sich hier um einen Fall von Gewolltwahrnehmung handelt, sonst hätte Tobi mir mit Sicherheit Bescheid gesagt. Ich war ja wieder fit und wach. Wir haben die ganze Zeit nach diesem Palast gesucht und wollten dieses unglaubliche Gebäude sehen, mit 364 000 Quadratmetern Fläche, das mehr als fünf Jahre lang 700 Architekten und 20 000 Arbeiter auf einer Grundfläche von 65 000 Quadratmetern errichtet hatten. Trotz der Gesamtkosten von geschätzten 3,3 Milliarden US-Dollar (finanziert mit bis zu 40 Prozent des Bruttosozialprodukts) fehlte offenbar der letzte Euro für ein Hinweisschild, das uns geholfen hätte, die größte Galerie des Gebäudes mit ihren 150 Metern Länge oder den größten Saal mit 16 Metern Höhe und 2200 Quadratmetern Größe wenigstens von außen zu erblicken.

So lernten wir die Stadt aus der Sicht eines sich im Berufsverkehr befindenden Fahrzeugs kennen, das sich gelegentlich mit dem Tempo eines den Hang hinablaufenden Kleckses Honig vorwärtsbewegte. Irgendwann stieg Michael aus, um ein paar schöne bewegte Bilder von unseren Wagen zu machen, und irgendwann stieg ich aus, um ein paar schöne bewegte Bilder von unserem Kameramann zu machen.

Schließlich tröpfelten wir hintereinander aus dem Kernbereich der mondänen Stadt, immer noch beeindruckt von diesem «osteuropäischen London», wie Tobi die Stadt noch Wochen nach unserer Rückkehr beeindruckt bezeichnen sollte. Breite Straßen, alte Gebäude und dabei die wohl coolsten Videoleinwände, die wir je auf einer Häuserfassade gesehen haben. Mich beeindruckten vor allem die bis zur Unkenntlichkeit verknoteten Strommasten an den Straßenecken.

Inzwischen fuhren wir schon erheblich schneller gen Süden aus der Stadt hinaus, geradewegs nach Giurgiu, der Grenzstadt, die so unbedeutend ist, dass selbst Wikipedia gerade mal das Philharmonische Orchester[9] als kulturelle sowie Ioan A. Bassarabescu[10] und

[9] Keine weiteren Informationen verfügbar.
[10] Rumänischer Schriftsteller (1870–1952).

[11] Literaturhistoriker,
Kritiker, Philosoph
und Übersetzer
(1898–1964).

Tudor Vianu[11] als personelle Besonderheiten auf-
listet. Einen Abschnitt zum Thema Geschichte ver-
misst man ganz.

Eisenbahnfreunde sehen das sicherlich anders.
So endete die erste Version des berühmten Orient-Expresses
zwischen 1883 und 1888 genau in diesem Ort, ehe es per Schiff
und normalem Zug weiter nach Istanbul ging. Wir hatten
Glück, denn bereits 1954 wurde die Freundschaftsbrücke fertiggestellt, weshalb wir, ohne einen Kahn zu besteigen, die
Donau überqueren konnten. Diese beeindruckende, 2,8 Kilometer lange doppelstöckige Eisenbahn- und Kraftfahrzeug-
konstruktion ist übrigens die einzige Brücke auf den gesamten 470 Kilometern Donau-Grenze zwischen Rumänien und
Bulgarien.

Trotzdem bin ich mir sicher, dass wir neben den beiden Brücken-
portalen, die einst der ukrainische Bildhauer Michail Iwanowitsch
Paraschtschuk gestaltete, die andere Besonderheit der Stadt gefunden
hatten: den örtlichen Baumarkt.

Wir hatten Giurgiu fast schon wieder verlassen und uns so gut
wie auf die Suche nach dem Weg ins Hafengebiet zu besagter Brücke
gemacht, als unsere hochprofessionelle Buchhalterin Renate bei der
Durchsicht des mehrbändigen Aufgabenwerks feststellte, dass sich da
noch ein Aufgäbchen zwischen zwei Seiten ihres Rallye-Almanachs ver-
steckt hatte, das nun seine kleine, vorwitzige Nase herausstreckte und
sich somit in Renates Bewusstsein bohrte. Es betraf den mitgeführten «Baum», den es in Jordanien zu pflanzen galt und der bereits Teil
unseres Teams geworden war, weshalb er jeden Abend neben dem Hin-
terreifen des BMWs schlafen durfte oder musste – wir haben ihn nicht
gefragt. Jener Baum sollte jedenfalls nicht einfach so neben der ein-
gangs erwähnten Käserei in Jordanien eingepflanzt werden, sondern
ein Schild, dessen Einzelteile aus möglichst vielen verschiedenen Ländern bestehen sollten, mit unserem Teamnamen anbei gestellt bekom-

men. So konnten auch noch spätere Generationen von «Käsern» mit einem Blick auf eines der vielen Schilder lesen, dass dieser Baum von «Kette rechts und Bremse offen» gepflanzt und jenes Pflänzchen von «schwere Schwager» gesetzt worden war.

Noch während wir uns Gedanken machten, was hier eigentlich geschah, und teilweise völlige Unklarheit über der Szenerie schwebte, stapften die beiden BMW-Fahrer durch ein großes Tor auf den dahinterliegenden Hof. Ich blickte ein wenig ratlos aus dem Autofenster und bekam prompt eine ausführliche Erklärung geliefert: «Das Schild!»

Kurz darauf betraten wir einen kleinen Büroraum, der so verraucht war, dass die Konzentration an Nikotin gereicht hätte, um ein deutsches Verwaltungsgebäude komplett der Kernsanierung zu überantworten. Ich schnitt erst einmal ein Paar Scheiben Luft heraus und stellte sie ordentlich nebeneinander auf den Hof, damit wir die Verkäuferin und einen am Nachbartisch sitzenden Mann, vermutlich der Chef, erkennen konnten. Zu den unverkennbaren Merkmalen zählte, dass er rauchte und sich bei unserer Suche nach einem geeigneten Stiel oder Brett aus allem heraushielt, bis wir mit dem Bezahlen begannen, denn ab da trat er hinzu, bediente den Stempel der Quittung und wurde ihr bester Freund.

Trotz der großen Halle voller Rätsel ergatterten wir einen von sehr vielen Schaufelstielen, der sich hervorragend als Stab für unser Schild eignete. Sollte die Käserei eines Tages im Wüstensand verschwinden, der Baum verdorren und das Schild abfallen, wird allein der leicht gekrümmte rumänische Holzstab der Welt weiterhin zeigen, dass hier einmal Menschen waren, die keine Angst vor verzinkten Blechkannen hatten.

Wir gingen gerade zurück zu den Autos, um unseren Neuerwerb im Kofferraum zu verstauen, als die örtliche Sicherheitsbehörde Kontakt zu uns aufzunehmen versuchte. Ein rumänisches Fahrzeug verließ die Straße und bog auf unseren Parkplatz ein. Der Mann hinter dem Steuer sagte: «Ich bin Polizist, kann ich Ihnen helfen?» – natürlich in landes-

spezifisch gefärbtem Englisch. In der Gewissheit, einer spontanen Ver-
haftung entgangen zu sein, fragte Renate im Sinne der europäischen
Völkerverständigung nach dem Weg zur Grenzbrücke über die Donau.
Selbstverständlich nicht, ohne sich vorher alle drei Wagen unter lauten
«Ahs» und «Ohs» anzusehen und unbekannte Ausdrücke mit einem
Einheimischen am Zufahrtstor zu wechseln, bedeutete der hilfsbereite
Polizist uns, dass wir ihm doch bitte folgen sollten, er werde uns zur
Grenze bringen. Wir interpretierten das mal als nette Geste, weshalb
er kurz darauf vom Parkplatz fuhr, gefolgt von drei deutschen Autos,
deren Insassen das schöne Rumänien leicht wehmütig verlassen
wollten.

Aus der Warteposition zwei Wagen dahinter wirkte die
Situation dagegen etwas befremdlich, denn sowohl der

Wagen als auch der Fahrer waren in Zivil. Die Bestimmtheit, mit der dieser Wagen auf uns zugeschossen kam und uns als hilfsbedürftig auserwählte, ließ mich sofort an eine gezielte Verhaftung der womöglich noch immer im Untergrund aktiven Securitate denken. Ich schauderte bei dem Gedanken, wohin uns dieser fies lächelnde Streiter eines längst untergegangenen Systems bringen könnte, damit wir als Vertreter eines kapitalistischen Weltbildes für dessen Schandtaten büßten. Da ich in diesem Fall wieder mal einer leicht paranoiden Fehleinschätzung der Lage aufgesessen war, schämte ich mich heimlich, still und leise. Danach versprach ich mir, dem nächstbesten freundlich dreinblickenden Schnauzbart, in welch gesellschaftlich vorgeschädigtem Land auch immer, einfach mal seine gute Gesinnung abzunehmen und die für einen Mittelgermanen wie mich ungewohnte Hilfsbereitschaft anzunehmen.

Der nette Polizist im Auto vor uns bedeutete uns, geradeaus weiterzufahren, und winkte zum Abschied freundlich. Wir winkten freudig zurück, um dann geradeaus weiterzufahren – in den Containerhafen. Zwei Mitarbeiter der Hafenbehörde, die aufgrund ihrer nicht vorhandenen Uniform keiner Funktion zuzuordnen waren, hielten unsere insgesamt 364 536 gefühlten PS mit einem schlichten winkenden Finger auf. Carsten konnte sie in seiner unnachahmlichen Art davon überzeugen, dass wir nichts Böses wollten, und nach der Übergabe unserer Durchfahrtsberechtigung in Form einer Dose feinsten rumänischen Bieres durfte er wenden. Nun waren wir im zweiten Fahrzeug an der Reihe und vermuteten, dem Mann ebenfalls ein Bier reichen zu müssen. Als wir ihm unser hilfloses Wir-haben-leider-kein-Bier-Lächeln präsentierten, verschwand das Ich-hätte-gerne-ein-Bier-Lächeln im Nu aus seinem Gesicht. Zum Glück durften wir auch umkehren, ebenso der Benz. Nach drei bis vier weiteren Kehrtwendungen durchfuhren wir die Mautstelle, an der wir auf der rechten Seite bezahlen mussten. Wie das jemand ohne Beifahrer bewältigen sollte, war uns unklar, ich vermute mal, mit langen Armen.

Direkt an der Brücken-Mautstelle stand ganz unorthodox ein orthodoxer Geistlicher und warf uns noch einen Segen hinterher, was nicht gerade zu unserer Beruhigung beitrug. Dann ging es endlich über die Donau, genauer über eine kleine, schmale, fast zu enge Brücke, und zwar einspurig in jede Richtung. Das hinderte jedoch niemanden daran, uns trotz des durchgezogenen Mittelstreifens zu überholen. Am frühen Vormittag überfuhren wir schließlich in der Mitte des Flusses die Grenze, anschließend ging es die Brücke wieder hinab auf bulgarisches Hoheitsgebiet. Nach einer Rechts-links-Kombination standen wir auch schon vor dem Grenzbeamten, dann kamen wir zu einer Mautstelle.

Hier zahlten wir die fällige Straßennutzungsgebühr, denn wie schon in Rumänien ist auch hier das gesamte Straßennetz mautpflichtig, sofern man mehr als einen Tag darauf unterwegs ist. Allerdings haben wir Gerüchte gehört, dass man trotzdem gerne mal herausgezogen wird, wenn man keine Vignette hat, obwohl man eigentlich gar keine braucht. Also ... ganz genau verstand das keiner von uns, daher kauften wir sicherheitshalber mal eine.

Während wir so dastanden, kam Renate auf uns zu und fragte nach einem Fünfeuroschein.

Mit einem «Hier!» bot ich ihr einen an, der mich sowie schon die ganze Zeit gestört hatte, weil er unter der Handbremse in der Innenverkleidung eingequetscht war.

«Den kann ich leider nicht gebrauchen, den will der nicht.»

«Wieso?»

«Der ist verknittert.»

«Ach, ist das Geld für Fritz?»

«Nein, für den Plakettenverkäufer, aber der hat das verschrumpelte Etwas von Carsten auch nicht genommen.»

Bevor Tobi den Laserfarbdrucker im Fond des Wagens angeworfen und das Spezialpapier mit Wasserzeichen und Metallstreifen in den automatischen Blatteinzug eingelegt hatte, entdeckte ich noch einen schönen glatten Fünfer im Portemonnaie.

Damit waren wir in Bulgarien, dem Armenhaus Europas, dem Billiglohnland, dem Exporteur von Kriminalität, der Heimat des Papstattentäters und Regenschirmmörders, dem Urlaubsparadies für Sozialhilfeempfänger, dem Mitglied der Koalition der Willigen, dem Vertreter des «neuen Europas». Nicht zu vergessen die Bulgaren selbst, die «Preußen des Balkans»: arbeitsam, pflichtbewusst, diszipliniert. So viel zu den Klischees, die mir zu diesem Land im Vorfeld begegnet waren.

Die ersten Bulgaren nach den speziell für den Personeneintritt geschulten und deshalb völlig klischeefreien Grenzern beobachtete ich gerade mal 400 Meter hinter der Grenze. Wir hatten zum Einkaufen gehalten, und die Wagen standen hintereinander auf einem kleinen Wendeplatz, der zu einer größeren Parkierungsanlage einer etwas entfernten Tankstelle gehörte. Die in der Nähe stehenden Müllcontainer quollen über, was wahrscheinlich auch der Grund dafür war, warum auf dem Boden Reste von diversen Verpackungen herumlagen. Gedämpfte Stimmen drangen zu uns herüber. An den Zapfsäulen hatten sich die Halter mehrerer ältlicher Fahrzeuge eingefunden, um ihre Treibstoffvorräte zu erneuern. Im ersten Moment dachten wir, es handele sich um ein anderes Team, aber ein Rundumblick machte schnell deutlich, dass wir die Einzigen waren, die hier um diese Tageszeit rasteten.

Das Gebäude auf der anderen Straßenseite war noch eine Bauruine und zeigte exemplarisch, dass sich dieses Land, von dem wir gerade einmal zwei Kilometer befahren hatten, ohne Zweifel auf dem Weg in die Moderne befand. Die runden, offenen Räume, aus denen man eines Tages einen wunderbaren Blick über die schöne Donau durch die noch einzubauenden Fenster genießen würde, ließen auf moderne, ansprechende Architektur hoffen.

Wir hatten keinen Streit. Zeit, sich den eben erwähnten, als traurig klischeehaft etikettierten Einheimischen zu widmen. Unsere Speisevorräte hatten wir inzwischen auf den Motorhauben ausgebreitet, und ich versuchte in aller Ruhe, bewaffnet mit einem Brötchen in der Hand und Schmierkäse auf den Fingern, meinen Hunger zu besiegen. Diejenigen, die derweil um uns herumliefen, sich aber nicht recht an uns herantrauten, hatten zerzaustes Haar, schlechte Zähne und vermutlich auch Mundgeruch. Die fehlende Kleidung fiel nicht weiter auf, denn ihre gebeugten Köpfe zogen alle Aufmerksamkeit auf sich. Es waren – zwei Hunde.

Die beiden sahen zumindest nicht nach Armenhaus aus, sondern waren recht wohlgenährt, auch wenn ihr Konsum das nationale Bruttoinlandsprodukt vermutlich nicht wesentlich steigern dürfte. Billig waren sie wohl schon eher, aber da niemand seinen Job dafür hergeben musste, auch irgendwie irrelevant. Wie kriminell sie waren oder ob sie eine Gefahr für Päpste und Regenschirme darstellten, erschloss sich mir an dieser Stelle nicht. Die beiden waren hier bestimmt nicht im Urlaub, und wenn, dann höchstens als Selbstversorger, zeigten sich jedoch willig, unsere Reste zu verspeisen. Arbeitsam lutschten sie die Mayonnaise aus dem Deckel und zeigten sich diszipliniert im Abzug, wenn ich ihnen zu nahe kam.

Ich dachte immer, es gebe nur zwei Arten von Wildhunden: solche, die aussehen wie misslungene Golden-Retriever-Welpen, wenn die Zuchthündin sich doch lieber dem benachbarten Schäferhund aus Liebe hingegeben hat, als dem von ihrem Herrchen ausgesuchten Rüden mit Stammbaum als Fortpflanzungsobjekt zur Verfügung zu stehen, und solche, die im Grunde genauso aussehen, nur in Schwarz.

Nachdem wir genug Heinz Sielmann gespielt und die Verhaltensweisen wildlebender Canidae bis ins letzte Detail erforscht hatten, fuhren wir weiter. Unser Ziel, Bulgarien zu durchqueren und idealerweise schon in der Türkei zu nächtigen, wurde bereits nach zwei Kilometern durch den Entschluss torpediert, Ruse einen Besuch abzustatten. Das Ganze hätte theoretisch wie folgt ablaufen können:

Renate: «Frage an alle, sollen wir die Gelegenheit nutzen und hier im Ort die Hymne besorgen?»

Tobi: «Sehr gute Idee, Renate. Vielleicht sollten wir dazu direkt in die Innenstadt fahren.»

Fritz: «Je nachdem könnte man auch vorher mal jemanden am Straßenrand ansprechen, damit wir ohne Schwierigkeiten ins Zentrum gelangen.»

Carsten: «O ja, dabei lernen wir auch die Bevölkerung kennen, das ist ein tolles Erlebnis.»

Michael: «Super Idee, ich könnte tolle Bilder machen, die den Aufbruch des Landes ins 21. Jahrhundert dokumentieren.»

Bernhard: «Ja, ich finde das auch gut und auch wirklich supi, dass wir so offen darüber reden.»

Chris: «Habt ihr Netz?»

Ehrlich gesagt lief es tatsächlich genau so ab, nur ein wenig kürzer und effektiver:

Renate: «Hier raus!»

Wir wollten also kurz in das Zentrum von Ruse vordringen, die Hymne erobern und den Ort des Geschehens sogleich wieder verlassen, wurden jedoch wider Erwarten in einen wahren Häuserkampf verwickelt. Die große vierspurige Allee war noch leicht zu meistern, aber die Autos durch die engen Häuserschluchten zu manövrieren, stellte sich als weit komplexeres Unterfangen dar, als wir im Vorfeld dachten. Als die Straßen immer enger zu werden schienen und kaum noch Platz für die Bürgersteige ließen, bremste die Kolonne kurz ab, Fritz sprang aus dem Wagen und öffnete erst mal die Motorhaube, um die Kühlung des Motors zu unterstützen. Wir taten es ihm gleich, immerhin sah das irgendwie total nach Motorsport aus.

... hatte aber hauptsächlich den Grund, dass die Temperatur des Benz-Motors im Stadtverkehr in den grenzwertigen Bereich vordrang. Während der Fahrt half es, die Heizung einzuschalten, um die Motorabwärme den kleinen Umweg durch den Fahrzeuginnenraum nehmen zu lassen, nur im Stand ging ständig die Klappe vorne auf. Insgeheim malte ich mir bereits aus, wie das stets am adrettesten gekleidete Team aus Fritz und Chris in der Ex-Edelkarosse mit bis zum Anschlag aufgedrehter Wärmebelüftung schwitzend durch die syrische Wüste schipperte.

Renate ließ ihren Scannerblick über die Kreuzung und die angrenzenden Hauseingänge schweifen, bis sie schließlich auf einen einsamen Mann zuging, der eigentlich nur seine Ruhe haben wollte, um sein Boot auf einem Anhänger richtig zu vertäuen. In der Hoffnung auf Hilfe verwickelte sie ihn in ein Gespräch.

Zunächst konnten wir überraschend schnell klären, dass wir so schnell nicht ans Ziel kamen, denn keiner der Anwesenden hatte die Noten im Kopf, geschweige denn die Partitur zufällig in der Seitentasche seines Blaumanns. Dafür hatte ein freundlicher Mitarbeiter den musikalischen Stolz der Nation per Klingelton auf sein Händi gebannt. Diese Tatsache forderte selbstverständlich sofort meine technologische Neugier heraus, und kurz darauf versuchten wir mit drei Händis und zwei Laptops die umherschwirrenden Bluetooth-Signale aufzufangen. Binnen Minuten hatte ein jeder von uns auf seinem Gerät sechs weitere in der Nähe befindliche Sender in seiner Liste mit den Bekannten stehen. Mit Namen versehen und zur Sichtbarkeit freigeschaltet, waren sie bereit, sämtliche Daten zu empfangen oder zu senden. Nach weiteren fünf Minuten, in denen wir ohne Unterlass Einstellungen, Funkmenüs und Klingeltonverzeichnisse aufgerufen hatten, war die gewünschte Melodie immer noch nicht übertragen. Ich wollte gerade vorschlagen, die *himnusz* gemeinsam anzustimmen und den Song einfach mit den eingebauten Mikrophonen aufzunehmen, aber bevor wir auch hier sämtliche Samplefrequenzen eingestellt und Speicherorte festgelegt hatten, machte es unerwartet «piep», und die erforderlichen Daten waren übertragen.

Blieb die Frage nach dem Text und eventuellen Noten, denn das bisherige Ergebnis unserer Bemühungen erfüllte uns zwar mit Stolz, brachte uns der Lösung der Aufgabe aber keinen Deut näher.

Der Ausdruck «keinen Deut» ist natürlich mit dem niederländischen *duit* verknüpft, einer minderwertigen Kupfermünze aus dem 17. und 18. Jahrhundert. Da die ollen Dinger aber seit 1816 nicht mehr geprägt werden, kann ein Deut heute schon mal für 8,99 Euro über den Tisch gehen. Diese dämliche Redewendung hat es also in fast 200 Jahren nicht geschafft, sich den aktuellen Gegebenheiten anzupassen. Wie unflexibel!

Ich möchte hier nur kurz dem Eindruck entgegentreten, wir hätten mit Hilfe von Geldmitteln versucht, die Aufgaben schneller zu lösen. Allerdings scheint mir der Betrag von 8,99 Euro schon mal begegnet zu sein ... Ja, hier auf der Rechnung meines Telefonanbieters sehe ich, dass zu diesem Zeitpunkt mehrere Megabyte Daten durch den Äther geflossen sein müssen. Vermutlich habe ich den hymnischen Klingelton dann doch nicht per Bluetooth oder Infrarot verschickt, sondern die MMS-Funktion genutzt. Deshalb auch die merkwürdige SMS meiner Frau, ob denn bei mir alles klar sei. Auch so im Kopf ...

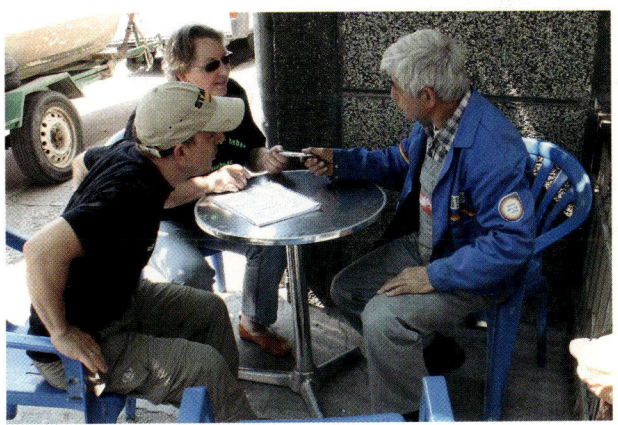

Um die Wartezeit zu überbrücken, lud uns der nette, freundliche grauhaarige Mann kurzerhand auf einen Kaffee ein. Wir bogen um die

Häuserecke, und schon saßen wir gemütlich auf drei Stühlen um einen kleinen, runden Tisch herum. Er war der Besitzer des ortsansässigen Felgenausbesserungsundreparaturundneueinbaubetriebes. Neben seinem Laden befand sich auf der anderen Seite noch der dazugehörige Showroom, wo mehrere nagelneu aussehende Gebrauchtfelgen auf ihre Käufer warteten. Mich als Autotuninginteressierten beeindruckten die Felgen nur ansatzweise, aber in gewissen dörflicheren Gegenden Deutschlands dürfte ein solcher Anblick durchaus die eine oder andere Bewunderung bei den diverse Klischees bestätigenden Jungautofahrern hervorrufen.

Die knapp 300 000 000 tuningbegeisterten Ruhrgebietler (sozusagen die Enkel, Neffen und Nichten der Manta-Generation) hier verbal in eine dörfliche Gegend zu verfrachten, dürfte bei den Betroffenen auf Ungnade stoßen. Wie wär's, wenn du beim nächsten Opel-Super-Tuning-Gedöns in Bochum mal öffentlich fragst, ob die versammelte Landeierschaft auch verchromte Schlappen auf ihre Gülle-Trecker zieht?

Nichtsdestotrotz sahen diese chromblitzenden, elegant angeordneten, runden Autozubehörteile in der leicht dem Verfall ausgesetzten Fassade des gegenüberliegenden Wohnblocks beeindruckend neu und modern aus.

Während wir unseren Metabolismus wie immer mit viel zu starkem Kaffee herausforderten, erhielten wir eine Lehrstunde in diversen Fächern:

1) Bulgarische Betriebswirtschaft:

«Ich mache das so: Ich kaufe die alten Felgen auf und lass die dann neu machen. Ab und an kommt ein ganzer Laster aus Deutschland. Die machen gute Felgen, auch die alten sind noch gut und viel billiger, wenn ich die dann hier verkaufe. Schau mal da, die vier Mitarbeiter haben alle einen Job, und wenn die Qualität gut ist, kommen die Kunden auch wieder.»

2) Bulgarische Politik:

«Na ja, das Problem ist, dass die meisten Leute einfach keine Lust haben. Erst wird das Land umgekrempelt, dann sitzen alle rum und beschweren sich, weil sich nichts tut. Dabei muss man die Dinge selbst in die Hand nehmen, ehrlich arbeiten und sich genau überlegen, was man will. Wenn es nicht funktioniert, probiert man eben was anderes aus. Statt immer nur zurück, muss man nach vorne blicken, da ist die Zukunft. Das muss man gerade den jungen Leuten immer wieder sagen. Schau mal da, die vier Mitarbeiter haben alle einen Job, und wenn die Qualität gut ist, kommen die Kunden auch wieder.»

3) Bulgarische Erlebnisse:

«Ich hab früher Musik gemacht, 16 Jahre lang, und war unterwegs in ganz Europa. Aber es ist schwierig mit Musik und Familie, man ist dauernd weg, und so viel verdient man dabei auch nicht. Na ja, manche schon, aber ich jetzt nicht so oft, und dann hab ich irgendwann den Laden hier aufgemacht. Schau mal da, die vier Mitarbeiter haben alle einen Job, und wenn die Qualität gut ist, kommen die Kunden auch wieder.»

Nebenbei stand allerdings noch das Problem mit der Hymne im Raum. Während wir also bei einem Kaffee eine gemütliche Reise durch Land, Kultur und Geschichte unternahmen, war der Rest der Familie damit beauftragt, an die gewünschten Noten oder Akkorde zu gelangen. Das bulgarische Internet wurde bis an seine Grenze belastet, und die rotglühenden Verbindungskabel schmolzen schmale Furchen in den steinernen Gehweg. Der Sohn versuchte den Drucker zu installieren, die Mutter brachte einen weiteren Kaffee, die Tochter erst ihr Kind weg und dann dem Vater die Ausdrucke. Die entsprachen allerdings nicht seinem ästhetischen Geschmack. «Zu viel wenig Tinte!», schimpfte er, und die ganze Familie musste noch mal zu ihrem famosen Computer umziehen, wodurch die Druckerzeugnisse zumindest quantitativ zunahmen.

Endlich hatten wir das ersehnte Stück Papier in den Händen:

Akkorde und Gitarrenriffs der bulgarischen Nationalhymne. Ich freute mich schon auf das nächste Lagerfeuer in der Türkei, wenn wir die einzelnen Smashhits unseres selbstgebastelten Songbooks in die sternenklare Nacht hinausschmettern würden.

Nach zwei Stunden bedankten wir uns und erhielten zum Abschluss noch eine kleine Führung durch das Reich des Felgenmeisters. Leicht erstaunt betrachteten wir den firmeneigenen Pin-up-Kalender und überlegten, wie unsere daheimgebliebenen Frauen wohl auf ein ähnliches Merchandising-Produkt reagieren würden. Ich neben überdurchschnittlich gutaussehenden, teilweise gelifteten und mit extremen Formen versehenen Autos.

Dann bestiegen wir unsere Fahrzeuge, nicht ohne vorher sämtliche Motorhauben zu schließen. Der Warnton für den Gurt war irgendwie durch den Klingelton unseres bulgarischen Freundes ersetzt worden, aber das ließe sich bestimmt später wieder deinstallieren. Nach zahlreichen Abschiedsbekundungen fuhren wir los, gerade noch rechtzeitig, denn es setzte ein leichter Nieselregen ein. Wir fuhren erst mal rechts, weil wir vermuteten, dass wir so zur Hauptstraße zurückkämen, die uns auf direktem Weg Richtung Süden zum bulgarisch-griechisch-türkischen Grenzdreieck bringen würde. Es war bereits Mittag, und wir rechneten mit etwa fünf Stunden Fahrt. Der BMW fuhr vor. Allerdings führte die inzwischen zu einem heftigen Regen angeschwollene Wettersituation zu einer nicht unerheblichen Beeinträchtigung der Sichtweite, weshalb die Vorausfahrenden zwar eine wie auch immer geartete Abzweigung erkannten, wir deren Fahrverhalten von hinten jedoch nicht mitbekamen. Auf einmal waren sie jedenfalls weg. Zum Trost mutierte der Regen zu einem wasserströmenden Inferno, es goss von oben geradewegs aus Eimern und Kübeln. Wenn Gott sonst seine Badewanne leerte, so hatte er heute offenbar die große Schwimmbadreinigung geplant.

Der Versuch, den Vordermann im Blick zu behalten und gleichzeitig dem Hintermann im Sichtfeld zu bleiben, war damit kläglich gescheitert. Die unterschiedlichen Geschwindigkeiten der einzelnen Wagen machten das Projekt zu einem recht komplizierten Unterfangen. Plötzlich standen wir an einer kleinen Kreuzung, vor uns kein Auto mehr, und wussten nicht mehr weiter. Der Mercedes hinter Tobi und mir schloss auf und blieb ebenfalls stehen. Ich versuchte unser rotes Führungsfahrzeug per Funk zu erreichen, erhielt aber keine Verbindung, und selbst zu unserem gerade mal fünf Meter entfernten Hintermann war ein Kontakt nur schwer möglich. Mir war völlig unklar, ob das Rauschen aus dem Äther oder aus dem von Wassertropfen bombardierten Fahrzeugdach kam. Nachdem wir diverse sinnvolle und weniger sinnvolle Vorschläge ausdiskutiert hatten, beschlossen wir, einfach zu warten und Musik zu hören.

Wir wurden belohnt, denn irgendwann tauchte das vermisste Auto schemenhaft aus den Regenschleiern auf. Der Wagen nahm zunehmend klare Formen an und konnte schlussendlich wieder die Führung nach Süden aus der Stadt hinaus übernehmen. Jetzt lief alles besser, und die erfahrenen Analytiker von Kartenmaterial im groben Maßstab hatten die Lage voll im Griff. Bis zum nächsten Verteilerkreis. Hier trafen sich vier vierspurige Straßen, um den Verkehr in entsprechend viele Himmelsrichtungen zu verteilen. Wir fuhren hinein und blieben erst mal eine Weile drin. Ein kleines Rudel Hunde beobachtete das Treiben mit schlechter Laune, denn auch wenn die Wassermassen zu einem leichten Regen degeneriert waren, boten sich den Rudeljägern doch recht wenig Unterstellmöglichkeiten auf dem schönbepflanzten Mittelteil.

Per Funk gaben Fritz und Chris irgendwann Renate und Carsten wertvolle Tipps.

«Hier rechts, wir kamen ja von da links.»

«Du meinst hinten.»

«Ja, hier links, da kamen wir her.»

«Also von da vorne.»

Man merkt, dass relative Richtungsanweisungen beim Fahren von

Kreisen völlig sinnlos sind, dagegen ist der Vorteil von Himmelsrichtungen in besonderem Maße relevant. Die Hunde hatten sich inzwischen zusammengestellt und beobachteten gemeinsam unsere Navigationsversuche.

Meine kurzen Einwürfe «Du meinst Nord, das ist im Norden, er meint Nord!» beendete Tobi schlicht mit einem «Lass sie doch». Damit überließen wir uns ihrem Schicksal. Leicht nervös beobachtete ich das Rudel, das es sich bereits mit Chips und Cola gemütlich gemacht hatte. Teilweise saßen sie mit Serviette um den Hals und Besteck in der Pfote da und warteten darauf, über uns herfallen zu können, sollten wir nach unzähligen Stunden liegenbleiben.

Ich lenkte mich ab, indem ich über Navigation nachdachte. Zwischendurch langweilte ich Tobi mit der Information, dass es in Südamerika, Australien oder Asien einen Stamm gibt, der die klassischen Himmelsrichtungen Norden, Süden und Osten, Westen nicht kennt, sondern als Richtungsangaben Beschreibungen wie «Zum großen Berg» – «Das Meer» – «Der Fluss» benutzte. Das reicht im Lebensraum dieses Volkes völlig aus, weil dessen Aktionsradius durch ebendiese Orte begrenzt wird. Jenseits eines dieser Orientierungspunkte beschreiben dann allerdings alle Wörter eine Richtung.

Noch während ich darüber referierte, verließen wir den Verteilerkreis mit den uns vermutlich traurig nachblickenden Hunden. Verließen wir auch die Stadt, da wir jetzt wussten, welcher Beschilderung wir folgen mussten, und fuhren immer weiter in die Richtung «mittleres Meer», weg vom «großen Fluss».

Wir nahmen die «Route 5», und es ging ohne besondere Ereignisse immer geradeaus. Bei Veliko Târnovo entschied Renate, doch mal die im Plan rot eingezeichnete und damit breite, ausgebaute Straße zu verlassen und die im Plan gelb markierte, will heißen eher kleine und vielleicht etwas schwieriger zu befahrende Abkürzung zu nutzen.

Zu dieser Aktion schrieb ich Renate nach unserer Rückkehr eine kurze Mail mit der Frage: «Weißt du noch so grob, wo das war?» Die Antwort lautete: «Das müsste ungefähr bei N 43°00'52.15" und E 25°37'34.62" gewesen sein. Wir kamen von Ruse über Veliko Târnovo und wollten letztlich über Stara Zagora zum Grenzort Svilengrad und mussten hierzu den Stara Planina, den Balkan, überqueren. Statt die B 5 über Sipka mit dem 1446 Meter hohen Pass zu nehmen, erschien mir die Abkürzung über die B 55 mit dem halb so hohen Pass, die bei Debelec Richtung Gurkovo abzweigte, reizvoller, weil hoffentlich zeitsparender.»

Um uns von dem öden, einschläfernden und durchgehend geteerten Straßenbelag etwas Abwechslung zu gönnen, beschlossen wir, die alternative Streckenführung zu wählen. Es ging also von der Straße ab, und nach 20 Minuten Rechts-links-Gekurve durch flache Berge und dichten Wald standen wir vor einer Schranke. Hier hatte doch tatsächlich jemand den Beschluss gefasst, die kleine, gemütliche Landstraße, die uns hin und her wiegend durch den Balkan bringen sollte, durch eine Ausbaustraße zu ersetzen. Der Beschluss war wohl schon vor längerer Zeit gefasst, die Baumaßnahmen jedoch erst vor kürzerer Zeit begonnen und deshalb bei weitem noch nicht abgeschlossen worden. Da standen wir nun und wussten erst mal nicht weiter. Gut, Renate hatte uns, das muss ich fairerweise zugeben, bereits drei Kilometer vorher auf dieses seltsame Schild aufmerksam gemacht.

«Sagt mal, das Schild mit dem Dreieck und dem kleinen Mann, der in einer Pyramide herumbohrt. Ist das etwa ein Baustellenhinweis?»

«Nein, ich denke, hier sind Ameisenforscher unterwegs, was soll's», entgegnete ich.

«Und dieser große, runde rote Kreis?»

«Sagt bestimmt auch nur, dass hier ein toller Sonnenuntergang zu erwarten ist.»

Der Rest war in Landessprache, das galt ja eh nicht.

So standen wir also vor dieser Schranke, bewacht von zwei Bauarbeitern mit orangefarbener Weste und Helm. Als sie uns bemerkten, kam der eine auf uns zu, und noch bevor wir fragen konnten, welche Umleitung sich denn anbieten würde, meinte der eine: «Is okay, is okay, *no probläm.*»

«Ah, we can go there?»

«Ies, iou kän.» Dass wirklich jeder diese Obama[12]-Sprüche nachahmen muss ...

[12] Rechtschreibvorschlag: «Osama» ... Ich hab's mal abgelehnt.

«Okay, thank you.»

«Tu ten Öro, sri makkinas.»

«...?»

«Tu ten, sri makkinas, tu ten Öro.»

Wir übersetzten das Kauderwelsch in: «Aber sehr gerne, wir hätten nur eine Nichtstraßen-Nutzungsgebühr in Höhe von 20 Euro, zweimal zehn, falls Sie es nicht passend haben. Dann dürfen Sie mit Ihren drei wirklich tollen Maschinen weiterfahren.»

Leicht verwirrt ob dieser offensichtlichen Bestechungsaufforderung, überlegten wir eine Weile, um das freundliche Angebot letztendlich anzunehmen. Wenn die Straße kein Problem sei, dann sei das unser Weg, entschieden wir.

Gesagt – getan, gezahlt – gefahren. Da sich die Möglichkeit auf ein wenig Off-Road-Feeling abzeichnete, degradierte ich Tobi kurzerhand zum Copiloten. Die Schranke öffnete sich, kurz ging's die Schotterpiste entlang, und dann würde die neue Straße sicher bald kommen. Weit gefehlt. Die Straße befand sich in einer Bauphase, deren numerische Bezeichnung sich mit maximal zwei Fingern problemlos bezeichnen ließe. Teilweise war noch nicht mal der alte Straßenbelag abgehobelt, sondern zwei oder drei Meter weiter der Boden abgeflacht worden. Kaum verließen wir die Teerfläche, stiegen riesige Staubwolken hinter dem vorderen Fahrzeug auf, und wir machten unserem Teamnamen StaubMaul zum ersten Mal alle Ehre. Dass unser Vordermann noch da war, erkannten wir an den hin und wieder gegen die Windschutzscheibe fliegenden Steinen, die eine weit kürzere Verweildauer in der Luft aufwiesen als die feinen Staubpartikel, die sich auch so langsam

Unser Erdmännchen Michael bei der Arbeit. Kreativ, mutig und zwischendurch fast mal auf die Straße geplumpst.

ihren Weg durch die Lüftung in den Fahrgastraum bahnten. Ununterbrochen mussten wir Schlaglöchern ausweichen, Steine umfahren und Unebenheiten durch perfekte Lenkmanöver nihilieren.

Was der Mann mit «*Is okay*» gemeint hatte, erschloss sich mir während der Fahrt nicht. Tobi versuchte währenddessen, mit Chris eine Drahtlosverbindung der Laptops aufzubauen, um dessen Internetblog, mittels dessen wir den Kontakt zur Heimat aufrechterhielten, auf seinen Rechner zu ziehen. Die Angelegenheit erwies sich leider als recht kompliziert, da die gewählte Verbindungsart, Bluetooth, gerade einmal eine Reichweite von zwei oder drei Metern hat, insbesondere deshalb, weil wir uns in diesen alten Stahlkäfigen befanden. So musste der Mercedes direkt neben uns fahren – bei einer Straße, die gerade mal einem Wagen sicher Platz bietet, ein heikles Unterfangen. Jedes Mal, wenn es hieß «Verbindung hergestellt», kam wieder ein Schlagloch, brachte uns 2,000000001 Meter auseinander, und es hieß «abgebrochen». Wir versuchten es so lange, bis das Betriebssystem die Meldung anzeigte: «Leute, das klappt nicht, wann kapiert ihr's eigentlich?»

Plötzlich eine Bodenwelle, ein kurzer Schlag, wir fühlten uns für eine halbe Sekunde schwerelos – und standen. Was war das? Der Wind trieb die Staubwolken zur Seite und gab den Blick auf die Umgebung frei. Wir standen mitten auf einer, zwar noch nicht mit Markierungen versehenen, aber offenbar für vierspurigen Verkehr ausgelegten Straße. Sie kam von rechts und ging weiter nach links. Vor uns eine Felswand, hinter uns der Mercedes, der es gerade noch geschafft hatte, zu bremsen. In der nachmittäglichen Sonne glitzerte der Staub auf der Frontscheibe in bunten Farben.

Ein aufheulender Motor zur Linken ließ mich meine Gedanken unterbrechen, und in einiger Entfernung sah ich den BMW davonpreschen. Gang rein, Steuerrad rum und hinterher. Bis dieser wiederum bremste und vor einem großen Lehmhügel stand. Wir hätten ihn locker umfahren können, allerdings nicht, ohne danach in dieses Tal zu stürzen, das noch darauf wartete, von einer neuen Brücke überspannt zu werden. Hier war die Straße definitiv zu Ende.

Nach einer kurzen Gruppendiskussion fuhren wir die Neubaustrecke langsam zurück und fanden letztendlich einen kleinen Hügel, über den wir wieder auf den Schotterweg gelangten. Über die alte Talbrücke hinweg endete dieses kleine Abenteuer schließlich in Svilengrad.

Свиленград (= Svilengrad), die Wiege des thrakischen Fruchtbarkeitskultes. Hier sollen sich Zeus und Hera mythisch schwer in die Wolle gekriegt haben, aber davon war jetzt nicht mehr viel zu sehen. Und selbst wenn: Wir mussten weiter.

Der Rest des Weges führte uns auf normalen Straßen weiter nach Süden.

Leider kostete uns dieser Teil der Strecke doch etwas mehr Zeit, und unser Plan, heute noch die Türkei zu erreichen, würde offensichtlich scheitern. Wir beschlossen, einen Schlenker durch Griechenland zu machen, schließlich hatten wir gerade erst, ganze vier Tage nach dem Start, durch Zufall erfahren, dass es bei dieser Rallye auch Länderpunkte gab. Da konnten wir natürlich mal kurz diese paar Kilometer mitnehmen. Die Tatsache, dass mit jedem Land und jedem gesammelten Punkt auch die Zahl der zu sammelnden Hymnen anstieg, war uns nicht wirklich klar.

Wir überlegten, wo ein grenznaher Campingplatz gelegen sei, und wie sich das für ein Hightech-Team gehört, ließ sich Chris die Daten von seinem Schwager per Funkübertragung auf sein Händi schicken. Tobi und ich wären zwar gerne bis nach Griechenland gefahren, andere wollen dann wohl doch eher anhalten und den verbleibenden Abend mit dem Genuss von Grill- und Braugut ausklingen lassen. Um diesmal eine mehrheitstaugliche Meinung zu erlangen und natürlich in der Hoffnung, die meisten für die hellenische Kultur zu begeistern, pausierten wir an einer Tanke und übten uns in Demokratie. Ich überlegte, eine Rede zu halten und zu betonen, dass die Tatsache, derart nah an der Wiege der Mitbestimmung zu nächtigen, eigentlich zwanghaft dazu führen müsse, den innigen Wunsch zu verspüren, noch diese Nacht in das Land zu reisen, welches uns gelehrt hat, genau das zu tun, was wir hier und jetzt vorhaben: abstimmen.

Aber als bereits auf die Frage «Wer will hier im Land übernachten und nicht weiter bis nach Griechenland fahren?» fünf erhobene Hände von fünf verschiedenen Personen in die Luft schossen, war der Mehrheitsbeschluss amtlich. Tobi und ich versuchten daraufhin erst gar nicht, unsere zwei verbleibenden Stimmen als Sieg zu interpretieren, obwohl wir, gerade weil das Ziel so viel weiter weg wäre, zumindest moralisch ein höheres Gewicht hätten haben sollen und deshalb die wahren Sieger gewesen wären, die von ...

«Abfahrt, der Campingplatz ist gleich hinter der nächsten Ortschaft!», wurde ich in meiner philosophischen Betrachtung gestört.

So ging es die letzten Kilometer des Tages durch eine abwechslungsreiche Landschaft, nur begleitet vom Sonnenuntergang. Die Straße schlängelte sich an einem See vorbei und durch einen Wald. Dauernd kreuzten wir Hochspannungsleitungen, die immer zahlreicher wurden, bis sie sich schließlich wie in einem rotglühenden Spinnennetz an einem Punkt vereinten: ein Atomkraftwerk, dessen große Kühltürme kantige Schatten auf die Straße warfen. Irgendwann verschwand das Ungetüm von einer Industrieanlage im Rückspiegel, und kurze Zeit später, Renate regte sich immer noch darüber auf, dass der Tankwart ihr keine Quittung hatte aushändigen können, und schrieb einen dreiseitigen Vermerk darüber in ihre Akte, erreichten wir dann Biser und fanden auch den Campingplatz namens «Sakar Hills Touring Park» sofort und ohne Schwierigkeiten.

Der einheimische Schotte (sic!) wies uns eine schöne, plane Wiese zu, die wir dankbar bezogen. Drei unbewohnte Wohnwagen verliehen dem Ganzen einen belebten, aber ruhigen Eindruck. Zum Glück konnten die wichtigsten Fragen schnell mit «Ja» beantwortet werden: «Warme Duschen? Grillen erlaubt? WLAN?»

Carsten baute den Grill auf, während ich mich schon mal aufs Fertigsuppenkochen vorbereitete, um nicht wieder gegrilltes Muskelgewebe essen zu müssen.

Das ist ja goldig! Ausgerechnet der Mensch, ohne den sämtliche Fastfood-Ketten weltweit auf der Stelle Konkurs anmelden müssten, macht hier einen auf Ernährungsberater.

Drei weitere Teammitglieder kümmerten sich um die Zelte, und Renate befragte den Schotten, ob er vielleicht doch noch mehr als ein paar unleserliche Akkorde, vielleicht sogar eine richtige Partitur der bulgarischen Hymne für uns habe, bekam aber trotz Folter nur «Flower of Scotland» vorgesungen.

Ganz anders das Schicksal am Grill: Als wir das große Fünfliterfass Bier aus der mobilen elektrischen Hightech-Kühlbox hoben, stellte sich heraus, dass wir die Kühlqualität völlig falsch eingeschätzt hatten. Das ganze Fass war gefroren. Kein Gluckern, Blubbern oder Plätschern war mehr zu hören. Der verzweifelte Versuch, den Grill zum Auftauen heranzuziehen, scheiterte bald, schließlich sollte hier eigentlich Fleisch liegen.

Ich konnte mir ein inneres Lächeln nicht verkneifen, auch wenn ich nach außen natürlich Betroffenheit heuchelte. Auch den Hinweis, dass mir jetzt klar sei, warum der Mercedes zwischendurch so lahm gewesen war, weil nämlich die Lichtmaschine sämtliche Energie zur Kühlung des Hopfensaftes gebraucht hatte, verkniff ich mir, da er sicher nicht zur guten Stimmung beigetragen hätte.

Kurz darauf schlürfte ich meine Fertigsuppe, und in gemütlicher Runde lasen wir uns die geschriebenen Blogeinträge vor, ehe wir sie verschickten. Der Tag endete, wie er begonnen hatte: ohne Sonne. Während die Kollegen noch merkwürdige Geisterfotografien machten, bei denen sie mit Licht, Schatten und der Belichtungszeit ihrer Kameras experimentierten, bettete ich mich in meinen Schlafsack und sinnierte darüber nach, dass heute ein wirklich internationaler Tag war: in einem schwedischen Auto von Rumänien nach Bulgarien, um auf einem schottischen Campingplatz chinesische Suppe mit vermutlich russischem Gas zu erhitzen.

Wow!

Wichtige Informationen waren international angeschlagen.

Tag 6
Mittwoch, 6. Mai 2009
Biser – Didymoticho – Istanbul

Text: Bernhard   **Anmerkungen: Tobias**

Der Tag begann, wie er aufgehört hatte: im Schlafsack. Die Nacht konnte zwar als dunkel, aber nicht als ruhig bezeichnet werden, denn ein benachbarter Hahn fing morgens um fünf an zu krähen, um seinem Umfeld irgendetwas sehr Wichtiges mitzuteilen. Das wiederholte er dann alle 30 Minuten. Nicht, dass sich die eine Nachricht wesentlich von der anderen unterschied, aber der Abstand dazwischen war so lang, dass man gerade so weit einschlafen konnte, um bei der nächsten aus einer ganz ungünstigen Schlafphase herausgerissen zu werden. Kaum hatte sich der Körper an diese Intervalle gewöhnt, da beschloss der Dreckshahn, seinen Biorhythmus zu verändern. Und schon war man wieder wach.

Entsprechend gerädert krochen wir am Morgen Punkt sieben oder vielmehr Viertel nach, genau genommen so um halb aus den Schlafsäcken. Jeder nahm sich sofort einer Aufgabe an, denn es mussten Zelte abgebaut, Schlafsäcke gestopft und Isomatten eingerollt werden. Jemand kochte Kaffee, einer belud den Wagen, der Nächste sah nach, ob der Blog vom Vortag schon online war. War er.

Dann fuhren wir die letzten 20 Kilometer zur griechischen Grenze – nicht ohne kurz hinter dem Campingplatz von Carsten ausgebremst zu werden. Renate hatte vom Beifahrersitz aus einen Haufen alter Holzbretter erspäht, die hervorragend geeignet waren, Teil unseres internationalen Baumschildes zu werden. Hatten wir in Rumänien den Stiel ergattert, bot sich hier in Bulgarien, kurz vor der Grenze, nun die Gelegenheit, das nächste Teil einzusammeln. Ich war gespannt, was sich in Griechenland ergeben würde.

Mit einem Brett mehr im Kofferraum ging es weiter. Nach der Erfahrung des Vortags war unterwegs mit nichts Besonderem zu rechnen, und genauso problemlos verlief die Fahrt auch. Was uns natürlich nicht davon abhielt, uns Geschichten auszudenken, die wir später unseren Enkeln erzählen könnten, auf dass sie unterm Weihnachtsbaum staunend zu ihren Eltern sagen könnten: «Und warum ist euer Leben so langweilig?»

Dann standen wir an der Grenze. Die Wegführung ließ uns auf der linken Spur, weit entfernt vom einzig besetzten Grenzschalter, zum Stehen kommen. Fritz stieg sofort aus und sprach mit dem Zoll. Die viel zu weit unten angebrachte Redeöffnung in der Scheibe sorgte bei ihm für eine ungewohnt demütige Haltung. Leicht gebeugt, wie ein Kind, das ein zweites Bonbon will, erklärte er den drei Beamten den Grund unseres Hierseins und warum es für uns so wichtig sei, von ihnen einen Stempel zu bekommen. Fritz wollte ihnen erklären, dass wir ohne den Stempel unseren Länderpunkt nicht bekämen und dass sie das doch verstehen müssten. Von den drei Beamten konnte leider nur einer Englisch, doch der stand wohl in der Hierarchie ganz unten und durfte das Gehörte dem Chef nicht direkt mitteilen, weshalb der Mittelsmann alles weitergeben musste.

Das Gespräch lief also folgendermaßen ab: Fritz sagte etwas auf Englisch, der Übersetzer wiederholte es, gefolgt von einigen unverständlichen Lauten, die entfernt an Fremdwörter und medizinische Begriffe erinnerten, ehe dann der Mittelsmann diese Lautmalerei nachplapperte. Die darauf folgende Antwort des Chefs nahm ebenfalls den aufwendigen Weg durch alle Karrierestufen der griechischen Behörden, in einer Minute und auf zwei Metern. Nur das Wort «Rallye» löste bei allen ein «Ah, Rallye» aus. Allerdings verstanden sie beim besten Willen nicht, warum wir nicht direkt in die Türkei einreisen wollten, sondern den kleinen Umweg über Griechenland einschlugen. Wir versuchten erst gar nicht das Wort «Länderpunkt» in den Ring zu werfen.

In der Zwischenzeit hatte Renate ihren Wagen verlassen, den sie etwas weiter weg geparkt hatte, um einen Lkw durchzulassen. Sie hielt das Roadbook in der Hand, und mein Blick fiel auf die Seite mit den Stempeln der anderen Länder. Noch während Fritz einen neuen Versuch wagte, drücke Renate einfach den Papierberg von außen an die Scheibe und lächelte. Gespannter Blick von Fritz, gespannter Blick von mir, gespannter Blick von Übersetzer und Mittelsmann. Dann ein Lächeln des Chefs, wieder eine nach Urlaub klingende Lautbildung, und Renate reichte den Zettel durch. Der wurde umgehend abgestempelt, und wir durften problemlos passieren. Kurz hinter der Grenze fing Fritz sich wieder und schloss den noch vor Erstaunen geöffneten Mund. Das Einatmen folgte dann kurze Zeit später.

Die gefürchtete Fahrt auf der «gelben Straße» in Griechenland war völlig unbegründet gefürchtet. Da sie gut und breit ausgebaut war, kamen wir zügig voran, ohne Hindernisse und Unwägbarkeiten. Der Plan sah vor, dass wir nach Didymoticho fuhren, um dort Kaffee zu trinken und schnell die griechische Nationalhymne mit Noten oder Partitur zu besorgen.

Leider war dieser Plan nicht allen Beteiligten klar, weshalb jeder unter anderen Voraussetzungen in die Stadt hineinfuhr: frühstücken, nach dem Weg fragen, tanken, gar nix. Wir suchten zunächst einen zentral wirkenden Ort. Den fanden wir dann auch in Form einer breiten Straße, vor allem aber in Form von mehreren Parklücken unterhalb eines offiziell aussehenden Gebäudes, das sich auf einer Grasanhöhe erhob. Als Ergänzung zur Treppe war dort auch noch ein Kampfjet aufgepflanzt. Unsicher, wo wir jetzt genau waren und wie es weitergehen sollte, stiegen wir alle aus. Tobi und ich tänzelten hin und her und machten Fotos von diesem Original-Düsenjäger, der als Denk- oder Mahnmal, jedenfalls dort, mal aufgestellt worden war, Chris telefonierte schnell mit den Lieben daheim, um die Uhrzeit zu vergleichen, Fritz lief von den einen zu den anderen und wartete darauf, dass etwas passierte, und Michael filmte die Konstruktion der Bordsteinkante – vielleicht ließe sich das ja als Schnittbild verwenden.

Groß, stark, viel PS, hohe Geschwindigkeit — und das andere ist ein Kampfjet.

Die leichte Unordnung bekam System, als Renate und Carsten geradewegs auf einen kleinen Laden zuliefen und wir nur noch so was vernahmen wie «Schild», «festmachen» und «Löcher». Mir war schnell klar, dass hier ein weiterer Teil des internationalen Schildes gebaut werden sollte. Sofort lief ich den anderen hinterher, und wir betraten wieder einmal eine Art Baumarkt, einen, der es von der Größe eher mit einer deutschen Backwarenverkaufsstube aufnehmen konnte. Die ganze linke Seite war voller Kleinwerkzeuge, Bohrer hingen neben Schraubenziehern, Handschuhe neben Schabern, Feilen und Keile neben Pinseln und Schleifpapier. Auf der anderen Seite nahmen mehrere große Kisten den Platz ein, und weiter hinten schloss sich der Handwerksabteilung die Bodenbelagabteilung an. Beginnend mit Farben und Lacken, waren an der rechten Wand große Rollen mit PVC-Böden verankert. Hier stand sogar eine Farbmischmaschine, wegen der man kaum um den Tresen herumkam, der an der linken Seite in den Raum hineinragte. Weiter sind wir nicht vorgedrungen.

> ... und das ist im Nachhinein wahrscheinlich auch gut so. Ansonsten wäre diese Aufzählung von kleinen und größeren Handwerkerbedürfnissen noch völlig aus dem Ruder gelaufen. 78 Wörter verplempert mit der Aufzählung von diesem Heimwerker-Kokolores. Bernhard, was passiert eigentlich, wenn du in einen richtigen großen Baumarkt gelangst? Kriechst du dann weinend die Gänge entlang, befummelst die neuesten Gelmuffen und Hohlwandverbindungsdosen und schluchzt eine Hommage in dein digitales Diktiergerät, um daraus einen 430-teiligen Tüftlerzyklus zu dichten?

Lieber Tobi, ich glaube nicht, dass du die Tragweite eines Baumarktbesuchs bis in sein Inneres verstanden hast. Um sich herum die Möglichkeiten schöpferischen Schaffens zu sehen, hat etwas Göttliches, und ich will nicht blasphemisch sein: natürlich nur so viel, wie eine Baumarkttaschenlampe die Strahlkraft der Sonne imitieren kann. Aber der Mensch als Lebewesen, welches Werkzeuge zwar nicht als Einziges, aber doch einzigartig benutzt, in hochkomplexer Kombination verwendet und dadurch Neues entstehen lässt, was die Natur alleine gar nicht, und wenn, dann nur mit unserer Hilfe hat hervorbringen können, lässt nicht Zusammengehörendes real werden. Zum Beispiel, wenn man mit Torx befestigte Handtuchhalter unter Zuhilfenahme einer geschwindigkeitsregulierten Bohrmaschine mit Hohlraumdübeln im Fugenkreuz verankert. Nenn du es ruhig Kokolores, ich nenne es GLÜCK!

Leider machten es uns die Sprachschwierigkeiten unmöglich, einen

passenden Bohrer zu kaufen. Dass wir nur mit der Hand arbeiten konnten, versuchten wir durch aufwendigste Pantomime zu verdeutlichen,
aber so etwas wie einen Handbohrer gab es in dem kleinen Laden nicht.
Irgendwann, wir hatten mal wieder die ganze Familie eines selbständi-
gen Unternehmers um uns versammelt und blockierten mit den dreien
und uns sieben den ganzen Laden, entstand die Idee, die Löcher direkt
hier vor Ort zu bohren. Der Begriff «entstand» ist hier ganz bewusst
gewählt. Denn die Verständigung auf drei Sprachen, Deutsch, Englisch
und in diesem Fall wahrscheinlich Griechisch, ist ein Faszinosum an
sich: Man benutzt sehr viele Wörter, in der Hoffnung, das Gegenüber
möge auch nur eines davon verstehen. Eigentlich sagt man mehrmals
dasselbe immer und immer wieder, wobei man darauf achten sollte,
möglichst viele Satzbau- und Wortvarianten zu verwenden. Jedes Mal
reagieren die Gesprächspartner in ihrer Landessprache mit einem
Satz, der zunehmend aufgeregt wird. Das Gespräch wird immer lauter,
schneller, die Hände hektischer, und die Stimmen werden höher.

Irgendwann ist dann das Schlüsselwort übersetzt, alle rufen gleichzeitig «Bohrer» und «Ἄσκηση». Dabei schreien alle auf. «Ἄσκηση» und
«Bohrer» werden dauernd wiederholt, «Ἄσκηση», «Bohrer» – «Ἄσκηση»,
«Bohrer». Mit einem lauten «Ahhhhh» wird es dann wieder leiser. Alle
sind sich sicher: «Ἄσκηση» heißt «Bohrer». Jeder neigt sich nun zu
der Gruppe Menschen, zu deren Sprachfamilie er gehört, und gemeinsam wird kurz überlegt, welches Wort wohl als nächstes wichtig wäre,
um zum Ziel zu gelangen. So vollzieht sich dann das ganze Gespräch.
Dabei werden die «Ahhhhhh»-Momente genutzt, um sich ein Stück
durch den Laden zu bewegen, entweder zu einem Gegenstand oder in
Richtung eines Gegenstands, den die eine oder andere Gruppe für hilfreich hält.

Mit Hilfe dieses Verfahrens gelangten wir dann doch noch hinten
in den Laden, und die Frau des Vaters der Tochter, die kein Englisch
konnte, davon aber nichts wissen wollte, tauchte tatsächlich mit
einem Bohrer auf. In der Folge verzweifelten wir allerdings daran, die

Begriffe «Spannfutter», «Schlüssel», «Schlagzahl» und «Wo» zu erklären. Irgendwann verfielen wir auf eine einfache Handbewegung, genau genommen jeder auf eine andere, woraufhin der nächste «Ahhhhhhhh»-Ausruf erschallte und sofort diverse Schubladen aufgezogen wurden. Leider erfolglos. Zwar vermuteten wir, dass das dauernde «Μηχανές! Μηχανές! Μηχανές!» wohl das Gerät beschrieb, das wir suchten, aber es war auch für die Einheimischen nicht zu finden. Da dies nicht am Sprach-, sondern am Ordnungssystem des Ladens lag, versuchten wir unser Glück letztendlich mit einem Akkuschrauber.

Unser ganzes Team stellte sich also um die am Boden daniederliegenden und auf ihre Misshandlung wartenden Schildteile. Carsten und Fritz nahmen sich der schweren Aufgabe an. Der laufenden Kamera Tribut zollend, gingen die beiden mit größter Ernsthaftigkeit zu Werke. Ich selbst befolgte dabei die wichtigste Regel beim Zuschauen: sich raushalten. Erstens hat man das Werkzeug sonst ganz schnell und urplötzlich selbst in der Hand, und zweitens hat handwerkliche Kompetenz viel mit Männlichkeit zu tun, und ich wollte mich nicht dem Risiko aussetzen, mir die Blöße zu geben, auf diesem Gebiet zu versagen.

Der Bastelversuch zu unseren Füßen und der Wunsch, die beiden Agierenden ihrem Schicksal zu überlassen, hielten uns natürlich nicht davon ab, hin und wieder eine kleine Bemerkung zur Drehrichtung des Bohrers von uns zu geben. Da wir währenddessen mit den Füßen auf dem Brett standen, wirkten unsere Hinweise ein wenig von oben herab, dabei waren sie wirklich nicht so gemeint. Schließlich hatten wir[13] es geschafft: Wir hatten zwei Löcher in einem Besenstiel. Wow, die zwei Stunden hatten sich echt gelohnt. Da wir trotz allem noch etwas Zeit und vor allem bisher keinen Kaffee getrunken hatten, war jetzt eine kleine Pause von dieser großen Anstrengung angesagt.

[13] Ich benutze das Wort «wir» hier ganz bewusst, da wir ja eine Gruppe waren und alle an einem Strang zogen. Außerdem ist es immer sinnvoll, sich auf die Seite der Erfolgreichen zu schlagen.

Wir bei der Arbeit.

Renate, Tobi und ich wollten lieber noch kurz die Burg besichtigen, die hier in der Stadt herumlag. Ein wenig Sightseeing schadet bekanntlich nie. So geschah es, wir schnappten uns einen Wagen und fuhren los. Wir wussten, dass wir auf das Burggelände mitten in der Stadt gelangen mussten. Auf diese Weise lernten wir viele sehr kleine und sehr nette Straßen des Ortes kennen, bis wir letztendlich dem Tipp einer Einwohnerin folgten und einen Weg einschlugen, den wir vorher mehrmals ausgeschlossen hatten. Schließlich standen wir auf einem Schotterweg und verließen den Wagen. Endlich hatten wir es geschafft und genossen die grandiose Aussicht über Didymoticho. Wir brachen diesen kurzen Moment der Ruhe und Entspannung allerdings recht schnell wieder ab, die Rallye rief.

Wieder an den Autos, die noch immer vor der Northrop F-5, wie sich später herausstellte, standen, sammelten wir die inzwischen verstreuten und verschollenen Reste unserer Mannschaft ein. Einige hatten inzwischen tatsächlich die Hymne besorgt, andere waren einkaufen gewesen und verteilten nun Wasser, Brot und andere Speisen für den späteren Verzehr. Wir hatten heute nur eine recht kurze Etappe von weniger als 300 Kilometern bis Istanbul vor uns. Wir verließen Didymoticho, und da gerade Mittagszeit war, speisten wir zwei Kilometer vor den Toren der Stadt, vermutlich genau dort, wo im Jahr 1206 Zar Kalojan mit seinem Heer gelagert hatte, bevor sie mit der Erstürmung der Stadt begannen, weil sich die Bewohner mit den Kreuzfahrern verbündet hatten.

Ein kurzes Frühstück aus Brot, Wurst und Klitsche[14] nutzten wir, um uns mit einigen Einheimischen auszutauschen oder vielmehr um einige vorbeihastende Menschen nach dem Grenzübergang in die Türkei zu fragen. Als wir erwähnten, dass wir in die Türkei wollten, schlugen Frauen ihre Hände vors Gesicht, Männer schüttelten den Kopf, und Kinder wurden von uns weggezerrt. Am Ende hatten wir Erfolg, nur war das Ergebnis ernüchternd: Die hier im Süden befindlichen Grenzübergänge waren leider alle geschlossen. Die kleinen Grenzmarkierungen auf unserer Karte waren wohl mehr als historische Dokumentation zu verstehen. Also blieb uns nichts weiter übrig, als wieder zurück nach Norden zu fahren und von dort weiter in Richtung Türkei. Nervig, aber uns würde noch genug Zeit bleiben, eine Unterkunft zu suchen.

Bis hierher waren wir stets nur von einer EU-Grenze zur nächsten gefahren und hatten an keiner irgendwelche Auffälligkeiten erlebt. Jetzt jedoch, da es an die sensible Nahtstelle zwischen

[14] Klitsche gehört zu meinen Lieblingsspeisen. Nicht zu verwechseln mit einer «gammeligen Bude», handelt es sich dabei doch um einen Haufen Mayonnaise unter Hinzufügung von Fleischwurst oder Putenstückchen, wahlweise auch Fisch. Hauptsache, es saut einem die Klamotten voll, wenn man auf dem Sofa sitzt und das Brötchen reintunkt. Ich bevorzuge übrigens die Variante «Fisch mit Roter Bete». Eine Dose zum Frühstück deckt den Fischbedarf für ... okay, einen Tag.

Griechenland und der Türkei ging, bemerkten wir erste kleine Veränderungen.

Wir waren noch nicht ganz in Kastanies, der Grenzstadt auf der griechischen Seite, da bemerkten wir schräg vor uns eine Staubwolke, und beim Näherkommen erkannten wir einen gepanzerten Schützenwagen des griechischen Militärs, der östlich von uns einen Feldweg entlangraste. Wir dachten kurz an einen Grenzzwischenfall und blickten nach vorne. Aber bei dem Versuch, einen Gegner zu erspähen, fiel uns nur ein alter Mann auf einem Traktor auf, der sich auf dem parallel verlaufenden Feldweg auf das Kampffahrzeug zubewegte. Mit seiner Egge bedeutete er womöglich eine Gefahr für die Scholle, nicht aber für das Land. Hier wurde uns bewusst, dass es um das Verhältnis zwischen Griechenland und der Türkei nicht zum Besten stand.

Bis 400 n. Chr. waren sich alle Beteiligten eigentlich noch recht einig und dachten: Die Römer sind doof und sowieso an allem schuld. Es war das Oströmische, das Byzantinische Reich. Von Grenzproblemen noch keine Spur, und auch der Döner dürfte damals nur eine untergeordnete Rolle gespielt haben.

> Bei dem Versuch, an dieser Stelle einige Fakten zur Geschichte des schmackhaften Döner Kebab in kultureller Abgrenzung zu Gyros Pita und persischem Schawarma aufzuzeigen, stieß ich auf einen stark ausgeprägten Literaten-Glaubenskrieg der Drehspießpatrioten. Aus Sicherheitsgründen verzichte ich hier auf eine weitere Bearbeitung der Thematik. Im Übrigen variieren die angeblichen Erkenntnisse über das Alter der jeweiligen fleischigen Snacks lediglich um knapp 2500 Jahre.

Als Laie vermute ich mal, dass die Erfindung zu Kriegszeiten auf einem Berg stattgefunden hat. Das von einem Speer DURCH den Allerwertesten getroffene Pferd wird wohl den brennenden Hügel hinabgerollt sein, und den dort befindlichen Kriegern blieb die schmackhafte Delikatesse, die da direkt vor ihrer Nase landete, natürlich nicht verborgen.

Ab dem fünften Jahrhundert n. Chr. tauchten die ersten Gruppen der Seldschuken auf, ein islamischer türkischer Stamm, und im Laufe der Zeit wurden immer mehr Gebiete östlich des Bosporus türkisch. Den Türken gefiel wohl Konstantinopel nicht, und so umgingen oder besser umschwammen sie es und eroberten Teile des heutigen Griechenlands und Bulgariens. Im Jahr 1453, ja, es sind 1000 Jahre vergangen, und Zar Kalojan ist längst wieder weg, eroberten die Türken den Rest des Byzantinischen Reichs, sprich Konstantinopel. Seitdem sind die Türken DER Feind der Griechen. Nach und nach verloren die Griechen immer mehr ihrer Ländereien: 1460 den Peloponnes, 1566 Zypern (da sind sie immer noch), 1573 Venedig (eine auch mir unbekannte griechische Stadt …).

Zu Venedig mal 'ne kurze Frage: Das konnte ich nicht verifizieren (nicht dass ich alle Daten überprüfen würde, aber das ist mir gleich ins Auge gesprungen. Stimmt das überhaupt?).

Hm, ich finde es nicht mehr. Ich hab das aus einem Referat, einer Doktorarbeit oder einer internationalen Coproduktion des türkischen Fernsehens (ohne Italien).

(Stunden später:) Ich fürchte, es war das hier: «Im Türkenkrieg von 1570 bis 1573 verlor Venedig vor allem Zypern, musste aber auch Antivari und Dulcigno abtreten.» Ich muss dir also recht geben.

Aber kommen wir zum wesentlichen Punkt: Was meinst du mit «nicht dass ich hier alle Daten überprüfen würde»? Ist das nicht der eigentliche Grund deiner Existenz, dauernd in meinen Texten rumzuschnüffeln und auch noch die zehnte Nachkommastelle irgendwo zu überprüfen?

Etwas mehr Sorgfalt deinerseits hätte mir eine Menge Arbeit erspart. Schön, dass du meinen Anspruch und den damit verbundenen Einsatz an dieser Stelle erwähnst. Natürlich wie üblich mit deinem notorisch wehleidigen Gemopper. Diese Art der Honoration ist durchaus verbesserungsfähig.

Nichtsdestotrotz waren die Türken sehr tolerant und ließen den Patriarchen von Konstantinopel frei walten, denn über den hatten sie wiederum Einfluss auf die griechische Bevölkerung, die sich selbst gerne als «Hellenen» bezeichnen. Alles Frauen also.

Im Jahr 1815, der Wiener Kongress war vorbei, saßen alle in ihren Kutschen vom Palais am Ballhausplatz nach Hause und überlegten: «Irgendwas haben wir vergessen, irgendwas haben wir vergessen.» Dabei vergaßen sie völlig, aus dem Fenster zu blicken, wo die Hellenen standen und riefen: «Uns! Uns!»

So probten sie den bei den Römern erfolgreich eingeübten Aufstand gegen die Besatzer, und mit Hilfe einiger europäischer Staaten wie England, Frankreich und Russland «befreiten» sie stückweise ihr Land. Im Jahr 1912 kam mit Kreta auch die größte Insel zurück nach Hause. Während des Zweiten Weltkriegs besetzten die Griechen wiederum die Stadt Smyrna, besser bekannt als Izmir oder «die Stadt, aus der jemand kommt, mit dem Tobi schon mal Aktfotografie gemacht hat». Ebenso verfuhren sie mit einem Teil des Umlands in der Türkei, weil dort größere Gruppen orthodoxer Christen wohnten. Wie sich das für einen ordentlichen Feldzug gehörte, gab man sich nicht mit dem eigentlichen Ziel zufrieden, weshalb dann ein griechisches Heer versuchte, weitere Teile zu erobern. Die Griechen bekamen dann aber vom Staatshelden Atatürk so was von eins auf die Nase, dass sie mitsamt 1,2 Millionen Griechen über die Ägäis zurück auf den europäischen Kontinent schippern mussten. Unterwegs trafen sie auf rund 400 000 Türken, die auf dem Weg in die andere Richtung waren. Denn so gehört sich das bei Streitereien: Wie du mir, so ich dir. Dass bei der Gelegenheit auch viele Armenier vertrieben wurden, sei hier nur am Rande erwähnt. So viele waren es ja nicht mehr, die überlebt hatten. Ein Thema, das wir lieber mal noch auf dieser Seite des Kontinents aufgreifen ...

Seit 1930 sind beide Staaten dank eines Schlichtungspakts auf dem besten Wege zu einer Versöhnung, denn es gibt immerhin Handelsabkommen. Die beiden Haudegen Atatürk und Venizelos verstanden sich sogar so gut, dass sie die Idee eines gemeinsamen Staatenbundes aufbrachten. Griechenland half der Türkei bei der Aufnahme in die UNO und bei der Versorgung mit Lebensmitteln im Zweiten Weltkrieg.

Es war also alles auf einem guten Weg, nur der Soldat vor unseren Augen im Schützenpanzer wusste nichts davon und fuhr weiter auf den Mann mit dem Traktor zu. Wir ließen das Schicksal der beiden so ungleichen Gegner eine innenpolitische Angelegenheit der Verwaltungsregionen Ostmakedonien und Thrakien sein und fuhren aus demselben Grund ebenfalls an dem Jeep mit aufgepflanztem Maschinengewehr vorbei, direkt auf die Grenze zu.

Endlich mal eine richtige Grenze. Nach einem unspektakulären Schlenker an den griechischen Zöllnern vorbei zog sich die Straße schnurgerade durchs Niemandsland in Richtung Nordosten. Irgendwann begann rechts und links ein Zaun, und wir waren mittendrin, im Grenzgebiet, bis wir an einen Wassergraben kamen, durch den wir hindurchfahren sollten. Auf den ersten Blick war es eine Hygienemaßnahme, so eine Art Kneipp-Kur für die Autoreifen, aber wahrscheinlich sollte kein Körnchen Griechenland den türkischen Boden berühren.

Das leicht angespannte Verhältnis der beiden Nationen war auch den ersten türkischen Staatsbediensteten anzusehen. In Uniform, das Gewehr vor dem Körper, den Helm tief ins Gesicht gezogen, erkannte man die ernst dreinblickenden Augen gar nicht. Ich versuchte, die allgemeine Stimmung etwas aufzuheitern, indem ich ein fröhliches Lächeln in Richtung Ernsthaftigkeit warf, wurde aber bitter enttäuscht. Keine Regung, nur Disziplin.

An der Grenzabfertigung angekommen, erwartete uns eine recht idyllisch gelegene Immobilie mit einem respektablen Außengelände. Hohe Bäume und Palmen verdeckten den Blick auf den imposanten Aussichtsturm, Blumen zogen sich am Rand der Straße entlang, die uns u-förmig zum Grenzgebäude führte. Wir wurden aufgefordert zu warten und stellten die Fahrzeuge ab. Die Fahrer stiegen aus, Fritz sammelte unsere Ausweise ein und ging zum Schiebefenster, hinter dem ein Mann mit Mundschutz und Gummihandschuhen saß – und die Scheibe direkt vor ihm verschloss. Schwer nervös lief Fritz anschließend von einem zum anderen und gab Anweisungen wie: «Tobi, komm, du musst hier rüber, deine Wagenpapiere stempeln lassen» – «Bernhard, räum die Funkgeräte ins Handschuhfach» – «Chris, pack das Händi weg und hör auf, dem Soldaten die griechische Nationalhymne vorzuspielen.»

Chris meinte nur: «Entspann dich.»

Das war irgendwie nicht so gut.

«Ich bin entspannt, aber ich will nicht derjenige sein, der nachher auf sämtlichen Bildern deine Folterspuren wegretuschieren muss», entrüstete Fritz sich mit stark ansteigender Voluminosität. Bis ihm ein Soldat auf die Schulter klopfte und ihn freundlich bat, doch ein wenig leiser zu sein, die Soldaten dort drüben in der Sitzgruppe auf der Wiese hätten grade Pause, und da möge er bitte nicht stören.

Ich entdöste und schob meine Phantasien beiseite. So verbrachten wir eine ganze Stunde an der Grenzstation, und ich überlegte, ob das jetzt schon das große Abenteuer sei. Bewaffnete Uniformierte sitzen zwischen Blumenbeeten und rauchen. Menschen mit Mundschutz verschließen Scheiben und verhindern so die Herausgabe von Ausweisen. Männer in Zivil verteilen unverständliche Informationsblätter. Und dazwischen wir in unseren bunten Klamotten und farbenprächtigen Autos, die wir hin und her laufen und kurz davor sind, uns neben einem Wachposten fotografieren zu lassen. Hat man in London doch auch so gemacht.

Endlich öffnete sich die Schranke, und wir fuhren in die Türkei, wo es bald auf einer gutausgebauten vierspurigen Straße gen Istanbul ging.

Hier merkte ich zum ersten Mal seit unserer Abfahrt, dass wir in einem anderen Kulturkreis waren.

An dieser Stelle bitte ich dich, die Begrifflichkeiten nochmal zu überdenken. Das Konzept der Kulturkreislehre ist schon von seinem Entwickler in der Mitte des 19. Jahrhunderts wieder verworfen worden, da er es als nicht zutreffend erkannte. Als Resteverwerter von überholten und falschen Theorien griffen dann nationalsozialistische Pseudowissenschaftler solche Konzepte wieder auf, um sie als Grundgerüst ihrer ekligen Rassentheorien zu verwursten. Hätte sich die breite Masse in den 1930er Jahren etwas eingehender mit Kultur- und Sozialanthropologie beschäftigt, wäre uns vielleicht die genozidveranlagte «Politik» der Nazis erspart geblieben. Ich möchte an dieser Stelle herzlich dazu einladen, nicht jedes Pamphlet, das sich mit viel zu langen Fußnoten einen wissenschaftlichen Schafspelz überstreift, als wahrhaft zu verinnerlichen.

Es gab keine Kirchen mehr, dafür standen überall Moscheen rum. Deutsche Parteien, die den Begriff Toleranz nur als Bezeichnung für schicke Schultaschen kennen, hätten hier mit ihren Antimoscheekampagnen eine Menge zu tun. Zunächst wirkte der Anblick auch auf mich fremd, doch nach wenigen Kilometern waren sie so normal wie bei uns die Dorfkirchen. Tauchte dann mal ein christliches Gotteshaus auf, war ich fast geneigt, den Einfall dieser fremden und gefährlichen Kultur laut zu kritisieren.

Die 240 Kilometer von der Grenze bis nach Istanbul gingen schnell vorbei. Was alleine daran liegt, dass die Stadt bereits gefühlte 239 Kilometer vorher beginnt. Irgendwann fängt es mit ein paar Gebäuden an, die dicht an dicht stehen, und endet mit noch dichter an noch dichter stehenden Gebäuden. Nur unterbrochen durch große Straßen, ein paar Parks und den Bosporus. Mit ihren rund 12,5 Millionen Einwohnern ist sie hinter Mumbai, dem ehemaligen Bombay, in Indien und Karatschi in Pakistan die drittgrößte Stadt der Welt. Istanbul liegt als einzige Metropole auf zwei Kontinenten und war 1600 Jahre lang Hauptstadt zweier Reiche, des Oströmischen und des Byzantinischen. Dagegen war das geteilte Berlin nichts weiter als ein Schluckauf der Geschichte.

Die Stadt zog an uns vorbei, während Tobi den Volvo von einer

Kreuzung zur nächsten steuerte. Zunehmend bemerkte ich seine leichte Nervosität, denn nicht nur die Häuser standen scheinbar enger und höher nebeneinander, auch die Autos fuhren enger um uns herum. Jeder Verteilerkreis, jede Ampel wurde zu einer neuen Herausforderung an das logistische Geschick unserer Gruppe. Wen würden wir verlieren? Ich wollte Tobi daher unbedingt helfen, den Anschluss nicht zu verpassen, und unterstützte ihn nach Kräften. Nach der dritten Kurve, auf die ich ihn hinwies, und dem zwölften Bremslicht, das vor uns auftauchte, hieß er mich zu schweigen und mich einfach leise auf den Weg zu konzentrieren. Ich tat es und sah mich ein bisschen um.

So gruben wir uns wie ein Regenwurm im Team immer tiefer in diese alte Stadt hinein. Zum Glück hatten wir von unserem Istanbul-Kenner Volker erfahren, dass sich bei Florya, südlich des zentralen Flughafens, ein Campingplatz befinden sollte. Wir vertrauten ihm in kindlicher Naivität und lernten, dass es ein mutiges Unterfangen sein kann, in Istanbul einfach so mal «in eine Richtung» zu fahren.

Wir bogen rechts ab, Richtung Meer, und bereuten es auf der Stelle. Wahrscheinlich veränderte sich das Gefühl von «Ui» im ersten Wagen zu «Ach du liebe Güte» im letzten eher fließend. Wir waren mitten in einen Flohmarkt geraten, der hier wahrscheinlich «Basar» heißt, was zwar orientalischer klingt, aber letztlich dasselbe Chaos beschreibt.

Um uns herum standen und fuhren Unmengen an Autos, teilweise von Menschen verdeckt, die wiederum hinter Kindern verschwanden, deren man aber nicht ansichtig werden konnte, weil dauernd irgendjemand Waren durch das Blickfeld trug. Der Verkehr wurde immer dichter, bis er irgendwann endlich weg war. Allerdings nicht, weil die Straßen frei waren, sondern weil er sich aus seiner Definition verabschiedete. Alles stand. Verkehr ist Bewegung. Wie ein hölzerner Stock beim Anrühren von immer zäher werdendem Kleister langsam die Bewegungsfähigkeit verliert, so reduzierte sich unsere Geschwindigkeit unmerklich von sehr langsam auf superlangsam zu gar nicht langsam, weil gar nicht.

Zum Glück fielen wir kaum auf mit unseren buntbeklebten Autos, den großen silbernen Kisten auf dem Dach und den leuchtend orange-farbenen Packtaschen. Die uns ohnehin schon einfangende Amöbe aus Menschen entdeckte einen zusätzlichen Reiz, ihr Interesse in unsere Richtung zu lenken. Ich blickte aus dem Fenster und wähnte uns schon von großen Nahrungsvakuolen der sich unförmig ausbrei-tenden Menschenmenge verdaut. Stückweise würden uns die einzel-nen Enzyme zerteilen, und alles Verwertbare würde Teil des Zytoplas-mas, bis uns der Organismus Flohmarktmasse komplett resorbiert hätte.

Da ruckte es, Tobi fuhr an. Wir mussten zwar nicht mitten durch Istanbul, doch bei einer solchen Millionenstadt sind selbst die Rand-gebiete für deutsche Verhältnisse überdeutlich belebt. Der BMW er-wischte die grüne Ampelphase, der Mercedes schoss hinterher, aller-dings nur mit seinen Vordersitzen, die Rückbank blieb vor uns stehen, was übrigens recht gut zu der gerade rot werdenden Ampel passte. Irgendwann zog der Motor das korrekt stehende Hinterteil jedoch ein-fach mit sich in den kreuzenden Verkehr, und von den nachfolgenden Autos verdeckt, ließen sie uns langsam zurück. Immer mehr Autos strömten von rechts hinter unserem Team her, umspülten es und trie-ben es weg. Weit weg, jenseits unseres Blickfeldes. Ich hörte Tobi schlu-cken und griff nach dem Funkgerät.

Neben 26 Taxizentralen, die gleichzeitig ihre mindestens zwölf Fah-rer quer durch den Verkehr schickten, versuchte ich einen der anderen zu erreichen. Irgendwann zwischen «*Orta gel*», «*Burada kalır*» und «*Acele et! Diğerleri bekliyoruz ve ben sizin topal karre sonra sormaya tüm günlük zaman yok çünkü*» erklang die bekannte Stimme von Fritz.

«Renate ist vor euch und wartet, wir stehen hier, ihr müsst gleich ... S...»

Das «S...» half uns erst mal nicht weiter, dummerweise war die rele-vante Information bei einem Taxifahrer gelandet, der jetzt, von rechts kommend, unsere Spur blockierte. Blitzschnell kombinierte ich: Wenn er von rechts kommt, ist er für sich links gefahren. Vielleicht war es das, was Fritz meinte.

«LINKS!», rief ich Tobi zu, der sofort rechts an dem Taxifahrer vorbeifuhr, das Fahrzeug wieder auf die alte Spur manövrierte, noch auf eine weitere wechselte, Gas gab, links (warum auch immer) blinkte, abbog und fast dem wartenden Mercedes in die Stoßstange gekracht wäre. Der reagierte jedoch zum Glück schnell und startete durch, der Wagen sprang förmlich über die Kreuzung und schloss zum BMW auf, der sofort Fahrt aufnahm und uns weiterleitete. Direkt in Richtung Basar.

Ich schloss die Augen.

Diesmal fuhren wir jedoch mit einigem Abstand am Chaos entlang und querten nur ein Durcheinander, ehe wir im Stadtteil Bakırköy landeten. Wir hielten direkt vor dem Eingang der Florya, einer Freizeitanlage, in der sich auch schon der Staatsgründer Atatürk vergnügt und beim Schwimmen die schöne Aussicht auf das Meer genossen hatte.

Die Motoren erstarben, der Staub legte sich. Wir schlossen für einen Moment die Augen und genossen die Ruhe. Dachten sogar an die Lieben daheim, sahen Felder, Wiesen und Bäche der Eifel an unserem geistigen Auge vorbeiziehen, bis das ohrenbetäubende Donnern eines startenden Flugzeugs uns in die Realität zurückholte. Tobi und ich stiegen aus und gingen zum Rest der Gruppe.

Alle standen um die Wagen herum und warteten darauf, dass etwas passierte. Wir befanden uns mitten in der Stadt an einer belebten Straße, dahinter schloss sich der Rest der Stadt an. Hinter uns das Meer, das wir wegen der großen Tiefgarageneinfahrt jedoch nicht sehen konnten. Wo sollte hier ein Campingplatz hinpassen? Mit der Zeit wurde uns klar, dass es irgendwie mal weitergehen sollte, also teilten wir uns auf und recherchierten in Kleingruppen weiter – ohne Erfolg.

Da schlug die große Stunde von Chris. Er legte sein Telefon zur Seite, hängte sich in das nächste freie Computernetz und fand ein Hostel mitten in der Stadt. «Wir fahren jetzt in die Stadt und suchen das Hostel», schlug er vor.

«Für zehn Euro pro Person», beendete ich den Satz. Alle blickten zu mir rüber.

«In der Mitte von Istanbul?»

«Na, dann los, wir wissen ja, wo wir notfalls zelten können.»

Also stiegen alle in die Wagen und gaben Gas. Nach 2500 Kilometern hätten wir, in dem Hostel angekommen, die Hälfte der Rallye-Strecke hinter uns. Als kulturinteressierte Menschen, so beschlossen wir einmütig, würden wir uns die Nacht im Herzen, in der Seele, ja im Nabel der Stadt einfach gönnen. Wir stürzten uns also wieder in den Verkehr, und mit jedem zurückgelegten Meter wurde der Ausblick immer schöner. Waren es eben noch normale Häuserzeilen und Wagenkolonnen, so waren es diesmal alte Gebäude, die mehr Geschichte erlebt hatten als woanders ganze Kontinente.

Diese Landmauer, ab dem fünften Jahrhundert unter den Kaisern Theodosius und Anthemius errichtet, umschloss mehr als das eigentliche Stadtgebiet der damaligen Zeit. Sie sollte der Stadt die Möglichkeit geben, sich auszuweiten – eine Strategie, die gerne mal bei der Gürtelauswahl angewendet wird. Während die Mauer nur am 29. Mai 1453 erstürmt werden konnte, und auch das lediglich mit Hilfe der neuen Feuerwaffen, nagte der Zahn der Zeit zunehmend an den Steinen. Noch schlimmer waren die wie Karius und Baktus durch das Mauerwerk krabbelnden Bewohner, die dieses als Steinbruch benutzten. Teilweise wurden gar ganze Wohnungen IN die Mauer hineingebaut. Überall sah ich noch gefliese und mit Tapeten beklebte Vierecke irgendwo weit über dem Boden an den Steinen haften. Seit dem Ende des 20. Jahrhunderts versucht man, die Mauer wieder instand zu setzen.

Kaum war die Verblüffung über den Umgang mit sicherheitsrelevanten Einrichtungen der Stadt gewichen, drängte sich das nächste Wunderwerk in unser Blickfeld: die Blaue Moschee. Während Tobi versuchte, den Anschluss nicht zu verpassen, las ich ihm den entsprechenden Wikipedia-Artikel vor, ohne zu merken, dass wir gar nicht an der Blauen Moschee vorbeigefahren waren, sondern an der Hagia Sophia.

Ich redete und redete und redete, bis Tobi mich eine Dreiviertelstunde später unsanft unterbrach.

«Bernhard?»

«Ja?»

«Dir hört keiner zu.»

«...»

«...»

«Okay ...»

Dann behalte ich eben für mich, dass die Moschee im sechsten Jahrhundert n. Chr. neue architektonische Akzente setzte und die Hauptkirche des Byzantinischen Reiches und damit religiöser Mittelpunkt der Orthodoxie war, dachte ich mir. Pffft!

In der Zwischenzeit waren wir irgendwie in eine missliche Lage geraten. Wir hatten Kontakt zu einem Hostel aufgenommen, und jemand wollte jemanden mit einem Motorroller zu uns schicken, der uns dann den Weg weisen sollte. Unsere Lagebeschreibung enthielt markante Hinweise wie: «Dort, wo die Straßen so auseinandergehen, mit dem Haus und den roten Fensterrahmen, wo gegenüber so 'n Geschäft ist.» Das Ganze auf Türk-Englisch-Deutsch natürlich. Plötzlich – wir hatten sämtlichen Verkehr in den Nebenstraßen zum Stillstand gebracht, Busse mussten wenden und Fußgänger sich zur Flunder verformen – tauchte ein Mofa vor uns auf, dessen Fahrer uns mit halsbrecherischer Geschwindigkeit über mehrere uns leider teilweise bekannte Ecken lotste, bis wir vor dem Hostel ankamen.

> Die stoische Gelassenheit, mit der die einheimischen Verkehrsteilnehmer auf unser ungewollt verursachtes Chaos reagierten, war gänzlich ungewohnt. Der kurze Moment, in dem wir mit unseren Wagen stehen blieben, um uns neu zu organisieren, war natürlich nicht mit den anderen gefühlten zwölf Millionen anwesenden Verkehrsteilnehmern abgestimmt, weshalb diese wie gewohnt aus beiden Richtungen in unsere Gasse einbogen, die in Deutschland höchstens für

Fußgänger freigegeben wäre – in eine Richtung, versteht sich. Jedenfalls löste sich das als vollkommen unlösbar angenommene Chaos durch die kollektive Organisation innerhalb weniger Minuten wieder komplett auf. Vermutlich um ein paar Meter weiter an anderer Stelle erneut zu entstehen.

In unserer Herberge luden wir erst mal unsere Sachen aus und trugen sie auf die Zimmer, während die Fahrer versuchten, die Autos in der Stadt zu verstauen. Schrieb ich gerade «die» Zimmer? Falsch, es war natürlich bloß EIN Zimmer. Nur so ließen sich die finanziellen Rahmenbedingungen in das enggesetzte Korsett des freundlichen Organisationskomitees pressen. Wir hatten ein kleines Zimmer mit sechs Stockbetten, gegen das jedes deutsche Jugendherbergszimmer wie ein Loft wirkt. Ich stellte schon mal erste Vermutungen über die Zusammensetzung der mich umgebenden, eigentlich für den Sauerstoff vorbehaltenen Luft an. Und ließ es direkt wieder.

Betten egal, Hauptsache WLAN.

Nach einiger Zeit sanken die Erwartungen.

Mir kam der Gedanke, dass die von der ganzen Etage gemeinsam genutzten Waschräume am Anfang der Nacht einen völlig anderen Zustand haben würden als am Ende, ja, dass sie vielleicht gar nicht mehr mit dem jetzigen vergleichbar sein würden. Hatten sich die Türken nicht auch an der Stadtmauer zu schaffen gemacht, wie sollten sie da Respekt vor einem Bad und einer Toilette haben? Obendrein waren das ja noch nicht mal Türken hier im Hostel, viel schlimmer, es waren haufenweise Ausländer: Deutsche und so ein Gesocks!

Ich nahm mein Waschzeug und stapfte ins saubere, frische Bad. Etwas, das mein Nachfolger schon nicht mehr tun konnte.

Bevor wir uns landestypischen kulinarischen Gelüsten hingaben, wollten wir noch eine der beiden Aufgaben erledigen, deren wir uns hier in Istanbul annehmen sollten. In unserem Aufgabenheft, das wir zu Beginn der Rallye bekommen hatten, fand sich folgende Frage:

Die Tickets-Ersätze für die Straßenbahn in Istanbul heißen? Zusätzlich war noch ein Beweisbild unserer Existenz gefordert: Macht ein Foto beim Aussteigen am Blablamarkt!

Der von Bernhard hier so flapsig als «Blablamarkt» betitelte Große Basar ist der Kapalı Çarşı. Mit seinen 31 Hektar Fläche und 4000 Geschäften gehört er nicht unbedingt zu den dezenteren Anlagen dieser Art, und Kurzlebigkeit kann man ihm ebenfalls nicht vorwerfen. Angelegt hat ihn im 15. Jahrhundert Sultan Mehmet Fatih nach der Eroberung Konstantinopels. Die einzelnen Geschäfte sind nach Branchen in den Straßen, Ecken und Winkeln sortiert. Somit unterscheidet sich dieser Basar nur in wenigen Punkten von der Erfindung hypermoderner Shoppingmalls: Er ist viel größer und hat eine 500-jährige Tradition.

Sag ich doch, Blabla.

So spazierten wir durch die wunderschöne Istanbuler Altstadt. Vorbei an der diesmal echten Blauen Moschee und durch den diesmal kleinen, aber echten Park, der zur Hagia Sophia gehörte. Das erste Rätsel war schnell gelöst: Zum Bahnfahren benötigt man in Istanbul ein *jeton*, ein typisch türkisches Wort. Das zweite war schon schwieriger, weil wir uns vor die aussteigenden Menschen stellen, dann mit merkwürdigen Gesten und Gesichtern in die Luft springen und uns dabei auch noch von Michael, der in halsbrecherischer Manier nach einer Schraubdrehung in der Luft auf dem Boden landen sollte, fotografieren lassen wollten. Kein normaler Mensch schafft das zu einer Uhrzeit, die hier als «Feierabend», dort als «Dann mal alle in die Bahn und in die Stadt»-Zeit verstanden wird. Wer es auch nur versucht, ist bescheuert. Wir haben es geschafft.

Auf dem Rückweg entspann sich zwischen Michael und mir ein Gespräch darüber, was die vierte Dimension sei. Ich schlug vor, sie sich als Zeit vorzustellen, also eine sich in der vierten Dimension ausdehnende Kugel würde quasi anschwellen. Aber das war ihm zu konkret.

«Dann vielleicht eine Farbe? Eine Fläche, die sich in der vierten Dimension bewegt, ist wie ein Würfel mit verschiedenen Farben gefüllt, die ineinander übergehen.»

«Nein, das ist mir auch noch zu konkret.»

«Möchtest du unkonkret bleiben?»

«Ja.»

«Dann wird's schwer.»

Wir kamen zu keinem Ergebnis[15], dafür aber alleine zum Hotel. Die anderen tangierten solch anspruchsvolle philosophische Betrachtungen nicht, daher ließen sie sich zurückfallen oder strebten geschwind nach vorne, um uns zu ent-

[15] In der Zwischenzeit habe ich mich natürlich erneut mit dem Thema befasst und weiß jetzt, dass es recht simpel ist, sich die vierte Dimension vorzustellen. Von einer dreidimensionalen Figur ausgehend, suchen wir eine Richtung, die nicht im Raum (aus Dimension drei) liegt. Dazu zeigen wir kugelförmig in alle Richtungen, die wir uns vorstellen können, und schließen alle diese Richtungen aus. Zurück bleiben Richtungen, die wir uns mit unserem dreidimensionalen Verstand nicht vorstellen können, im einfachsten Fall: senkrecht auf alle Richtungen, die wir uns vorstellen können. Einfach, oder?

kommen. Aber wir holten sie ein und ließen den Abend bei einem typisch türkischen Gericht ausklingen, bei dem ein Tonkrug mit Speisen im Feuer erhitzt und am Tisch zerschlagen wird ... Dazu sechs Bier und ein Wasser. Lecker.

VHS-Töpferkurse werden in Anatolien kaum angeboten. Das erledigt dort die seltene Tonbüchsenstaude.

Tag 7
Donnerstag, 7. Mai 2009
Istanbul – Kirikkale

Text: Tobias   **Anmerkungen: Bernhard**

Plötzlich war es hell und miefig, und mein Hirn war vollkommen dumpf. Die Köpfe der anderen StaubMäuler marschierten ohne Unterbau auf Höhe meiner Matratze um das Schlafgemach. Ich zwang mich zu einer strategischen Analyse der Situation. Aufenthaltsort: Wenn mir nicht jemand einen Tag aus der Erinnerung gelöscht hatte, musste ich mich in einem Sechsbettzimmer in der Altstadt von Istanbul befinden. Ein Blick über den Bettrand bewies: Ich bewohnte ein Etagenbett in der oberen Ebene. Das erklärte auch die Köpfe, die auf meiner Matratze herumliefen. Als ich mich an der Schläfe zu kratzen versuchte, um mir die restlichen Fragen an mich auszudenken, bemerkte ich eine Konstruktion aus alten Socken, die mir mit einem T-Shirt um den Kopf gebunden worden war. Das erklärte zumindest teilweise die Miefigkeit. Dann drängten sich die anderen Erinnerungen an die Erlebnisse des Vortags in mein Bewusstsein.

Den vergangenen Abend hatte ich mit Carsten auf der Dachterrasse unserer günstigen, aber sehr zentral gelegenen Herberge ausklingen lassen. Zufällig hatten wir erfahren, dass dort eine Freiluftbar existierte, von der aus man einen phantastischen Blick auf das nächtliche Istanbul hatte. Zum Greifen nah leuchteten uns die Blaue Moschee und die anderen Gebäude der Altstadt entgegen. Wir lachten, tranken und bestaunten das orientalische Panorama, bis die Lichter der historischen Bauten erloschen und nur noch das Mondlicht schemenhaft Türme und Mauern offenbarte. Irgendwann war ich dann vollkommen ermattet in unser ungeräumiges Gemeinschaftsquartier geklettert und hatte mich mit den ollen Socken gegen die brachial lärmende Schnarchwand verteidigt.

Es war früh, denn die heutige Sonderaufgabe bestimmte den Start in den Tag. Das freundliche Organisationskomitee hatte ersonnen, die Rallye-Teams ab sieben Uhr morgens zu einem Kontrollpunkt am Hafen vor den Toren der Altstadt zu schicken, um dann die Zeit zu messen, die ein jedes Team von dort für die Strecke zur Blauen Moschee im Zentrum benötigte. Vor der Weiterfahrt zur Fähre über den Bosporus sollte noch ein Gruppenfoto vor der Moschee geschossen werden.

Da der Istanbuler Berufsverkehr auch an diesem Morgen seinem exzessiven Ruf gerecht zu werden drohte, machten wir uns früh auf den Weg, um die Strecke von 1,5 Kilometern (Luftlinie) in einer angemessenen Zeit zurückzulegen. Man stelle sich den Verkehr um den Arc de Triomphe in Paris zum Feierabend vor,

Der Triumphbogen wurde 1806 von Napoleon in Auftrag gegeben. Er wollte nach der Schlacht von Austerlitz seiner siegreichen Armee und vor allem sich selbst ein Denkmal setzen. Der Architekt Jean-François Chalgrin ... Ups, wir sind ja in Istanbul!

potenziere ihn mit unendlich und male sich das Ganze auf einem Zehntel der Fläche aus. So fühlte sich die Verkehrsdichte in der Stadt an.

Aus einem mir nicht ersichtlichen Grund verschlug es mich auf den Fahrersitz des Volvos, Bernhard blieb nur noch die Kommunikation mit den anderen Fahrzeugen.

In dieser Stadt lernte ich eine der wichtigsten Regeln zum Verhalten in nichtdeutschem Verkehr. Auf dem Parkplatz befand sich noch Team 77, The Laughing Cow, und im Gespräch stellte sich heraus, dass auch sie sich ohne Funkkontakt durch das gestrige Gewühl geschlängelt und das Ziel erfolgreich erreicht hatten. Die eiserne Regel lautete: «Niemals die Stoßstange des Vordermanns verlieren!» Der eindringliche Blick und das angehängte «Immer dranbleiben!» gaben mir das Gefühl, hier einen Moment monumentaler Erkenntnis zu erleben. Ich wollte das natürlich sofort ausprobieren, aber der Platz war bereits besetzt, also griff ich nach der Funke und spielte Copilot.

Vielleicht solltest du das Gelernte nicht unreflektiert verwenden. Die Regel mag in Istanbul, Rom oder Paris durchaus sinnvoll erscheinen. «*Nichtdeutscher Verkehr*» findet aber auch in Kabul oder Bagdad statt. Dort würde ich mir das an deiner Stelle relativ genau überlegen, wem du ganz nah an den Karren fährst. Bei einem bemalten oder zivilen Fahrzeug der alliierten Streitkräfte geht das meist recht kompromisslos mit dem sofortigen Verlust der eigenen Lebensfunktionen einher.

Natürlich stand Bernhard mir mit einer Unmenge an hilfreichen und ungemein wichtigen Kommentaren zu meiner Fahrweise beratend zur Seite.

«Niemals die Stoßstange des Vordermanns verlieren! Immer dranbleiben!»

Bald beschlich mich das untrügliche Gefühl, nicht unbedingt als der beste und schnellste Fahrer im Team zu gelten.

Das stimmt.

Das machte mir allerdings relativ wenig aus, passte ich doch meine Fahrweise klar der obersten Priorität, sprich meinem Überlebenswillen, an.

Es gibt einen Unterschied zwischen Überlebenswillen und Angst vorm kleinen Lackschaden.

Daher verblüffte es mich auch nicht, dass ich uns mit dem schwedischen Gefährt am Schluss der Karawane einzureihen hatte.

Ich hielt das für sehr gut.

Danke! Kann man jetzt verstehen, wie sich das anfühlt, ständig von der Seite angelabert zu werden, während man versucht, sich auf den Verkehr zu konzentrieren?

O ja, das kann ich.

Das ist ja wundervoll. Dann lass es doch einfach. Wenigstens hier.

Ich ... ach so.

Relativ schnell gelangten wir auf die Küstenstraße südlich der Altstadt und konnten auf der gegenüberliegenden Straßenseite der sechs- bis achtspurigen Kennedy Caddesi den anzusteuernden Kontrollpunkt am Hafen ausmachen. Das freundliche Organisationskomitee hatte es sich in den unverkennbaren gelben T-Shirts und mit den als «Rennleitung» gekennzeichneten Wagen in einer kleinen Ausbuchtung vor der Abfahrt zum Kai gemütlich gemacht. Überall davor und dahinter kurvten die anderen Teams herum und versuchten krampfhaft, den Ausgang aus diesem Dilemma zu finden und gleichzeitig das Team beieinanderzuhalten.

Meine Aufgabe war klar umrissen: dranbleiben. Das gelang mir auch ... fünf Minuten lang. Raus aus der Altstadt, runter zum Hafen, immer an der Stoßstange des Vordermanns kleben – das hatte mir jedenfalls der vorlaute Typ auf dem Beifahrersitz 42-mal ins Ohr geflüstert und mit einem wasserfesten Filzstift in Arial, Schriftgröße 672, von innen auf die Frontscheibe gemalt.

Auf der Kennedy Caddesi überlegte sich Renate im führenden Fahrzeug dann plötzlich, rechts abbiegen zu wollen. Und tat es. Wie ein Pelikan beim Fischen in die Wasseroberfläche sticht, bretterten erst der führende BMW und dann der Mercedes in eigentlich kaum existente Freiräume zwischen einem Haufen anderer Fahrzeuge und verschwanden so auf einer Abbiegespur, die sie augenblicklich von der breiten Straße auf eine Nebenstraße führte. Ich hatte keine Chance hinterherzukommen und wurde panisch. Mir war klar, dass in wenigen Sekunden der Funkkontakt abbrechen würde, zu groß würde die Distanz zwischen uns und den Abtrünnigen sein. Letztendlich wären aber wir die Verlorenen, und mir würde man die Schuld für diese Misere in die Schuhe schieben.

Aus dem Augenwinkel sah ich Bernhards Kopf wie in Zeitlupe dem abfließenden Verkehr mit unseren Freunden folgen und Lebewohl sagen. Sein Mund öffnete sich, er hob den Arm zu einem verzweifelten Zeichen, welches die Teamkollegen nie würde erreichen können. Bevor ein Laut seinen Artikulationsraum verlassen konnte, hatte er resigniert und ihn wieder geschlossen. Er fiel in sich zusammen. Eine bittere Träne rann über seine Wange. In die Verzweiflung musste sich Wut gemischt haben. Wut darüber, ausgerechnet in diesem Auto mit mir als Fahrer zur Untätigkeit verdammt zu sein und den Anschluss an das Geschehen verloren zu haben. Ich spürte, dass sich da eine Wand an unausgesprochenen Vorwürfen aufbaute, die zwangsläufig in Kürze durch einen verbalen Gewittersturm zum Einsturz gebracht werden würde.

Ich fuhr einfach die Nächste ab, bog zweimal links ab, setzte einen U-Turn dahinter, und schon waren wir wieder auf dem richtigen Weg.

Von weitem sah ich die vermissten Ausbrecher unseres Teams bereits am Kontrollpunkt warten. Fluffig scherte ich aus, und wir gesellten uns so unauffällig wie möglich zu unseren Kollegen. Wir kassierten den ersten Zeitstempel und mussten nun möglichst schnell zur Blauen Moschee gelangen, welche sich unpraktischerweise noch immer im Herzen der engummauerten Altstadt befand, wo wir sie vor einer halben Stunde zurückgelassen hatten. Dort sollten wir dann den zweiten Zeitstempel bekommen, wodurch sich im Anschluss relativ einfach die für die Strecke benötigte Zeit nachweisen ließ. Diesmal konzentrierte ich mich besser auf die gestellte Aufgabe und klebte an meinem Vordermann wie eine Klette, während wir uns durch den immer zäher, fast schon dickflüssig bis schleimig dahinkriechenden Altstadtverkehr schoben. Durch meine enorm beanspruchte Konzentration ist mir bis heute nicht bekannt, wer die navigatorische Meisterleistung vollbrachte, aber wir schafften es tatsächlich innerhalb von 20 Minuten ohne größere Schwierigkeiten bis zum Ziel. Selbiges kündigte sich durch Wilfried an, den Chef des freundlichen Organisationskomitees, der sich plötzlich und unerwartet auf einer kleinen, steil ansteigenden Straße kurz vor der Moschee aus dem Schatten der alten Bauten schälte und uns wild fuchtelnd begrüßte:

«Haaallllloooo! Wie läuft's?»

«Bisschen zähflüssig», gab Bernhard zu bedenken.

«Du, da oben an der Moschee meinen so ein paar Idioten, ihre Autos abstellen zu müssen für ein paar Fotos. Und jetzt gibt's hier einen Stau deswegen ...»

Die schier diebische Freude über die von ihm selbst angezettelte Totalverstopfung sprang Wilfried förmlich aus dem Gesicht. Ob der gemeine Istanbuler, womöglich unter Termindruck stehend, es an einem sonnigen Donnerstagmorgen genauso amüsant fand, plötzlich fast 200 buntbeklebte Altautos in den engen Gassen vorzufinden, die auch noch abrupt für eine kleine Fotosession mitten in der Einbahnstraße parkten, wage ich zu bezweifeln. Jedenfalls machten die Einheimischen mit einem frühmorgendlichen fulminanten Hupkonzert ihren Emotionen Luft. Wir hatten ebenso wie Wilfried großen Spaß dabei.

Nachdem wir unseren bescheidenen Beitrag zum Istanbuler Verkehrsinfarkt geleistet hatten, galt es möglichst zügig nach Ankara zu gelangen. Dort wartete Herr Atatürk in seinem Mausoleum darauf, uns als Kulisse für die nächste Sonderaufgabe zu dienen. Das Ganze befand sich aber noch 444 Kilometer südöstlich von Istanbul entfernt, und 2,86 Kilometer davon bestanden aus Wasser in Form des Bosporus. Die berühmten Brücken über die Meerenge waren für uns allerdings tabu, da es sich um mautpflichtige Bauwerke handelt. Allerdings kannten wir den Hafen schon von der ersten Prüfungskontrollstation, weshalb sich recht problemlos

ein Fährmann finden ließ, der uns und unsere Gefährte überzuset-
zen gedachte.

Hier gibt Tobi eine wahre Glanzleistung an Orientierungssinn zum Besten. Besagte Hafenmole befindet sich im Süden
der auf einer Halbinsel liegenden Altstadt. Sie führt etwa 900
Meter sehr schmal ins Meer und bildet so ein Hafenbecken. An
dessen Ende sollte es einen Stempel geben, und wer ihn hatte, musste sich an den Entgegenkommenden vorbei aus dem
Hafengelände häkeln. Die Fähren legen nämlich im Norden ab.

Wenn ich das nächste Mal in dieser Stadt unterwegs sein
sollte, lese ich vorher die Bände 1 bis 317 von *Mit Bernhard
Hoëcker in Istanbul. Ein Reiseführer in 400 dicken Bänden*, gegen
die jeder Brockhaus ein lächerlich dünnes Heftchen ist.

**Diese Generation ist ohne Google Earth vollkommen
aufgeschmissen.**

Genau genommen gibt es hier ein ganzes Meer an Reedereien mit einer Vielzahl an Fähren, die über das große Wasser in der Mitte der Stadt schippern. Wenn man nicht gerade eine Fußgängerfähre erwischt, deren Personal sich selbst nach penetranter mehrstündiger Warterei nicht zur Mitnahme von Fahrzeugen überreden lässt, kann man auf einen schnellen und spontanen Transport hoffen.

Der Bosporus ist mehr als nur ein riesiges Stück Wasser mitten in der alten, großen Stadt, mehr als eine Meerenge, die das Mittelmeer und das Schwarze Meer verbindet. Der «Schlund des Schwarzen Meeres», wie er in der Türkei genannt wird, bildet vielmehr die Grenze zwischen Europa und Asien.

Hier soll sich zumindest einer Theorie nach das große Ereignis abgespielt haben, das auf der elften Tafel des Gilgamesch-Epos zum ersten Mal beschrieben ist und später in der Bibel zu Weltruhm gelangte: die Sintflut. Demnach war das Schwarze Meer ursprünglich ein «See» und die Landbrücke zum Mittelmeer sehr dünn. Der Wasserstand lag weit unter dem Meeresspiegel, und die Küste war besiedelt. Eines Tages brach der «Damm», und Unmengen an Meerwasser strömten in den See, dessen Pegel stetig bis über 100 Meter stieg. Für die Menschen damals muss es wie eine strafende Flut gewirkt haben. Das hat sich dann in zahllosen Geschichten und Überlieferungen zu der göttlich strafenden Flut gewandelt, die wir heute kennen.

Genauso fühlte es sich für mich an, nachdem ich das Auto im unteren Bereich der Fähre abgestellt hatte, an Deck trat und den Blick über die Stadt schweifen ließ. Das Boot brachte den alten Stadtteil Eminönü hinter sich und glitt durch den sanften Wellengang auf die andere Seite des Bosporus nach Asien. Beim Blick Richtung Norden tauchte im Dunst die mächtige Bosporus-Brücke auf, deren riesige Pfeiler fast 170 Meter in den Himmel ragten, was selbst auf die Entfernung mehr als imposant wirkte. Ohne wirklich sagen zu können, warum, begriffen wir den Wechsel der Kontinente. Mir begannen die Fahrzeuge leidzutun, denn vermutlich wurde auch ihnen an dieser Stelle bewusst, dass wir nur ein One-Way-Ticket für sie gebucht hatten und sie keine zweite Chance erhalten würden, die saftigen Wiesen des Allgäus, Bukarest und die Karpaten zu sehen oder gar den Bosporus in der Gegenrichtung zu überqueren. Die Endlichkeit allen Seins manifestierte sich mir genau hier beim Übersetzen auf einen anderen Kontinent.

Knapp 15 Minuten später waren wir in Asien. Die Fähre legte an, und wir hatten wieder festen Boden unter den Rädern. Außer dem Gefühl, nun einen neuen Abschnitt der Reise erreicht zu haben, änderte sich jedoch erst mal nicht viel. Immerhin lichtete sich die Verkehrsdichte ein wenig, was bei mir für Entspannung sorgte. Um einen größeren Kulturschock zu vermeiden, verließen wir beim nächsten Auftauchen eines uns bestens bekannten Fastfood-Logos mal wieder, quasi schon reflexartig, die Straße.

Die Strecke nach Ankara verlief meist parallel zur Autobahn, war überholfreundlich vierspurig ausgebaut und brachte nur durch ein paar plötzlich auftauchende Schlaglöcher den gewissen Fun-Faktor.

Ein weiteres, nicht zu verachtendes Schauspiel boten die variantenreichen Versuche der einheimischen Bevölkerung, über ebendiese breite Straße zu gelangen, ohne umständliche Umwege in Kauf zu nehmen. Immerhin waren die Fahrbahntrennungen gut und gerne einen Meter hoch. An mancher Stelle überkletterten die Leute einfach die Mittelleitplanke, woanders boten sich zurechtgelegte Bretter, Kisten und Fässer als Trittbretter an, doch die Krönung stellten die komplett herausgeschnittenen Stücke aus der Fahrbahnbegrenzung dar.

Ab Istanbul waren die weiteren Etappenziele und Grenzübergänge im Grunde durch die folgenden Sonderprüfungen vorgegeben, so mussten in der Türkei noch Ankara und Göreme angefahren werden, in Syrien standen Palmyra und Damaskus definitiv auf dem Plan. Durch die Strecken-Zeit-Relation kamen kaum alternative Routen in Betracht, weshalb sich das Feld der Rallye-Teilnehmer so sehr verdichtete, dass wir unterwegs immer wieder auf andere Teams trafen. Das Ganze hatte etwas von einem Kreuzfahrt-Landgang, bei dem viele buntbehemdete, dickbäuchige Touristen in das Zentrum einer karibischen Insel entlassen werden, um innerhalb von wenigen Stunden eine neue Kultur kennenzulernen. Indem sie sich ständig freundlich mit dem Doppelkinn zunicken, signalisieren sie sich gegenseitig ihre kulturelle Verbundenheit. Die Rallye hatte eine ganze Kolonie buntbeklebter Autos in eine insgesamt 6000 Kilometer lange Einbahnstraße entlassen. Bei jeder Begegnung mit der Konkurrenz gab es ein großes «Hallo» mittels der eingebauten Fahrzeugtröten. Gegenseitiges Überholen, sofern es die nicht mehr ganz frischen Motoren zuließen, gehörte selbstverständlich zum guten Ton.

Bei einem Tankstopp an einer Raststätte in der Hochebene von Istranca war eine Veränderung im kulturellen Kontinuum festzustellen. Die bange Frage «Stehklos?» beantworteten die als Erstes Wiederkehrenden in der Regel mit einem knappen «Jupp!».

Das Rastgebäude war großzügig angelegt und bot wesentlich mehr Fläche als Innenausstattung. Obwohl es keine Türen, sondern nur eine breite, offene Terrassenfront gab, war es drinnen angenehm kühl und schattig. Der Gang zum Abort führte automatisch durch die nur spärlich bestückten Verkaufstheken, die einige Kollegen trotzdem für einen kurzen, erfolglosen Bummel nutzten, mit dem Ziel, das Nahrungsangebot zu erweitern. Chris nahm sich derweil des Mercedes an, dem es seit Beginn unserer Reise immer mal wieder beliebte, eigenmächtig und mit berechenbarer Regelmäßigkeit seinen Motor abzuschalten. Nach wenigen Minuten fröhlichen Gewerkels verkündete er mit gespielter Beiläufigkeit: «Fehler behoben – der geht nicht mehr aus, es sei denn, der Fahrer gestattet es ihm mit dem Zündschlüssel.» Auf meine mehrmalige Nachfrage, was er denn getan habe, lächelte er nur und ging weiter – meine Fragen zum Thema Kraftfahrzeugmechanik zu beantworten, galt wohl generell als Zeitverschwendung

Während Chris sich mit den Kfz-Schaltkreisen verlustierte und der Rest der Truppe der Mittagshitze kurzfristig durch eine inszenierte Shoppingtour vor den leeren Auslagen zu entkommen versuchte, ließ ich den Blick schweifen.

Zuerst erblickte ich Bernhard, der sich von Renate gerade den weiteren Streckenverlauf nach Ankara erklären ließ. Zu diesem Zweck hatten sie die Karte auf der Motorhaube des Volvos ausgebreitet, und Bernhard fuhr nun mit seinem Zeigefingerchen ungelenk die Strecke ab. Als er noch vor Istanbul schon zum zweiten Mal falsch abgebogen war, wurde mir der Anblick zu langweilig, und ich suchte visuelle Zerstreuung auf der anderen Straßenseite. Zu meinem Entsetzen musste ich feststellen, dass dort inzwischen eine Pershing-II-Rakete in den Himmel ragte. Besonders geschmacklos fand ich den arabischen Halbmond, der oben auf der Spitze dieses Spitzenwerks thronte. Ich nahm mir die Zeit, putzte meine verspiegelte Sonnenbrille und realisierte erleichtert eine Wahrnehmungsverzerrung zu meinen Ungunsten. Augenscheinlich handelte es sich lediglich um das besonders spitz ausgefallene einzige Minarett einer kleinen Moschee, die sich hinter einer größeren Mauer verbarg. Da hatte mir meine paranoide Phantasie wohl einen kleinen Streich gespielt.

So ist das, wenn man in den 8oern seine kindliche Unschuld verliert und in das politische Erwachsenwerden geraten ist. Rüstung war das alles beherrschende Thema, mit oder ohne Doppelbeschluss. Heute würde man wohl eher an was anderes denken. Zum Beispiel, natürlich völlig abwegig, an das Minarett einer Moschee.

Nachdem ich den Schreck überwunden hatte, eilte ich zu den Wagen, wo meine Mitfahrer bereits warteten, um sich wieder auf den Weg zu machen. Wegen des hervorragenden Zustands des Straßenbelags und mehreren zur Verfügung stehenden Spuren kamen wir selbst auf der Landstraße zügig voran und gönnten uns noch einen weiteren Stopp mit dem mittlerweile typisch gewordenen Motorhauben-Picknick. Erfreulicherweise tauchten immer wieder Nahrungsmittel wie Brot, Wurst und Käse auf, die vorzüglich für sättigende Zwischenmahlzeiten geeignet waren. Wer – vor allem wann – all diese Dinge besorgt und rationiert hatte, blieb mir die ganze Rallye über verschlossen. Für die nötige Frische sorgte der Hightech-Kühlschrank, der über den Zigarettenanzünder betrieben werden konnte. Bernhard und ich genossen zudem den Vorteil, unser Fahrzeug mit einer vorsichtig als «eigenwillig» zu bezeichnenden Ordnungsmethode zu organisieren. Nach dem Zufallsprinzip brachten wir *sämtliche* Dinge im Innenraum an spontan ausgewählten Orten unter.

[16] MacGyver: DER Serienheld der 8oer für alle Bastelfreunde. Mittels Schweizer Taschenmesser und einer Rolle Klebeband konnte er sich aus jeder noch so misslichen Lage befreien. Er knackte Türschlösser, entschärfte Bomben oder schreinerte sich aus ein paar alten Korsagen und Büstenhaltern eine Planierraupe. Nur seinen größten Gegner bekam er selbst mit der geballten technischen Kreativität in 139 Folgen nicht in den Griff: seine unsägliche «VoKuHiLa-Frisur».

Zunächst gaben wir auch nur wenige Utensilien der Entsorgung preis. Das hatten wir von MacGyver[16] gelernt, denn der wäre des Öfteren mit wesentlich größeren Problemen konfrontiert worden, wenn er immer alles sofort weggeworfen hätte. Unser System wurde von allen restlichen Teamkollegen offensichtlich verkannt, denn sie titulierten es platt als «totale Vermüllung». Dafür kannten sie auch nicht die Freuden, wenn plötzlich und unerwartet quasi aus dem Nichts ein paar vereinzelte Chips oder die Reste einer schon lange vergessen geglaubten Tafel Schokolade auftauchten und uns die Fahrt kulinarisch versüßten.

Gegen drei erreichten wir den Stadtrand von Ankara. Uns blieb nur wenig Zeit für die Stadt, da wir uns vorgenommen hatten, an diesem

Tag noch weiter in Richtung Kappadokien zu fahren, wo wir am folgenden Tag eine Sonderprüfung absolvieren sollten. Der Weg mitten durch die vier Millionen Einwohner zählende Hauptstadt der Türkei zählt nicht zu den pfiffigsten Ideen, wenn man es eilig hat. Unsere Pläne auf ein wenig Sightseeing wurden durch die hier angesiedelte Aufgabe vereitelt. Alle Teams mussten sich zum Atatürk-Mausoleum, dem *Anıtkabir*, begeben und den Besuch des Grabmals fotografisch belegen. Da wir keinen Stadtplan von Ankara unser Eigen nannten, fragten wir einen Passanten nach dem Weg, um das Mausoleum ausfindig zu machen.

Mitnichten suchten wir hier DAS Mausoleum schlechthin, nämlich das prachtvolle Grabmal des Königs Mausolos von Karien. Im vierten Jahrhundert gebaut und 50 Meter hoch, zählt es sogar zu einem der sieben Weltwunder. In deutschsprachigen Schriften taucht das Wort seit dem 16. Jahrhundert auf, in seiner verallgemeinerten Bedeutung als «prunkvolles Grabmal» ist es seit dem 18. Jahrhundert gebräuchlich.

«Mittendrin in der Stadt», war die lapidare Antwort.

So eine Wegbeschreibung ergibt vielleicht in Herne, Husum oder Tuttlingen Sinn, aber nicht in einer florierenden Millionenmetropole, die mehr als 2000 Jahre Zeit hatte, ein komplexes Straßengeflecht zu spinnen, und auf nahezu sämtliche Pkw-Alternativen verzichtet. Damit schlug Bernhards Stunde: Das zu erwartende Verkehrschaos und den Zeitdruck witternd, hatte er sich bei der letzten Rast mit einem perfiden Trick ans Lenkrad unserer behäbigen grauen Blechkiste gezaubert. Zu meinem Leidwesen schien er es zu genießen, die ortsübliche Fahrweise zu imitieren.

Endlich war es so weit, und ich durfte meine Verkehrsstrategie, die ich bisher nur vom Beifahrersitz aus hatte kundtun können, in die Tat umsetzen: «Immer dranbleiben! Niemals die Stoßstange des Vordermanns verlieren!»

Mit den folgenden Ergänzungen: auf keiner Seite und bei keiner Geschwindigkeit.

Zum Glück war Letztere im versmogten Superstau meist nicht allzu hoch. Ein wohliges Gefühl bereitete mir zudem die Erkenntnis, dass die ortsansässigen Autofahrer uns äußerst wohlgesinnt waren. Auch wenn sie nichts an ihrem grundsätzlichen Verkehrsgebaren änderten, bedachten sie uns doch stets mit einem wohlwollenden und interessierten Lächeln – ohne natürlich darauf zu verzichten, uns weiterhin den Weg abzuschneiden oder in die nächste Ausfahrt abzudrängen.

Mein größtes Erfolgserlebnis war die direkte Herausforderung zum Duell mit einem einheimischen Taxifahrer, der sich plötzlich genau zwischen mich und den BMW drängeln wollte, um dieselbe Ausfahrt zu nutzen wie wir. Ich blieb dran, genoss seine verzweifelten Blicke, und schaffte es, den Abstand noch um ein paar weitere Millimeter zu verkürzen, sodass selbst ein Foto des Taxis nicht mehr dazwischengepasst hätte, weshalb er sich zurückfallen lassen und sogar hinter einem Linienbus einreihen musste. Diese Demütigung wünschte ich meinem tapferen Gegner natürlich nicht und verspürte sogar so etwas wie Mitleid.

Eine vierspurige Straße weiter fuhr ebenjener Taxifahrer an unserer Kolonne vorbei. Ich rechnete fest mit einer Retourkutsche, doch ein Blick in den Fahrgastraum meines Nebenmannes offenbarte etwas völlig anderes. Er lächelte und zeigte mir den erhobenen Daumen. Gibt es eine größere Anerkennung als das Lob eines Taxifahrers? Nein.

Na, herzlichen Glückwunsch. Mir liegt es fern, deine Leistung zu schmälern, aber ich fürchte, den Zahn mit der Anerkennung des Taxifahrers muss ich dir ziehen. In vielen muslimisch geprägten Ländern bedeutet «Daumen hoch» traditionell das Gleiche wie unser Stinkefinger. Auch wenn dieser traditionell bei uns im Straßenverkehr verwendet wird, würde ich diese Geste nicht als Lob verstehen. Es sei denn, du bist Verbal-Masochist.

Ab und an entfleuchte ihnen ein freundliches Hupen oder ein anerkennender Blick – für was auch immer. Vermutlich war hier das Interesse an alten, aufgemöbelten Autos größer als bei uns, oder in diesem Teil der Türkei herrschte eine generelle Abneigung gegen Kamele, weshalb die Menschen erfreut darüber waren, dass wir den Kopf eines solchen Tieres an den Kühler unseres Volvos geklöppelt hatten.

Trotz allen Taktierens war es erneut eine Kunst, alle drei Fahrzeuge in diesem Verkehrsgewühl beieinanderzuhalten.

Nein, ein Spaß!

Okay – für dich. Für manche Menschen ist auch Socken häkeln oder Schafe pimpern ein Spaß. Das muss halt jeder mit sich selbst ausmachen.

Unangenehme Schmerzen im rechten Arm verhalfen mir unerwartet zu einer neuen Erkenntnis über die Möglichkeiten der Verkehrsbeeinflussung. Bernhard steuerte gerade wieder auf eine Schnellstraßenausfahrt zu, die es dringend zu erwischen galt, um den vornavigierenden Rest des Teams nicht zu verlieren, als ich mein traumatisiertes Ellbogengelenk zur Entlastung aus dem Beifahrerfenster baumeln ließ. Sofort tat sich eine Lücke im fließenden Verkehr auf, und Bernhard konnte passieren. Das Ganze wiederholte sich einige Male, bis ich darauf aufmerksam wurde, dass es einen direkten Zusammenhang zwischen den beiden Ereignissen geben musste. Tatsächlich reagierten die gegnerischen Fahrer hier auf Handzeichen. Und zwar rücksichtsvoll!

Nach dieser Erfahrung und einer Stunde Kurverei durch Ankara hatten wir unser Ziel erreicht. Schon die Militär- und Polizeipräsenz ließen erwarten, dass wir uns an einer Stätte von nationalem Interesse befanden. Zugleich gab es einem das beruhigende Gefühl, die Fahrzeuge hier eine Weile getrost sich selbst überlassen zu können, ohne hinterher auf Sandalen nach Jordanien latschen zu müssen.

Nachdem wir die monumentale Anlage mehrmals umkurvt hatten, um den Parkplatz ausmachen zu können, pilgerten wir von dort gemütlich zum Eingang des mächtigen Zweipersonenfriedhofs[17]. Das große Tor, das die zum Monument führende Allee von der Außenwelt abschottete, war geschlossen. Am Pförtnerhäuschen hatten sich bereits einige andere Rallye-Teams versammelt, was angesichts von Streckenführung und Zeitplan nicht verwundern sollte. Mehr verwunderte allerdings, dass sich die Gruppe gemütlich plaudernd in der lauen Abendluft vor dem Eingang aufhielt, anstatt in die Anlage zu streben. Immerhin war ein Schließen des Areals für die Touristenströme in Kürze zu erwarten. Zur allgemeinen Beunruhigung war diese Kürze bereits eingetreten. Oder vielmehr der Fall gewesen. Nur mit einem enormen Aufwand an Überredungskunst ließ sich der wachhabende Beamte von Bernhard überzeugen, wie wichtig der sofortige Zutritt für unsere illustre Reisegruppe wäre.

[17] Ismet Inönü, der zweite Präsident der Türkei, ist ebenfalls in der Anlage begraben.

Hier war zwar keine Stoßstange, sondern nur der Rockzipfel einer Uniform, aber ich wusste, was zu tun war: dranbleiben, dranbleiben, dranbleiben.

Michael schob seine Kamera auf die Schulter, filmte wild, aber planlos in der Gegend herum und tat ganz geschäftig. Bernhard stand etwas ratlos vor dem Pförtner und suchte wahrscheinlich nach Vokabeln, die in diesem Fall helfen könnten, oder nach einer Sprache, die beide Kommunikationspartner zusammenbringen würde.

«*German television!*», eilte Fritz ihm zu Hilfe.

Der Blick des Pförtners könnte mit «Und?» transkribiert werden.

Fritz redete sich in Rage und klang bald so streng wie Jack Bauer. Bernhard dagegen schien die Holzhammer-Instrumentalisierung seines Berufs etwas peinlich zu sein, dennoch lächelte er, um Fritz' verzweifelten Versuch zu unterstützen. Dem Pförtner schien es irgendwie unangenehm zu sein, dass ein angebliches deutsches Fernsehteam ohne Drehgenehmigung spontan und ungeplant vor dem türkischen Nationalmonument stand und um Einlass bat. Wahrscheinlich fremdschämte er sich für unsere Unprofessionalität und rettete daher mitleidig unseren Zeitplan, indem er uns für eine Viertelstunde Zugang zum gesamten Areal gewährte, aus dem gerade die letzten regulären Besucher tröpfelten.

Mehr oder weniger behände rannten wir die lange Allee bis zum Eingang des eigentlichen Monuments entlang. Der große, von

Tobi, da hätte ich dir aber mehr Recherche zugetraut. Es waren exakt 120 mal 85 Meter. Ich wusste erst nicht, wie ich an die genauen Abmessungen kommen sollte, und hab es dann bei Google Earth ausgemessen. Dort gibt es sogar eine tolle 3-D-Graphik von dem Komplex. Aber es gibt auch noch irgend so eine Zahl in dem Zusammenhang, die eine Rolle spielt. Die Entfernung zum Fahnenmast ist die Jahreszahl von XY oder so was …

Kolonnaden eingefasste Platz mündete auf einer Seite in die offene Halle, in der Mustafa Kemal Atatürk in einem nach Mekka ausgerichteten leeren Prunksarkophag bestattet war. Über die komplette Front reichten Stufen, die selbst Harald Juhnke als Showtreppe zu pompös gewesen wären.

Trotz der klassisch übersichtlich und streng gehaltenen Architektur gab es zahlreiche Türme, Reliefs und anderen Zierrat, der einer Heldenverehrung dienlich ist. Im Zugangsbereich zum Platz war ein Fahnenmast montiert, der von seinem Pendant vor dem Parlamentsgebäude in Ankara genau 1923 Meter entfernt ist. Das ist zufälligerweise auch das Jahr der Gründung der türkischen Republik.

Pfffft!

In Sachen Symbolik hatte das Planungsbüro hier mal tüchtig vom Leder gezogen und es somit auch geschafft, der gesamten türkischen Republik mit dem Grab ihres Gründers ein Denkmal zu setzen. Unsere aktuelle Berufung sah da etwas unprätentiöser aus, denn wir sollten bloß ein Foto des Teams auf der 17. Stufe vor der Säulenhalle mit dem Sarkophag machen. Auch wenn unser Gruppengefüge wesentlich stabiler war, als es sich nach sieben Tagen engsten Zusammenlebens hätte entwickeln dürfen, konnten wir uns nicht einigen, ob man von unten zählen solle, ob die erste Stufe von unten oder oben auch schon als Stufe zählte oder ob sie als Einstieg übersprungen werden könnte und ob … Wir schossen einfach mal drei Fotos.

Danach saßen wir wieder auf und verließen die Stadt. Michael beschloss, aus dem Auto ein paar Filmaufnahmen vom abendlichen Ankara zu machen.

Ich sah Bernhard nur an und gab zu bedenken: «Hier stehen an jeder Ecke Wachposten, deren Maschinenpistolen sicher nicht aus Puffreis gebastelt sind. Irgendwo habe ich mal gelesen, dass die es nicht so gern mögen, wenn man sie fotografiert, filmt oder mit nach Hause nehmen möchte.»

«Der Michael ist Profi, Kosmopolit und erfahren, wenn einer …»

Weiter kam Bernhard nicht, da auf der anderen Straßenseite gerade ein schwerbewaffneter Soldat in voller Montur auf seinem Hochsitz mächtig anfing, mit seinem Gewehr herumzufuchteln, als er Michael mit der Kamera bemerkte. Dazu brüllte er für uns unverständliche Laute und schien ein gewaltiges Problem mit seiner plötzlichen Medienpräsenz zu haben. Oder hatte er die Kamera mit einer Waffe verwechselt? Mit solcherlei Kriegsgerät im Anschlag in der Luft herumzugestikulieren fand ich jedenfalls reichlich fahrlässig, verzichtete aber darauf, entsprechende Unterlassungsforderungen an den Soldaten zu adressieren.

Sind Volvos serienmäßig gepanzert? Sind wir gegen durch Schusswechsel verlustig gegangene Kameramänner versichert? Diese und andere gravierende Fragen gingen mir durch den Kopf, aber Michael tauchte binnen Sekundenbruchteilen mitsamt der Kamera in den schützenden BMW zurück, Renate gab zeitgleich Vollgas, und der nervöse Soldat geriet aus dem Blickfeld. Bernhard hatte recht, Michael war auf solche Situationen vorbereitet und in der Lage, nicht nur die halbe Welt so debil anzugrinsen, dass ihm niemand böse sein konnte und sich jeder sofort bereitwillig filmen ließ, sondern sich auch blitzschnell zu dematerialisieren, wenn seine Anwesenheit mit der Kamera unerwünscht war.

Ich begann eine entsprechende Petition an meine Mitfahrer zu formulieren, keine Menschen und Einrichtungen mehr zu filmen oder zu fotografieren, bei denen eine diesbezügliche Erlaubnis zweifelhaft wäre. Wir brauchten ganze 14 Stunden, um diesen Vorsatz zu brechen und uns mit der Militärpolizei bekannt zu machen. Das Ganze geschah in Kırıkkale, der Stadt, welche wir auf der Landkarte als heutiges Etappenziel ausgesucht hatten. Von Ankara aus brauchten wir keine zwei Stunden und waren noch vor Einbruch der Dunkelheit im Ort.

Die Stadt liegt 80 Kilometer östlich von Ankara und erlebte erst im 20. Jahrhundert einen wirtschaftlichen Boom, der sie in ihre heutige Größe von 200 000 Einwohnern katapultierte – wie mir die Offline-Enzyklopädie verriet. Genauso sah es hier auch aus. Hübsch ist anders. Aber vielleicht waren wir auch nur wieder mal im falschen Teil der Stadt, während wir eine Übernachtungsmöglichkeit suchten, die unserem Reglement entsprach. Offizielle Zeltplätze sollte es in diesem Teil der Türkei nicht geben, wild zelten wollten wir nicht, ohne über die heimische Fauna Bescheid zu wissen, und andere überdachte Schlafstätten, möglichst mit dem Zusatz «Hotel», egal mit wie vielen Üs oder Ös geschrieben, kamen uns leider nicht ins Blickfeld. Eine ganze Weile cruisten wir durch die Stadt, ohne ein brauchbares Ergebnis zu erzielen, bis wir, dank eines Tipps der örtlichen Polizei, zur Universität fuhren.

Das Erste und Einzige, was wir von der örtlichen Hochschule zu sehen bekamen, war ein Torgebäude, welches so manchen Grenzübergang auf dem Balkan mit seiner Dimension in den Schatten stellte. Wir brachten unsere Kolonne auf dem Wartestreifen vor dem Schlagbaum zum Stehen, Bernhard hopste aus dem Wagen, Renate stürmte freudig mit dem Roadbook wedelnd hinterher. Ich suchte erst meine Füße und dann die dazu passenden Schuhe aus den Verpackungsresten im Fußraum und schlich ihnen nach, um die Szenerie zu beobachten. Im zentralen Pförtnerhäuschen warteten drei sehr nette Menschen darauf, sich mit unserer Problematik zu beschäftigen. Um die Relevanz dieser beeindruckenden Eingangskulisse zu überprüfen, stiefelte ich kurzfristig zum Wagen zurück, fischte den Laptop aus der bulgarischen Mayonnaise und startete eine schnelle Recherche. Die *Kırıkkale Üniversitesi* hat elf Fakultäten und 15 000 Studenten. «Da muss es doch was zum Pennen geben!», murmelte ich vor mich hin und begab mich wieder zu der Besprechung an der Pförtnerloge.

Renate hatte den Herren inzwischen in irgendeiner Sprache unser Anliegen vermittelt und schon die ersten Absagen bekommen, woraufhin die drei freundlichen Pförtner hektisch in der Gegend herumtelefonierten und immer wieder in schwierig verständlichen englischen Brocken negative Zwischenberichte durchgaben.

Während alle so vor sich hin kommunizierten, hielt vor uns eine schwarze Limousine, welche die helfenden Wachleute und Pförtner augenblicklich zu großer Demut animierte. Ein Fenster öffnete sich einen Spaltbreit, und mit einem Blick in unsere Richtung wurde dem Insassen offensichtlich erklärt, was es mit den Fremdländern in den beklebten Autos auf sich haben könnte. Das Interesse war wohl geweckt, denn die Wagentür öffnete sich, und ein freundlich dreinblickender schnauzbärtiger Herr im schwarzen Anzug fragte in bestem Englisch, wie er uns denn helfen könne.

Begeistert von der neuen Kommunikationssituation, brabbelte Bernhard drauflos und berichtete ihm von unserem Anliegen: Wir seien im Auftrag des Welternährungsprogramms unterwegs, um ein Zeichen für Frieden und Wohlergehen in benachteiligten Ländern dieser Erde zu setzen. Dass wir uns für dieses friedensnobelpreisverdächtige Ansinnen ausgerechnet eine spaßige Autorallye ausgesucht hatten, mussten wir nicht extra erwähnen. Das sah man ja auch so.

You are some lucky men, dachte der Universitätsdirektor. Dann musste er mir die Hand geben.

«You are some lucky men. I am the rektörü of Kırıkkale University. It will be a pleasure for me to help you», lautete die Antwort.

Innerlich hoffte ich, er habe alles richtig verstanden und wir müssten jetzt nicht aus Höflichkeit ein paar Semester Jura oder Textilgestaltung studieren. Jedenfalls ließ er sich auf der Stelle sein Händi von einem im Hintergrund wartenden Assistenten reichen und tippte entspannt darauf herum. Nach einem kurzen Gespräch überbrachte er uns die frohe Kunde, dass wenige Kilometer von hier entfernt in einem Hotel für zehn Euro pro Nacht und Nase Zimmer für uns reserviert seien.

Zu unserer Begeisterung warteten dort nicht nur gemütlich plüschige Zimmer, sondern auch ein geöffneter Speisesaal auf uns, sodass wir uns mit einem schmackhaften Abendessen belohnen konnten. Für was auch immer.

Mein Gericht enthielt irgendeine mild schmeckende Variante weißen Käses, der sich bei dem Versuch, ihn mit einer Gabel in mundgerechte Stücke zu zerteilen, in immer weitere Fäden zerlegte und recht bald ein unübersichtliches Geflecht auf und neben meinem Teller ergab. Ich war völlig in die Lösung dieser Hedderei vertieft, weshalb ich viel zu spät bemerkte, dass sich Fritz und Bernhard, unbewusst von diesem Bild inspiriert, heillos in eine Diskussion mir unbekannten Inhalts verstrickt hatten. Kurz nach der emotionalen Eskalation war mir jedoch klar: Um die Kontrahenten wieder auf einen konstruktiven Weg zu führen, war hier fachkundige Hilfe nötig.

Eindeutig nicht meine Baustelle, und da ich mit meinem Käse schon genug zu tun hatte, machte ich mich auf, die anderen Teammitglieder zu finden, die, feigerweise und ohne dass ich es bemerkt hatte, bereits das Weite gesucht hatten. Ich fand sie in einem Fernsehraum, ließ mich nieder und versuchte zu verdrängen, dass ich gerade dabei war, die beiden Streithähne im Stich zu lassen. Und meinen türkischen Käse.

Tag 8
Freitag, 8. Mai 2009
Kirikkale – Ceyhan

Text: Bernhard   **Anmerkungen: Tobias**

Nachdem der vorige Abend schwieriger geendet hatte als gewünscht, ließ sich das Frühstück eher gemächlich an, und so nach und nach trudelten die einzelnen Teammitglieder ein. Im Frühstücksraum machten wir Bekanntschaft mit einem türkischen Volleyballteam. Der Trainer, dessen Frisur eher an die Rauchwolke eines ausbrechenden Vulkans als an eine von Menschen geplante Form erinnerte, was uns bereits

Der Trainer wollte Sportler, bekam aber mich. Den Erfolg konnte er sich in die Haare schmieren, und genau das hat er gemacht.

am Vortag aufgefallen. Die Restmannschaft bestand aus zweihundert Hektolitern ungezügelten Hormonen, gefangen in den Körpern von pubertierenden Noch-nicht-Männern. Diese Ansammlung gehemmten Testosterons war so cool, dass selbst im mitteltürkischen Anatolien Anfang Mai der Frühstücksraum geheizt werden musste. Allerdings kam es zu einer ernsthaften Begegnung, als sich ein von der Nachtruhe noch leicht benebelter Spieler zu mir an den Tisch setzte und mit dem Essen begann, in dem festen Glauben, er hätte einen Mannschaftskameraden vor sich. Während er so dasaß und seine Backwaren mit Butter vollstrich, hob er langsam die Augenlider. Die Pupillen änderten ihre Größe, und dann erkannte er sein Gegenüber – nicht. Mit einem überraschend lauten Ausruf sprang er auf und steuerte auf einen anderen Tisch zu. Während seine Freunde noch lachten, wurde mir klar, dass ich morgens wirklich schlimm aussehen muss und dass dieses zerknautschte Gesicht seine Ursache nicht in der Fehlkrümmung irgendwelcher Badezimmerspiegel zu haben scheint.

Diese Erkenntnis hätte ich auf eine simple Nachfrage hin am Morgen bestätigen können. An jedem Morgen.

Es folgte Völkerverständigung auf nonverbale Art. Ich roch kurz unter meinen Armen und zog ein Gesicht, das an jedem Broadway-Theater zu Begeisterungsstürmen geführt hätte. Alle lachten, wahrscheinlich professionell, also aus Nettigkeit, und nicht von Herzen.

Dennoch bestätigte sich hier wieder die Fähigkeit des Menschen, soziale Entspannung zu erzeugen. Nicht durch Zufall zeigen wir beim Lachen oder auch schon beim Lächeln unsere Zähne, vielmehr hat es sich im Laufe der Evolution ausgezahlt, die eigene Harmlosigkeit bereits auf Distanz deutlich machen und den Willen bekunden zu können, friedliche Kooperation zu praktizieren. Weiße Zähne sind also gleichbedeutend mit gutem Willen. Direkt noch ein Grund mehr, sich jeden Tag die kleinen Beißerchen zu reinigen.

Ich würde da gar nicht so selbstmitleidig und eindimensional denken. Wenn ich kurz die Dissertationsschrift von Barbara Merziger zitieren dürfte: «*Lachen kann aber auch andere Stimmungslagen ausdrücken wie Aggression, Angst oder Verzweiflung.*»[18] Ist es wirklich vollkommen auszuschließen, dass die lachenden Jungvolleyballer durch deine Erscheinung traumatisiert wurden?

[18] Merziger, Barbara: *Das Lachen von Frauen im Gespräch über Shopping und Sexualität*, Freie Universität Berlin, Fachbereich Philosophie und Geisteswissenschaften, 2005

Wir hatten am Vortag beschlossen, uns ein wenig Entspannung zu gönnen. Somit war ein normales Frühstück und Abfahrt um Ortszeit neun Uhr geplant. Am Abend vorher hatte ich bereits vorgesorgt und im Gegensatz zu meinen *sämtlichen* Mitfahrern als *Einziger* die Gelegenheit genutzt, meine schmutzige Wäsche zum Reinigen abzugeben. Wenn man als Kind eines von Mama gelernt hat: immer eine saubere Unterhose an, man weiß nie, was kommt. Später lässt sich dieser Satz problemlos dem Alter anpassen: Man weiß nie, WER kommt.

> Nur fürs Protokoll: Wir anderen haben dieses Problem mit einer logistischen Meisterleistung gelöst, ohne auf solche Waschgelegenheiten angewiesen zu sein: Wir haben einfach genug Unterwäsche zum Wechseln mitgenommen.

Nachdem ich eine halbe Ewigkeit damit verbracht hatte, beim Pförtner mit Händen und Füßen einen Suchauftrag für meine Wäsche aufzugeben, die aus unerfindlichen Gründen verschollen war, trat ich stolz mit meiner Beute nach draußen. Dort wartete bereits der Rest des Teams, denn wir wollten ein Teamfoto machen und es noch vom Hotel aus per E-Mail nach Hause schicken.

Dafür parkten wir sogar eigens die Autos um: den Volvo mit dem Kamelkopf in die Mitte, den Mercedes schräg rechts, den BMW schräg links davon. Die Stoßstangen berührten sich – das hatte den Vorteil, dass es total nah aussah und das Hinstellen der Fahrzeuge schon eine Menge Spaß bereitete, weil der Fahrer nur auf die Handzeichen der anderen achten konnte, um die genaue Position zu finden. Das gab einem ein tolles Gefühl, bei etwas ganz Großem dabei zu sein, das förderte den Teamgedanken, machte aus Jungen Männer, oder auch umgekehrt. Endlich schauten die Autos die Einfahrt hoch, im Hintergrund ein paar Bäume, die weit ausladende Ebene und ein Bergrücken, der sich daran anschloss. Über dem Ganzen eine dichte Wolkendecke in verschiedensten Grautönen.

Wir stellten uns auf und schossen insgesamt etwa 616 Fotos, digital macht schließlich Spaß, jeweils mit mehreren Kameras. Dann begab sich Tobi ins Hotel zurück, um die Bilder «schnell» online nach Deutschland zu schicken. Er war ganz schön lange weg. Kein Wunder, bei einer Internetverbindung, die so langsam war, dass sich die i-Punkte auf Webseiten beim Bildaufbau beobachten ließen. Zwar hatten wir gehofft, schneller loszukommen, aber der Kontakt mit den Daheimgebliebenen und der verzweifelte Versuch, uns mit einem Internetblog ins 21. Jahrhundert zu katapultieren, ließ uns geduldig warten.

Trotzdem mussten wir uns nicht langweilen, denn es kam Besuch. Eine Polizeistreife hielt oberhalb des Parkplatzes, und die beiden Beamten schauten erst die Einfahrt hinunter, um uns dann zu mustern. Wir mutmaßten zuerst, dass das eine oder andere unserer Fahrmanöver in Ankara etwas größere Wellen geschlagen hatte, dann dachten wir, dass sich die lustigen Polizisten, ganz Männer, natürlich nur mal unsere coolen Karren anschauen wollten. Über PS plaudern und Lackdichten vergleichen.

«Die sind nur neugierig», mutmaßte ich.

«Vielleicht suchen die nach 'nem Weg und brauchen 'ne Karte?», fragte Renate.

«Nee, die machen bestimmt 'ne Fahrzeugkontrolle», befürchtete Fritz.

Da legte der Fahrer des weiß-blauen Fahrzeugs den Gang ein und rollte langsam die Hotelzufahrt hinunter, wobei einzelne Steine des Rollsplitts den Reifen ein ständiges kleines Knacken entlockten. Kurz darauf standen sie längs neben uns. Die Scheiben noch oben, beendete der Beifahrer sein Telefongespräch und betätigte den Fensterheber. Wir scharrten uns teils vorsichtig, teils neugierig um die rechte Seitentür und warteten, was passierte. Zuerst bedachten wir die Standardfragen, woher wir denn kämen und wohin wir denn wollten, mit der jeweiligen Standardantwort.

«*Where you come from?*»

«*Germany.*»

«*Where you want to go to?*»

«*Jordan, Amman.*»

«*...?*»

«*Yes, by car.*»

Unsere Erklärungen untermalten wir mit den entsprechenden Handbewegungen. Wir zeigten erst in die eine Richtung, in der sich vermutlich Deutschland befand – es hätte aber auch Weißrussland sein können –, und dann in die andere, nach Jordanien. Letzteres stimmte wahrscheinlich zufällig. Zusätzlich vollführten wir wilde Lenkbewegungen, die wir in Wirklichkeit während der gesamten Fahrt nicht ein einziges Mal hatten vornehmen müssen. Dann hörten wir zu.

Ob wir ein Foto gemacht hätten. Alle schauten sich an. «Foto? *Yes, yes, of the cars, it's a rallye from ...*» Wieder folgte die oben bereits beschriebene Kombination aus Lauten und schlechter Pantomime.

Der Blick des Polizisten verriet uns, dass er uns verstand, wenn auch die Frage «Ist das sinnvoll?» im Raum stand und er ein wenig nach «Noch alle Tassen im Schrank?» aussah. Zum Glück kam unsere Bibliothekarin Renate aus Richtung des BMWs angerannt und schwenkte schon von weitem den vom freundlichen Organisationskomitee zur Verfügung gestellten *permit*. Dabei handelte es sich um eine Kurzbeschreibung des Vorhabens, die Nennung der Unterstützer und die Bitte, dem Team nach Möglichkeit bei seinen Aufgaben zu helfen. Das alles übersetzt in Englisch, Arabisch, Französisch, etwas Kyrillisches, vier Bantudialekte, falls sich jemand völlig verfahren sollte, und natürlich, für uns aktuell sehr gut zu gebrauchen, Türkisch. Dieses Schreiben hatte Renate in den langen, gutsortierten, mit Dokumenten und Pergamentrollen bestückten Regalreihen im aufgeräumten Fußraum des BMWs gefunden und reichte sie nun dem Polizisten. Der las, sie lächelte, dann redete er mit seinem im Auto sitzenden und rauchenden Kollegen und telefonierte mit ... irgendwem. Schließlich las er weiter und telefonierte nochmal. Dabei lachte er. Wahrscheinlich war der Text einfach sauschlecht übersetzt.

Schließlich stieg er aus. Ob das etwas Gutes bedeutete, wussten wir nicht, aber es bedeutete irgendetwas. Wahrscheinlich. Wir wichen alle ein Stück zurück, und als er mit seiner strengen Uniform auf uns zukam, rückten wir näher zusammen. Wenn schon, dann wollten wir alle gemeinsam in irgendeinem türkischen Verlies schmoren.

Mit einer Geste bedeutete uns der Polizist, uns umzudrehen. Als wir alle den Kopf gewendet hatten, war uns das Problem klar: Wir hat-

Man beachte unseren coolen Blick und das unauffällige Objekt im Hintergrund.

ten nicht nur uns und die Autos vor ein paar Bäumen, einer weit ausladenden Ebene und einem Bergrücken dahinter fotografiert, sondern auch eine Raffinerie. Wir sagen hier jetzt nicht, wer fotografiert hat, wir müssen ihn schon in Schutz nehmen: 20 weiße, riesengroße Öltanks fallen bei so viel Grün einfach nicht auf.

Und so was nennt sich Kameramann!

Du sollst doch nicht sagen, wer das war.

Aber ich hab den Michael doch gar nicht … oh …

Leider zählen in der Türkei Raffinerien zu «sensiblen Gebieten», und wir hätten das Ding unter keinen Umständen fotografieren dürfen. Wir stellten uns dumm, nur der Fotograf starrte leicht überrascht auf das Display seiner Digicam und murmelte: «Das hab ich gar nicht gesehen.»

Der Polizist wies uns an zu warten und ging ins Hotel. Wir blieben nachdenklich zurück und tauschten unzählige Schauergeschichten über die türkische Polizei aus. Dass wir gefoltert würden, stand ohnehin schon fest, aber was sie sich genau ausdachten und wem sie uns am Ende ausliefern würden, konnten und wollten wir uns gar nicht vorstellen. Dann kam er wieder, im Schlepptau den inzwischen fertigen und leicht verstörten Tobi. Dahinter folgte ein Hotelmitarbeiter, lächelnd wie auf einer Friedensmission. Der erklärte uns dann noch einmal, dass wir diese Raffinerie nicht hätten fotografieren dürfen, eine Streife habe uns dabei beobachtet, dies der Polizei gemeldet, und nun seien die beiden Herren hier. Aber er könne uns beruhigen. Uns würde nichts passieren, die Beamten seien sowieso nicht zuständig. Das mache die Militärpolizei direkt. Die käme dann auch gleich, wir sollten nur kurz warten.

Dem Vorschlag wollten wir nicht widersprechen, also nahmen wir ihn großzügig an. Während wir warteten, fielen uns leider noch mehr Schauergeschichten über das türkische Militär ein als über türkische Polizisten. Und so warteten wir leicht angespannt auf das, was uns bevorstand. Zur Ablenkung versuchten wir, ein Foto von dem Polizisten zu machen. Nur um jede Spannung vorwegzunehmen, es funktionierte, und keiner merkte etwas. Das Bild schickten wir sofort per MMS nach Deutschland und löschten es dann vom Händi.

Wundervoll. Ihr habt da draußen also genau das heimlich weitergemacht, weswegen die Streife die Militärpolizei informiert hat? Warst du schon mal in einem türkischen Gefängnis? Hätte ich auch nur eine Nacht wegen deiner MMSerei dort verbringen müssen, hätte ich dir die ausgerissenen Fingernägel einzeln wieder reingesteckt, damit sie mit dir nochmal von vorne anfangen.

Dann kam das Militärfahrzeug, ein Jeep mit zwei streng blickenden Männern vorne drin. Als sie an uns vorbei in die Einfahrt fuhren, entdeckten wir auf der Ladefläche zwei weitere Soldaten. Die Seitentüren gingen auf, und der von uns als Offizier identifizierte Chef der kleinen Truppe und sein Begleiter stiegen aus, während die beiden Uniformierten im rückwärtigen Teil des Wagens gekonnt wie im Film über die Heckklappe sprangen und sofort strategisch wichtige Punkte einnahmen. Einer ganz nah, einer weiter weg.

Wieder erklärten wir, was wir wollten, und wieder zeigten wir den übersetzten *permit*. Die Polizei war schon weg, daher hatten wir keine Angst, uns in Widersprüche zu verstricken.

«Where you come from?»

«Germany.»

«Where you want to go to?»

«Jordan, Amman.»

«...?»

«Yes, by car.»

Was bei der Komplexität des Verhörs völlig unbegründet war, wie wir beruhigt feststellten, als wir unsere Pässe zeigten und der Offizier die Nummern notierte. Vielleicht fehlte ihm auch einfach nur die Lampe, die er uns ins Gesicht drehen konnte. Dankenswerterweise bediente er sich die ganze Zeit über des Zeichens der Friedfertigkeit und lächelte uns ununterbrochen an. Wieder folgten eine Weile ständiges Reden, Zeichnen und Pantomime. *Activity* ist ein Dreck dagegen.

Letztendlich nahm der Militärpolizist nur eine Kopie unserer Ausweise mit. Danach schaute er sich die Fotos an, stutzte und vergrößerte den Bildausschnitt. Er ging bis auf ein paar Pixel an das Motiv heran, blickte streng zu mir rüber und entfernte die Wimper auf meiner Nase. Ich verzichtete darauf, mich zu beschweren, dass er sie nicht auf der Daumenkuppe liegengelassen hatte, damit ich mir etwas wünschen konnte, während ich sie wegpustete. Den Rest der Bilder beließ er unkommentiert auf unseren Kameras. Nach diversen Telefonaten und unzähligen per Faxgerät kopierten und abgehefteten Zetteln lud er uns auf einen Tee ein. Auf Kosten des Hotels, versteht sich.

Eine Geste, die wir als urorientalisch ansahen, weshalb wir das Angebot selbstverständlich annahmen. Leider hatten wir dann alle heiße Plastikbecher mit Tee in der Hand und konnten nicht, wie es der innere Drang vorgab, schnell trinken und fahren, sondern mussten warten, bis das Getränk auf erträgliche Temperaturen abgekühlt war. So standen wir den Militärs eine ganze Weile fast sprachlos gegenüber. Zum Zeitvertreib fing ich an, jedes unsinnige Detail des Wagens zu erklären, was sich insofern als kompliziert erwies, als dass wir zwar die Bewegungen zu den klassischen Informationen bereits auswendig kannten, aber Dinge wie «Staub», «Maul» oder gar «52 auch auf den Nummernschildern, und die Einerstelle gibt die Wagennummer an»? Das war dann doch nur noch mit Rumrennen und Deuten zu meistern.

Genau! Dafür haben wir bestimmt einen ganz schlauen Eindruck hinterlassen. Erst einen auf Rallye-Teilnehmer machen und dann schön ausschlafen, in aller Ruhe frühstücken, Wäsche waschen, aus Versehen eine total dezente Großraffinerie fotografieren und beim Tee auch noch ewig um die Kisten rennen und stolz auf Nummernschilder und Aufkleber deuten.

Zu guter Letzt fragten wir den Polizisten dann noch, ob er sich mit uns fotografieren lassen wolle. Er lehnte ab, das gehe nicht, wegen

**Wir haben den Mann unkenntlich gemacht, um posttrauma-
tische Stresssymptome zu vermeiden.**

der Uniform, er bekomme Ärger, so sei das eben mit den Vorgesetzten. Dann schickte er seine Jungs hinter den Jeep und warf sich in Pose. Wir machten artig Shakehands und lächelten. Auch der Uniformierte, der Tobi zum Hotelcomputer begleitete, um das Foto für den Herrn Hauptmarschall direkt auszudrucken, zog ihn überraschend hinter den Wagen, und die drei anderen ließen sich auch nochmal fotografieren, ohne dass ihr Befehlsgeber davon etwas mitbekam.

Nach ein paar abschließenden Dankesfloskeln unsererseits und Entschuldigungen für die uns bereiteten Umstände seinerseits stiegen wir in die Autos und fuhren los. Wir waren zutiefst erleichtert, keine Geschichte erzählen zu können, die in die klassischen Horrorkategorien passte, sondern auf nette und sympathische Menschen getroffen zu sein, die, ganz deutsch, ihre Pflicht taten, dabei aber durchscheinen ließen, dass sie es wirklich nur für eine Pflicht, nicht jedoch für unbedingt nötig hielten.

Um zehn Uhr ging es endlich weiter nach Göreme. Hier und heute hatten alle Teams dort eine besondere Aufgabe zu erfüllen. Ziel war es, das Hotel Fairy Chimney Inn zu suchen, wo wir den Inhaber, einen gewissen Doktor Andus Emge, kontaktieren und von ihm eine weitere Aufgabe bekommen sollten. Die Route nach Göreme war schnell festgelegt. Wir mussten der Straße nach Südosten immer weiter Richtung Kayseri folgen und dann irgendwann nach Süden abbiegen. Spätestens, wenn mehrere braune Schilder uns auf die zu erwartenden Felsformationen aufmerksam machten, sollte es so weit sein. So befanden wir uns wieder einmal auf einer Straße, hinter einem Auto, in einer Landschaft.

Irgendwann zog sich die Vegetation zunehmend zurück, die Landschaft ähnelte nun den Alpen jenseits der Baumgrenze, bis die Felsen Formationen annahmen, die man eigentlich nur im Drogenrausch erwarten würde.

Wir kamen in Kappadokien an, dem «Land der schönen Pferde». Wie sich das gehört, finden schöne Dinge aber nur in Mythen und Legenden statt: Wir sahen also gar keine Tiere, außer ein paar wilden Hunden, die sich rechts und links des Wegesrands aufgereiht hatten, um sich irgendwann gemeinschaftlich nach vorne zu werfen, um zu sterben. Der einzige Pferdeschwanz, den wir zu Gesicht bekamen, war der von unserem Kameramann Michael.

Bald kam wieder ein zunehmendes Großgruppengefühl auf. Da sämtliche Teams aufgrund des Zwischenziels wie in einem Trichter auf diesen einen Ort zugeführt wurden, sammelten sich auf der Straße immer mehr alte Autos. Bunt gemischt, genau wie wenn man an einer Cocktailbar sämtliche Getränke aus allen Regalböden in ein und dasselbe Glas schüttet. Alle gemeinsam fuhren wir zügig durch das ehemalige Vulkangebiet.

Vor sehr langer Zeit gab es hier mehrere große Seenplatten und tropische Sumpflandschaften, bis sich dann relativ plötzlich das Taurusgebirge im Süden erhob. Da dachte sich das Innere Anatoliens: Was die können, das kann ich auch – nur nicht so gut, und drückte große Mengen Lava bis knapp unter die Erdoberfläche. Spätere Vulkane wie der Erciyes und der Hasan Dağı fanden diese Spannung gelinde gesagt zum «Kotzen» und spuckten große Mengen Tuff in die Höhe, der sich dann über einen Bereich von 10 000 Quadratkilometern verbreitete. So ging das immer und immer weiter. Das Ganze verdichtete sich und hatte relativ lange Bestand, wie zahlreiche Höhlenzeichnungen von 8000 v. Chr. beweisen. Bis ins vorletzte Jahrhundert hinein ist noch von Rauchsäulen die Rede.

Im Laufe der Jahrmillionen führte Anatolien dann die eine oder andere Renovierung durch, und es kam zu Erdverschiebungen, Erhöhungen und Vertiefungen. Dabei wurden die Binnenseen entwässert und behielten nach dem Motto «Wenn ich schon gehen muss, nehme ich mit, was ich tragen kann» große Teile des festen Gesteins in Form von Sand und Geröll bei sich. Kurz, die Erosion in äolischer, fluviativer, atmosphärischer sowie thermoklastischer Masse gestaltete die Landschaft in ihrer heutigen Form.

> Ich werde dem lesenden Volk das Geschwafel von Bernhard lieber mal übersetzen:
>
> **Äolisch:** Winderosion, vermute ich, da Herr Aiolos von den Griechen zum Gott des Windes erkoren wurde.
>
> **Fluviativ:** Fließerosion. Flu… klingt doch schon total nach Fluss. Oder nach Grammatik. Aber davon habe ich ja noch weniger Ahnung als von Geologie und Kraftfahrzeugen. Es bleibt also weiterhin eine plausibel erscheinende Spekulation.
>
> **Atmosphärisch:** Alles Gute kommt von oben; Regen und so ein Zeug *erosoridieren* dann wohl auch mal gerne mit.
>
> **Thermoklastisch:** Habe ich im ganzen Internet nicht gefunden – vielleicht schaust du selber mal, was die ganzen Wörter bedeuten, die du irgendwohin schreibst!

Besonders kreativ zeigten sich die erodierenden Landschaftsarchitekten Wind, Wasser, Hitze und Kälte in den tiefer gelegenen Hängen. Hier deckte der harte Tuff das darunterliegende Sediment ab, sodass

Eine andere Kirche: Wir haben so lange für das Foto gebraucht, dass da plötzlich ein Baum gewachsen ist.

die typischen Felsformationen, poetisch «Feenkamine» genannt, entstehen konnten.

Auch wenn wir uns die Abgasentsorgung einer Feenansiedlung immer anders vorgestellt hatten, waren wir doch begeistert von den langen Türmen mit den lustig aussehenden Hüten. Groß, klein, allein und in Gruppen – alles war vertreten. Unwillkürlich erinnerte uns das Panorama an das Schlumpfenland. Dank der Aufgabe, die uns hier erwartete, würden wir wohl ein wenig herumkommen und Zeit finden, uns alles anzusehen.

Die letzten zwei Kilometer den Berg hinab schlängelte sich die Straße durch gigantische und sehr beeindruckende Felsformationen. Roter Sandstein bedeckte den Boden und stieg rechts und links neben der Straße auf, teilweise so eng, dass man meinte, mit den Händen danach greifen zu können.

> Ja, es war eng. Man *meinte* nicht nur, ich *konnte* danach greifen. Und halte nach wie vor 90 Stundenkilometer für keine dieser Situation angepasste Geschwindigkeit. Aber Bernhard ständig ermahnen, er solle während einer Rallye nicht so rasen? Dazu war ich auch zu stolz. Ich konnte genauso gut die Augen schließen und mich mit der Magensäure beschäftigen, die in Wellen meine Speiseröhre heraufschwappte und dann wieder mit viel Konzentration peristaltisch nach unten befördert werden musste.

Eine Fähigkeit, die den Hasenartigen fehlt. Sie haben keine Peristaltik, also keinen Muskel, der die Nahrung selbständig durch die Speiseröhre befördert, sondern das jeweils neue Essen drückt die zuvor aufgenommene Nahrung einfach weiter. So haben beispielsweise Hasen mit defekten Zähnen den sicheren Tod vor Augen (wenn sie es denn wüssten), weil sie nichts mehr essen können und bereits Verschlungenes an Ort und Stelle verbleibt und gärt und … Ja, das ist nicht lecker, aber jetzt weiß man auch, warum es für den Hasen gut ist, dass er nicht alles über sich weiß.

Dann gaben die Kurve und die abfallende Straße den Blick frei auf das tiefer gelegene Tal. Hunderte von Säulen in verschiedenen Größen ragten in die Luft wie Pilze mit dunklem Hut und stellten unsere ersten Eindrücke noch in den Schatten. Überall sahen wir von Menschenhand in den Fels gehauene Löcher, Stufen und Eingänge.

Wir fuhren erst einmal in das Ortszentrum auf einen großen Parkplatz, gut zu erkennen an den vielen bunten Karossen der Teams, die bereits vor uns angekommen waren. Hier trafen wir alte Bekannte und welche, die wir noch nie zuvor gesehen hatten. Einige wirkten mit ihren dreckigen und staubigen Furchen in der Stirn inzwischen, als wären sie bei den letzten Vulkanausbrüchen schon dabei gewesen, wahrscheinlich waren Abbildungen ihrer Fahrzeuge auch auf den Höhlenwänden zu finden.

Wir parkten. Es war bereits später Mittag, und Fritz und Chris suchten sofort die nächstgelegene Nasszelle auf, um jedoch relativ zügig wieder zurückzukehren. Für den einen war sie nicht sauber genug, für den anderen war dort das Mobilfunknetz zu schwach. Renate lief los, um sich zu orientieren, und konnte von Carsten gerade noch daran gehindert werden, sich von der Gruppe zu trennen, indem er ihr den Autoschlüssel an den Kopf warf. Tobi blieb im Auto sitzen, um sich erst mal aus den unzähligen Kabeln herauszuknoten. Derweil stellte ich mich neben den Wagen und kam mit ein paar Einheimischen ins Gespräch. Routiniert spulte ich die bereits fest einstudierten und zu Ritualen gewordenen Floskeln und Bewegungen ab, die Sinn und Zweck unserer Reise erläutern sollten. Im Austausch dafür erfuhr ich über eine kleine, gemeinsame englische Sprachbasis, dass die Höhlen in den Felsen sehr alte Wohnstätten waren, in denen heute noch einige Menschen wohnten. Ich blickte mich um und war erstaunt. Auch heute noch. Wie das wohl geht? Ich bedankte mich bei den beiden freundlichen Menschen, die sich so selbstlos Zeit genommen hatten, mir Auskunft zu erteilen.

Michael hatte das Gespräch mit der Kamera verfolgt. Beim Sichten des Materials im Anschluss an die Reise meinte ein türkischer Kollege nur trocken: «Und? Habt ihr die 100 Euro für die Informationen in bar bezahlt oder einen Scheck ausgestellt?» Bernhard hatte, während er seine derzeitige Beschäftigung erläutert hatte, immer wieder stolz auf seine Mitfahrer gezeigt. Dass in seiner Zeigehand ein iPhone steckte, Chris mit mindestens zwei Smartphones auf Netzsuche war und ich mich gerade aus einem Riesenhaufen mobiler Elektronik befreien wollte, führte bei den beiden auskunftsfreudigen, aber auch geschäftstüchtigen Bewohnern von Göreme vermutlich dazu, dass sie bei der Verabschiedung einander zuraunten: «Nimm ihm 100 Euro für die Informationen ab. Die haben's eh!»

Unsere Aufgabe bestand also darin, besagtes Hotel zu finden und dort Doktor phil. Andus Emge nach einer Süßspeise und der nächsten Aufgabe zu befragen.

Die Wegbeschreibung war einfach: die Straße hoch, am Hotel Doirgendwas links und dann rechts den Hügel hinauf. Wir gingen geschlossen zu siebt los und trafen unterwegs ein Team nach dem anderen, die alle bereits auf dem Rückweg waren. Jedes Mal gab es ein kurzes Hallo, und die eigentliche Suche kam so gar nicht zustande. Wir folgten einfach dem entgegenkommenden Strom der anderen Rallye-Teilnehmer oder den vor uns her Trottenden, so wie auch uns einige kleinere und größere Gruppen folgten. Ein oder zwei Teams waren anscheinend sogar mit den Autos durch die schmalen Gassen gefahren und kamen uns nun entgegen. Es war ein skurriles Bild, diese bunten, multikulturell gekleideten Menschen zwischen den alten Steinen umhergehen zu sehen. Ob sie sich alle auch für die kulturelle Besonderheit dieses Platzes interessierten?

Es ging ein ausgetrocknetes, eingefasstes Flussbett entlang, dessen Breite vermuten ließ, dass hier nach Regenfällen immense Wassermengen abgeführt werden mussten. Der Abzweig war schnell gefunden, und dem Weg den Berg rechts hoch zu folgen stellte sich als nicht sonderlich schwierig heraus. Den Gesamteindruck störte eigentlich nur der Betonmischer, der einen darüber nachdenken ließ, wie jemand mit diesem großen Fahrzeug den Weg hier hochgekommen war.

Ein paar hundert Meter weiter – es traten schon Zweifel auf, ob wir überhaupt richtig seien – standen wir vor einem kleinen Tor, gerade mal einen Meter siebzig hoch. Wir durchschritten es und waren überrascht. Zwar gab es einzelne «künstliche» Mauern, der Großteil der Räume, Fenster und Wege war aber in den Fels geschlagen. Trotz des kalten Nieselregens draußen war es hier drinnen angenehm warm. Ich sah mich beeindruckt um, denn teilweise konnte man noch die Schlag-spuren der Meißel an den Wänden erkennen. Wir gingen ein paar Stu-fen hinauf, durch einen kleinen Raum, in dem auf in die Wand geschla-genen Bänken Decken ausgebreitet waren.

Wir liefen auf die Terrasse des Hotels, wo wir auch den Doktor fanden. Er fiel sofort auf, weil er anders aussah als die anderen Men-schen, die durch das Gebäude schlenderten. Er wirkte irgendwie erdi-ger, ursprünglicher. Bei genauerer Betrachtung erkannten wir: Er trug bequeme Klamotten und nicht diese Pseudo-Outdoor-wir-sind-Aben-teurer-sitzen-aber-in-Autos-Kleidung wie wir. Er hatte Ethnologie stu-diert und seine Dissertation über Kappadokien geschrieben.

Der Schwerpunkt der wissenschaftlichen Arbeit des Doktors aus Bonn lag auf der Geschichte der Region, weswegen er oft zu Feldfor-schungen hier gewesen war und letztendlich sein Herz an diesen Fle-cken und eine Frau vor Ort verloren hatte. Daraufhin hatte er sich in seiner und ihrer Nähe angesiedelt, und nun führte er ein Hotel, das er selbst konzipiert und ausgebaut hatte. Unzufällig war es genau das, in dem wir uns gerade befanden.

Wir kamen hinzu, als er einem anderen Team gerade die Geschich-te der Gegend erzählte. Schon im vierten Jahrhundert hatten sich an diesem Ort Christen angesiedelt und die ersten Höhlen gegraben. Hier fanden sie Schutz vor ihren Feinden, den Persern, Arabern, Römern und Mongolen – je nachdem, wer gerade mit Verfolgen dran war. Bis zu 10 000 Menschen konnten unbehelligt ihrer Religion nachgehen, ver-steckt in den Höhlen, die eher mehrstöckigen Bauten glichen.

Ich blickte den Redner an und warf die unschuldige Frage auf die Terrasse, ob das denn gehe. «Derart viele Menschen, können die sich denn einfach so verstecken?»

Noch ehe der Fachmann antworten konnte, schreckte eine Frau auf, die mit verklärtem Blick das Gesicht unseres Referenten anstrahlte, und rief trotzig: «Doch, das geht!»

Ich schwieg. Vielleicht hatte die Ursprünglichkeit des Ortes den einen oder anderen doch etwas zu sehr in ihren Bann gezogen. Da sich die Sachlichkeit des Einwurfs nicht ergründen ließ, blieb die Frage unbeantwortet. Man musste dem armen Mann zugestehen, dass er wohl nicht gewusst hatte, was da für ein Tag auf ihn zukommen würde, als er dem Organisationskomitee mit dem Satz «Klar, ihr könnt hier ein paar Leute vorbeischicken, ich hab zu tun und bin sowieso da» locker zusagte.

Von ihm bekamen wir also unsere nächste Aufgabe: Wir mussten eine bestimmte, hier in der Gegend versteckte Kirche suchen und dort ein Foto vom ganzen Team machen. Nicht einfach, bei mehr als 3000 in den Fels gemeißelten Gotteshäusern, die sich in den Höhlen befanden.

Wir zogen weiter, mit der schönen Erfahrung im Gepäck, wieder einen Einheimischen kennengelernt zu haben, diesmal einen Bonner, und das mitten in der Türkei. Unseren Vorschlag, das eine oder andere für seine Eltern mit nach Hause zu nehmen, da wir sowieso mehr oder weniger täglich an der ehemaligen deutschen Hauptstadt vorbeikämen, lehnte er dankend ab. Der Weg zurück zu den Autos führte uns zu dem wohl auffälligsten Gefährt, das diese Rallye mitmachte. Auf den ersten Blick war es ein verstümmelter VW-Käfer. Auch auf den zweiten und dritten. Erst dann dämmerte einem so langsam die Erkenntnis, dass hier wohl größere, wenn nicht gar meisterliche Leistungen vorausgegangen waren. Ursprünglich war dieses Fahrzeug gar nicht mehr gefahren, aber nachdem das Team diverse Einzelteile ersetzt, das Dach abgesägt, zwei Harley-Davidson-Auspuffe angebracht, Anhängerleuchten montiert und außerdem ein paar Fässer zurechtgeschnitten hatte, die als Kotflügel herhalten mussten, war ein ganz eigenes Auto entstanden. Das Gefährt zwang so ziemlich jeden aus unserer Gruppe dazu, kurz anzuhalten und sich jedes Detail detailliert im Detail anzuschauen. Ich kann über das Staunen und Wundern der anderen Zeugnis ablegen, denn ich bin als Einziger weitergegangen, weil ich nicht mal merkte, dass es sich überhaupt um ein Auto handelte, geschweige denn, welche Unterschiede zur Standardausstattung daran vorzufinden waren. Ich wunderte mich nur, dass auf einmal alle stehen blieben und ich so unverhofft alleine war. Keiner wollte mit mir spielen, und alles nur wegen eines alten Autos. Das nennt man wohl Generationenkonflikt.

Der Besitzer, Abu Herbie, gehört schon zum Inventar der Rallye. Zum vierten Mal dabei, baut er sich die Autos jedes Mal komplett selbst zusammen. Eigentlich hatte er dieses Jahr mit einem selbstgebauten Käfer-Kombi (!) auf die Reise gehen wollen, war aber aus Zeitgründen nicht dazu gekommen. Er hatte am Starttag noch bis vier Uhr morgens die letzten Flanschmuffen auf Schläuche gesetzt. Seinem ersten Auto war sogar die Ehre zuteilgeworden, im Königlich Jordanischen Museum in Amman zu stehen.

Wieder zurück auf dem Parkplatz, verteilten wir uns auf die Autos und machten uns daran, die nächste Aufgabe zu lösen. Es ging einfach die Straße weiter Richtung Theater, am Campingplatz vorbei, und noch bevor wir auch nur anfingen zu überlegen, ob wir richtig waren, sahen wir wieder unzählige Autos wild herumstehen und Menschen scharenweise ein und denselben Weg entlangschlendern. Okay, dort musste es sein.

Plötzlich blieben auf einmal alle irgendwo stehen, wendeten, setzten vor, setzten zurück und standen wieder. Dann ging es gemeinsam den Weg in Richtung der versteckten Kapelle entlang. Kaum waren wir ein paar Meter den Berg hinauf, nahm die Dichte an Rallye-Teilnehmern rapide ab. Wer will schon bergwandern, auch wenn es sich nur um zehn Minuten handelt? Eine Steigung ist nun mal eine Steigung, da kann das eine oder andere Getriebe durchaus schlappmachen.

Ich suchte mit Michael nach einem schönen Platz, an dem wir ein Interview aufnehmen konnten, ohne dass die unberührte Natur um uns herum wie eine Fototapete wirkte, weil man die ganze Zeit das Rauf- und Runterschalten von Autos und Reisebussen hörte. Meine Kommentare sollten bei einem eventuellen visuellen Reisebericht als auflockerndes Element eingebaut werden. Fritz und Renate wurden derweil schnell fündig, indem sie mutig vom Hauptweg abwichen. Die herbeigerufenen Teamkollegen postierten sich alle schön auf der ebenfalls versteckten Treppe der Kirche, und gemeinsam entstand das versteckte Foto.

Die Geschwindigkeit, mit der wir das Objekt fanden, kann man womöglich nur dann richtig würdigen, wenn man weiß, dass die Kapelle erst 1957 wiederentdeckt wurde. Seit dem elften Jahrhundert liegt sie im Felsen und ist dafür bekannt, dass die Zeichner die biblischen Geschichten in das hiesige Gebiet der Feenkamine verlegt haben. Leider habe ich das erst im Nachhinein erfahren und die einmalige Gelegenheit verpasst, darauf zu achten.

Unten angekommen, verfielen wir sofort wieder in unser typisches Gruppenverhaltensmuster: Irgendwie ging einer mehr oder weniger bewusst irgendwohin und ließ sich nieder, sei es ein Fels, ein Auto oder, wie hier, ein kleines Café. Dann hob ein anderer, der sich gleich daneben niedergelassen hatte, die Hand, und ein Dritter bestellte etwas. Irgendwann saßen alle herum, tranken Tee, Saft und Bier und unterhielten sich darüber, dass wir wirklich mal langsam losmüssten und nicht immer nur herumsitzen könnten. Irgendwann stand dann einfach einer auf und ging los, und alle eilten mit einem «Momeeeeent!» auf den Lippen hinterher.

Es war drei Uhr nachmittags, als der Mercedes, in dem Fritz die Richtung vorgab, schon an der nächsten Ecke stehenblieb. Wohin? Ein Einheimischer half, und endlich waren wir auf dem Weg nach Süden, Richtung Adana. Wir wollten heute noch so nah wie möglich an die syrische Grenze. Im Vorfeld hatte man uns bereits gesagt, dass sich die Überquerung der syrischen Grenze als ein Projekt der besonderen Art herausstellen würde, insbesondere was die zeitliche Dimension betraf. Außerdem hatte man uns dringend empfohlen, einen ganz bestimmten Grenzübergang zu nutzen, da nur dort bekannt sein würde, dass sich eine Horde von fast 200 Autos im Namen des *World Food Program* der

Vereinten Nationen für eine zweitägige Transitpassage nach Jordanien vor der Grenze versammeln würde. Warnungen gab es genug, allesamt von Teams, die in den letzten Jahren auf eigene Faust versucht hatten, das Land über einen anderen Übergang zu erreichen, und dann in einem Militärkonvoi quer durch Syrien getrieben wurden, ohne Pause, ohne Toilette und mit nur einmal Tanken. Das wollten wir auf jeden Fall vermeiden. Einzig «ohne Toilette» schien uns attraktiv.

Spätabends erreichten wir Adana, einen Ort rund 40 Kilometer vor Ceyhan. Die Straßen hatten uns bergauf, bergab und so oft hin und her geführt, dass die Sonne bereits beschlossen hatte, uns nicht weiter zu folgen, sondern schon mal schlafen zu gehen. Auf den letzten Kilometern versuchten wir noch, eine Tankstelle zu finden. Eine Frage, die uns schon vor der Abreise Sorgen bereitet hatte, war die nach der ausreichenden Versorgung mit Treibstoff. Ein nicht zu unterschätzendes Problem, wenn man bedenkt, dass Staaten wegen dieser Problematik schon Kriege geführt und verloren haben. Wir hatten uns vorgenommen, ab Rumänien nach der folgenden Devise zu verfahren: Ist der Tank bei einem der Wagen halb leer, werden alle aufgefüllt, damit uns das Sicherheit gäbe. Aber schon nach den ersten 100 Kilometern in dieser so dermaßen von jeglicher Zivilisation entfernten Region war uns klar: Wenn die hier eins nicht hatten, dann war das Spritmangel. Gerade hier im Süden der Türkei wimmelte es nur so von derart vielen verschiedenen Anbietern, dass man sich so was von überhaupt nicht vorstellen konnte, wie das auch nur für einen von ihnen wirtschaftlich rentabel sein sollte.

> Ceyhan, im Süden der Türkei gelegen, bildet den Endpunkt zweier Erdölpipelines. Eine kommt aus dem Nordirak, während die andere Öl vom Kaspischen Meer hierherbringt. Zusammen mit dem dazugehörigen Verladehafen sorgt diese Tatsache für das wirtschaftliche Wohlergehen der Region.

Nachdem wir auf der anderen Seite schon mehrere Tankstellen gesichtet hatten, gab es endlich auch eine Möglichkeit auf unserer

Seite. Leider war alles Benzin weg, und es gab nur Diesel, daher fuhren wir erst mal besorgt weiter. Doch kurz darauf kam wieder ein leuchtendes Schild auf uns zu, und wir fuhren ab, um unsere Wagen zu betanken. Während das antreibende ölige Nass durch die Zapfpistole floss, hielt neben uns ein weiteres Fahrzeug mit einem Einheimischen, der des Deutschen mächtig war. Er kam eigentlich nur zurück, um sich beim Tankstellenbesitzer darüber zu beschweren, dass sein Diesel von wirklich schlechter Qualität sei und sein Motor dauernd unter lautem Protest den Geist aufgebe. Leider erzählte er uns das, bevor ihn die Mitarbeiter besänftigen konnten.

Diese versuchten uns daraufhin von den schrecklichen Geschehnissen in fremden Getrieben abzulenken, indem sie mit einem Tablett Tee

«Tee tanken.»

ankamen. So standen wir im Dunst aufsteigender Benzindämpfe und genossen um 19.04 Uhr die spontane Gastfreundschaft – ja, Renate hat die exakte Zeit auf einem Beleg gefunden. Allerdings zweifelt sie die Korrektheit der Uhrzeit an und vermutet bis heute, dass die interne Uhr der Kasse um drei Minuten vorging. Sie ist der Sache aber noch auf der Spur.

Der Treibstoff reichte aus, um uns in die City von Ceyhan zu bringen, die ungefähr so belebt war wie Castrop-Rauxel nachts um vier bei Schneesturm an Heiligabend. Ich muss allerdings zugeben, den direkten Vergleich zumindest aus eigener Erfahrung nicht ziehen zu können. Vielmehr stütze ich mich hier auf Klischees.

Ein Hotel war schnell gefunden, und auch die Preisverhandlungen verliefen zu unseren Gunsten. Das Otel Çeyhan – der Wurmfortsatz an dem C ist wahrscheinlich wie bei uns Menschen evolutionär übrig geblieben, aber dann doch nicht mehr wichtig – hatte für uns noch ein Dreier- und ein Viererzimmer übrig, in dem eines der Betten zur Familie der Doppelschlafstätten gehörte. Die Bettaufteilung war schnell geregelt, und Tobi und ich mussten zusammen schlafen. Das war natürlich sehr praktisch, da wir die romantischen Stunden so nah beieinander gut nutzen konnten, um unsere Laptops per Cross-over-Cad5-LAN-Kabel zu synchronisieren. Aber auch menschlich war es natürlich schön.

Den Abend ließen wir alle gemeinsam in einem einheimischen Restaurant ausklingen. Da wir mit den Speisekarten mangels Sprachkenntnissen nicht wirklich viel anfangen konnten und selbst die Bedeutung von Kebab heiß diskutierten, verließen wir uns ganz auf den Kellner, der uns, stolz auf seine kurdische Herkunft, einheimische Spezialitäten versprach. Während wir warteten, klärten wir die Kebab-Frage erneut, diesmal auf sehr grundsätzliche Weise: Was heißt eigentlich «Kebab»?

Carsten sagte voller Überzeugung: «Brot.»

Eine kurze Recherche in unserer allzeit betriebsbereiten Wikipedia bestätigte seine Vermutung: «Ursprünglich Kalbfleisch, in rechteckige Stücke geschnitten und gegrillt.» Da mussten wir uns wohl verhört haben, denn niemand glaubte ernsthaft, dass dieser Fehler unserem Godfather of Grilling aus Unwissenheit passiert sein könnte.

Nach dem leckeren Mahl aus Salaten, Spießen mit Hackfleisch sowie Joghurt verschlug es mich ins warme Bett, Michael folgte mir mit unglaublich müden Augen zum Hotel und meinte, ohne seinen Protagonisten ergebe das Aufbleiben überhaupt keinen Sinn mehr.

Schwach entgegnete ich: «Ohne auch nur ein Auge aufhalten zu können, ergibt das mit dem Filmen auch absolut keinen Sinn.»

Renate, Tobi und Carsten erinnerten sich an die Aufgabe, die noch unerledigt im Ordner mit dem Vermerk «zu bearbeiten» lag: die Hymne. Carsten verfiel auf die Idee, mit Schauspielkunst aus dem Land der Dichter und Denker einen strategisch guten Weg einzuschlagen. Was der Gustaf Gründgens kann, das kann ich auch, dachte er wohl. Dann erhob er sich, sang die deutsche Nationalhymne und legte die Hand auf die Brust. Zeitgleich vergrößerte Tobi im Display seiner Kamera die türkische Flagge, und Renate zeigte dauernd auf den überraschenderweise immer noch freundlichen Kellner und sagte: *You! You! You!»*

Da endlich verstand der Geplagte und rief: *«Football!»*

Bevor es zu einem längeren Gespräch über die verschiedenen Möglichkeiten, Bälle über Plätze zu treten, kommen konnte, griff Tobi beherzt nach dem Laptop, suchte die bereits in Deutschland zur Sicherheit aus dem Internet heruntergeladene Textversion und zeigte sie dem zunehmend verstörten Mann. Endlich verstand dieser und schrieb den «Unabhängigkeitsmarsch» mit eigenen Händen noch einmal ab, um selbst die kleinsten Details der Aufgabe zu erfüllen, nämlich die Hymne von einem Einheimischen aufschreiben zu lassen. Stolz kehrten die verbliebenen Helden ins Hotel zurück und präsentierten den anderen, Fritz und Chris waren schon viel früher gegangen, das Ergebnis.

«Ihr habt das wirklich so gemacht? Mit Singen und Schreiben und Flagge und Lesen?», fragte ich.

«Aber ja!»

«Mit der türkischen Flagge samt Hymne habt ihr dem Kellner bestimmt eine Riesenfreude gemacht. Ihr wisst doch hoffentlich noch, dass er Kurde ist?»

Mit diesen Worten fiel ich zurück ins Bett und schloss die Augen. Selbst nachdem das Licht erloschen war, konnte man die Gedanken förmlich sehen, die den anderen durch den Kopf schwirrten. Mit der bitteren Erkenntnis, dass dem armen Mann jetzt sicher Pusteln an den Fingern wuchsen und er, von seiner Familie verstoßen, das Leben eines Eremiten würde führen müssen, schliefen alle friedlich ein.

Fachgerechte Lagerhaltung und ansprechende Schaufensterdekoration müssen sich nicht ausschließen.

Tag 9
Samstag, 9. Mai 2009
Ceyhan – Idlib

Text: Tobias   **Anmerkungen: Bernhard**

Ich schaffte es mal wieder, die morgendlichen Prozeduren meiner drei Zimmergenossen Bernhard, Carsten und Renate in unserer Vier-Bett-Suite mit den ollen Schlappen unterm Bett so lange zu ignorieren, bis ich der Letzte war. Dadurch hatte ich wenigstens die großzügige Sanitärlandschaft ganz für mich allein. Der Innenarchitekt musste ein Faible für einfaches, funktionales und trotzdem zeitloses Design gehabt haben, und irgendwo unter den 40 Jahre alten Kalkschichten könnte sogar die eine oder andere Fliese zu finden gewesen sein. Die Einrichtung war auf das Nötigste beschränkt. Ganz im Sinne des Funktionalismus hatte man sogar die Dusche auf ihre ureigenste Bestimmung, das Spenden von Feuchtigkeit, überwiegend von oben, reduziert und die Warmwasserzufuhr einfach deaktiviert. Das war mir auch lieber so, denn vermutlich wäre der verrostete Gasbehälter neben dem Waschbecken mit dem abgenudelten Ventil für die Hitze zuständig gewesen. Dieser war aber erfreulicherweise komplett entleert, sodass ich mir schon mal über Kopfschmerzen wegen einer eventuellen Gasexplosion an diesem Morgen keine Gedanken mehr machen musste.

Obwohl wir uns in, zugegeben kleinen, Schritten dem Äquator näherten, war das Wasser kälter als ein Gletscherbach im Himalaya. Mit blauen Lippen und steifgefrorenen Fingern schob ich mich fröstelnd als Letzter zum Frühstücksraum. Wir waren fast die einzigen Gäste und genossen bei Fladenbrot, Gurken, Tomaten, Joghurt und Tee das türkische Fernsehprogramm. Leichtbekleidete Hupfdohlen hopsten zu orientalischer Popmusik über den

Flatscreen, der einen technologischen Antipol in dem sonst eher vom stetigen Verfall tolerierten Gebäude bildete.

Einen beindruckenden Beitrag zur kulturübergreifenden Offenheit, gepaart mit traditioneller Zurückhaltung, zeigte eine irgendwie zu den Hotelbesitzern gehörende Frau, die, komplett verschleiert, die erotischen Tanzbewegungen der Dame auf dem Bildschirm nachahmte. Die wiederum war so spärlich bekleidet, dass wir uns schon Sorgen um ihre Gesundheit machten und kurz davor waren, Kamillentee über den Fernseher zu schütten, um uns wenigstens das Gefühl zu geben, wir könnten ihr irgendwie helfen.

Nach einer Weile hatte der freundliche Hotelier, Gastronom oder Kellner – was genau er war, ließ sich aufgrund der fehlenden gemeinsamen Sprachbasis nicht feststellen – offenbar eine Verbindung zwischen uns und den Rallye-Fahrzeugen zwei Etagen tiefer vor dem Haus hergestellt. Voller Stolz begann er, mit der Fernbedienung am Receiver seiner Satellitenanlage herumzunesteln, und fand mit einem Strahlen im Gesicht nach kurzer Zeit einen recht eigenwilligen Sportkanal. Dort präsentierte ein arabischer Sender Videos von den Helmkameras suizidal veranlagter Motorradfahrer, die regelmäßig auf öffentlichen Straßen Geschwindigkeiten von um die 300 Stundenkilometer erreichten.

Ich überlegte kurz, ob mir trotz des schmackhaften Frühstücks übel werden sollte, verharrte aber höflich vor dem Fernseher, um mich mit dem begeisterten Inhaber der Fernbedienung über dieses beknackte Gebretter zu amüsieren. Er sah es wohl als Reminiszenz an unsere augenscheinliche Profession als Rallye-Piloten. Da wir nur gestisch und mimisch kommunizieren konnten, musste ich ihm auch nicht erklären, dass ich mich eher der Gruppe der Ausdauermotorsportler zugehörig fühlte und gerne mit nur 110 Stundenkilometern, dafür aber stundenlang, durch Wüsten, Berge und Börden cruiste.

Meine Teamkollegen kannten diese Form der Unterhaltung bereits aus dem Internet, weshalb ihnen dieser Motorradwahnsinn nur ein müdes Lächeln entlockte. Zum Abschluss machte der Hotelier noch ein paar Erinnerungsfotos von uns, dann trollten sich die Kollegen auch schon zu den Autos. Die wollten wie jeden Morgen neu beladen werden, da wir in der Nacht quasi alles Transportable von und aus ihnen entfernt hatten, um einer kriminellen Bereicherung an unserem Eigentum zuvorzukommen.

Im Treppenhaus traf ich auf Bernhard, der eine der orangefarbenen Taschen von der Größe eines Schlauchboots und mit dem Gewicht einer Doppelhaushälfte durch das Treppenhaus hinunterzerrte.

«Geht's?», fragte ich, während ich meinen eigenen Kram schulterte, um eine kleine Konversation zu starten.

«Arrrr hmmmm knnnkrrggggg», blubberte es aus ihm heraus, da die Tasche gerade drohte, auf eine ebenfalls abreisende Kleinfamilie einen Treppenabsatz tiefer zu stürzen, und er die Katastrophe nur mit Mühe abwenden konnte.

Um diese Uhrzeit konnte ich so viel Tempo und Gefahr in meinem Lebensrhythmus noch nicht gut vertragen. Daher nuschelte ich meinem Copiloten nur ein aufmunterndes «Man sieht sich» zu und beeilte mich, auf die Straße zu kommen.

Bei strahlendem Sonnenschein war Carsten gerade damit beschäftigt, den vorsorglich entfernten Kamelkopf wieder an den Volvo zu pfriemeln.

«Moin!», räusperte er sich.

«Moin!», entgegnete ich nach einer Pause, in der ich mich vergewissert hatte, dass hier nichts mehr an Konversation folgen musste.

Das waren Thema und Umfang einer Unterhaltung, mit der man einen Tag entspannt beginnen sollte.

Ich stopfte meinen Kram in das Auto und erkundigte mich bei

Chris und Fritz, ob sie eventuell Hilfe beim Verzurren der Ladung auf den Dachgepäckträgern benötigten. Da es auf so einem Auto- dach schon zu zweit relativ eng ist, lehnten sie mein Angebot dan- kend ab und murmelten mir noch was von «rhetorische Frage» hinterher.

Nachdem wir eigentlich startklar waren, verabredeten wir, hier in Ceyhan noch ein paar dringend notwendige Besorgungen zu tätigen. Wir hatten kein Grillfleisch mehr in der Kühlung, weshalb Carsten ausschwärmte, um einen Metzger ausfindig zu machen. Renate brauchte dringend neue Kladden, Kulis, Büroklammern und Klebestifte für ihre mobile Buchhaltung und freute sich bereits auf neue Erfahrungen mit der türkischen Schreibwarenkultur. Der Rest von uns bummelte einfach so über die Geschäftsstraße, an der wir auch genächtigt hatten.

Während man sich bei Nacht in diesem spärlich frequentierten Stadtzentrum leicht etwas einsam fühlen konnte, machte es an diesem schönen und warmen Morgen einen ganz anderen Eindruck. Die kleinen Geschäfte hatten ihre Ladenfronten geöffnet, die Markisen ausgefahren und ihre Waren auf dem Gehweg aufgestellt. Kundschaft in großer Zahl schlenderte an den Auslagen entlang und prüfte die Artikel oder ließ sich vom Schuhputzer die Treter aufpolieren. Ich reihte mich in den geschäftlichen Strom auf dem Boulevard der Kleinstadt ein und sog mit der wärmenden Sonne ein Stück touristenferne türkische Alltagskultur in mich auf.

Carsten und Renate hatten sich in der Zwischenzeit bereits um die wichtigen Sachen gekümmert und das Schild für unser internationales Bäumchen in einem Lädchen zusammenzimmern lassen – womit das Projekt abgeschlossen war. Jetzt mussten wir das Ding nur noch heil in die jordanische Wüste bringen. Nachdem sie mir ausgiebig davon berichtet hatten, schlenderte ich weiter, während die beiden eiligen Schrittes auf der Straße auf und ab liefen und immer mal wieder in einem der Geschäfte verschwanden.

Um es genauer zu sagen: Einer der Läden ließ Renates Herz höherschlagen und zauberte einen Blick äußerster Glückseligkeit in ihr Gesicht: alles voller Küchengerätschaften, deren Funktion sich mir nicht zur Gänze erschloss. Von all den zu erstehenden Waren suchte sich Renate genau jene mit dem größten Volumen heraus: einen großen, blechernen Waschzuber. Auf die fragwürdige Sinnhaftigkeit des Unterfangens angesprochen, an ebendiesem Ort ein solch sperriges Etwas zu erstehen und es durch halb Asien zu kutschieren, um es anschließend per Flieger nach Hause zu befördern, reagierte sie nur mit einem: «Ist doch schön, passt in den Garten.» Außerdem bringe das Teil Ordnung ins Auto, da mit einem Griff alles zusammenzupacken sei. Darauf konnte ich nun nichts entgegnen. Inzwischen ist der Zuber längst sinnvoll eingesetzt und hängt bei ihr an der Wand ...

Fritz und Michael hingegen gaben sich ganz dem Fußball hin. Sie stürmten den nächstbesten Bekleidungsladen und erwarben bunte Jogginganzüge des örtlichen Fußballclubs. Das Design, das hart an stylingresistente Zeitgenossen angepasst war, zauberte allen Beteiligten ein Lächeln aufs Gesicht – wenngleich aus verschiedenen Gründen.

Als ich in der Auslage eines kleinen Ladens Unmengen von Frischfleisch erblickte, musste ich nur meine Hand gegen die Fensterscheibe halten, um im hinteren Teil des Ladens Carsten zu entdecken, der sich sogleich auf das grillbare Schlachtvieh gestürzt hatte.

«Sieht zwar ein bisschen ungewohnt aus, ist aber alles bloß authentisch präsentiert und total frisch. Tote Tiere halt», raunte er mir zu, als ich zu ihm stieß, denn er war gerade mitten in eine Konversation mit dem Schlachtermeister vertieft.

Die türkische Form der Nahrungspräsentation ist wahrlich nichts für Teilzeitvegetarier und Freunde von eingeschweißten Wurstwaren mit Bildern von Menschen statt Tieren auf der Verpackung. Den traurigen Blick eines Lämmchens, dem lediglich zwei Dinge fehlen, seine Haut und sein Leben, kennt der an Convenience Food gewöhnte moderne Großstädter höchstens aus der aktuellen Körperwelten-Ausstellung. Die besucht er aber nur, um sich unter einem wissenschaftlichen Deckmäntelchen zu gruseln.

Für Carsten war es jedenfalls genau das Richtige. Er trug sein Anliegen vor und wurde daraufhin gleich zu einer Runde Tee eingeladen. Danach zerteilte der Metzger das erwählte Huhn in seine etwas abstrakteren Einzelteile und legte es in eine frech-fröhliche Marinade ein. Trunken vor Begeisterung über die fleischliche Handwerkskunst, stolperte Carsten mit mir zurück zu den Wagen und bettete das Grillhuhn vorsichtig in unseren Kühlcontainer. Anschließend kontrollierte er die Einstellungen am Gerät und wischte sich den Sabber der Vorfreude auf das bevorstehende Verzehrereignis aus dem Gesicht. Nachdem auch alle anderen ihre Einkäufe oder sich selbst verstaut hatten, konnten wir uns endlich auf den Weg machen.

Bereits eine Stunde später passierten wir Issos. Die Straße schlängelte sich schon in der Nähe des Mittelmeers herum, als immer wieder Hinweisschilder auf die Stätte der historischen Schlacht zwischen Alexander dem Großen und seinem persischen Widersacher Dareios III. auftauchten. Von der Keilerei zwischen Zehntausenden Soldaten war im Vorbeifahren jedoch nicht mehr viel zu sehen. Da wir mit einem längeren Aufenthalt an der syrischen Grenze rechneten, die nun nicht mehr weit entfernt war, fuhren wir schweren Herzens nicht nur an dieser historischen Stätte im Eiltempo vorüber.

Kurz vor Mittag tauchte vor dem Seitenfenster Iskenderun auf. Eine Beschreibung, lieber Tobi, die den geneigten Leser dazu verleiten mag, an ein recht großräumiges Fahrzeug zu denken, ähnlich einem Flugzeug, dessen Ausmaße es nicht ermöglichen, den Innenraum mit Blicken auch nach vorne oder hinten zu verlassen. Dabei handelte es sich bei dem Volvo um ein kleines, engbegrenztes Gefährt, das eigentlich einen 240-Grad-Fast-Rundumblick ermöglichte. Aber vielleicht ist auch hier nicht der Moment des Erkennens, sondern der Moment der Erkenntnis gemeint.

Alexander der Große gründete die Stadt, nachdem er in Issos, 37 Kilometer weiter nördlich, die persischen Truppen geschlagen hatte. Die Stadt war lange Jahre der versorgende Hafen der syrischen Stadt Aleppo und ist nach wechselnden Besitzverhältnissen heute in türkischer Hand.

In Iskenderun wandte sich unser Weg wieder weg vom Mittelmeer, auf das wir nur einige kurze Blicke erhaschen konnten, Richtung Osten. Die Straße stieg steil an, und es schien, als müssten wir uns durch ein kleines Mittelgebirge kämpfen, um später in der syrischen Ebene zu landen.

Nach einem längeren Anstieg hielten wir in der kleinen Ortschaft Belen, um frisches Obst und Salat als Beilage zu den Hühnern in der Kühlung nachzuladen und ein Tässchen Kaffee vor Ort zu tanken. Die Obst- und Gemüsestände waren ausufernd und mit ihrer bunten Pracht fast überladen. Unsere Küchenchefs Renate und Carsten waren begeistert, stöberten interessiert in der Auslage herum und ließen sich immer mal wieder verschiedene Gürkchen, Tomaten und anderes saftiges Gemüse auf die Waage legen, bis sie einen bunten Strauß beisammenhatten, der unser Abendessen bereichern sollte.

Da die Türkei neben Döner Kebab und unkomfortablen Gefängnissen auch noch einige andere Spezialitäten zu bieten hat, war es nun an der Zeit, eine solche zu besuchen. Ein einfaches Kaffeehaus sollte unsere Rast krönen und uns für die Weiterfahrt stärken, und tatsächlich, einige Meter neben unserem vegetarischen Shopping-Paradies fand sich ein solches Etablissement. Wir hatten zwar auf der Straße noch ein paar Mitglieder von anderen Teams getroffen, wieder ein Zeichen dafür, dass sich das Teilnehmerfeld zunehmend verdichtete, beschlossen aber, sieben Menschen wären für das kleine Lokal durchaus ausreichend und gerade noch vertretbar. Da an den beiden Tischen auf der Terrasse bereits einige ältere Herren mit Stock, Mütze und Schnurrbart saßen, warfen wir einen Blick ins Innere, wo ausreichend Platz war. Zumindest an Stühlen, Tischen und Wänden. Die karge Möblierung bot neben dem Bild eines seriös dreinschauenden Herrn und einem Kalender von

2005 den einzigen visuellen Ankerpunkt im Raum. Im hinteren Bereich hielten sich einige Männer auf, die, vertieft in Gespräche und Kaffeegläser, überrascht aufschauten, als wir einen der größeren Tische besetzten. Der schickste der Herren in dunklem Anzug, weißem Hemd und mit leger geöffneten Knöpfen über der Brust strahlte uns sofort an. Behände machte er sich daran, ein paar alte Zigarettenschachteln und Aschenbecher von unserem Tisch zu entfernen.

Michaels angewandte Theorie des Lächelns als globale Friede-Feuer-Eierkuchen-Waffe schien wieder mal zu wirken. Beseelt von der positiven Ausstrahlung des Herrn, bestellten wir Kaffee und Tee und lächelten wohlwollend zurück in die Runde. Da nur Männer anwesend waren und ich von einem Blick in die türkischen Cafés in deutschen Großstädten auch keinen anderen Anblick gewohnt war, überlegte ich, ob Renate vielleicht die erste und einzige Frau in diesen Räumlichkeiten war. Hatten wir eventuell einen kulturellen Fauxpas begangen? Uns unwissend über die an diesem Ort praktizierte Geschlechtertrennung hinweggesetzt?

Die Kommunikation mit dem Hausherrn war leider wie so oft auf kreatives Gestikulieren beschränkt. Aus Respekt vor Renate vermieden wir es allerdings, die Frage, ob Frauen in einem türkischen Kaffeehaus nichts zu suchen hätten, szenisch darzustellen. Falls wir gerade gegen kulturelle Konventionen verstoßen hatten, ließen es sich die anwesenden Männer jedenfalls nicht anmerken. Besonders dem Chef des Hauses sprang die freudige Herzlichkeit förmlich aus dem Gesicht. Er servierte uns eifrig Tee und Kaffee und vergaß auch nicht, mit dem Herbeiholen eines Aschenbechers darauf hinzuweisen, dass wir hier selbstverständlich rauchen dürften. Dieses Winks hätte es in Anbetracht der Tatsache, dass eigentlich überall geraucht wurde, übrigens gar nicht bedurft. Der Tabakgenuss schien in dieser Gegend einfach zu vielen Gelegenheiten zur entspannten Konversation dazuzugehören.

Dankbar schlürften wir an den kleinen Gläschen, in denen der Kaffee herumwippte, der dank der nicht unerheblichen Menge eingekochten Zuckers fast schon dickflüssig war. Ein leichtes Aroma von Kardamom machte dieses Getränk rasch zu einer orientalischen Erfahrung. Michael parkte seine Kamera auf dem Tisch, um sich kurzzeitig zu empfehlen, und erregte damit sogleich das Geschäftsinteresse des Kaffeeinhabers. Die Kamera war für einen herkömmlichen Touristen, der in dieser Gegend nicht zu den alltäglichen Erscheinungen gehören dürfte, einfach zu groß. Der Cafébesitzer gab uns zu verstehen, dass er sich die Kamera gern mal ausborgen würde, um ein paar Aufnahmen als Werbung für sein Lokal machen zu können, die wir ja dann im Fernsehen oder wo auch immer veröffentlichen könnten. Ungelenk, aber mit dem schelmischen Blick eines Menschen, der gerade einen Geistesblitz in Sachen Guerillamarketing hatte, schwenkte er erst emsig in

unsere Runde, um sich dann dem Rest des Cafés samt seinen Gästen und der Außenreklame zu widmen. Immer wenn er höflicherweise versuchte, uns kurz wieder ins Bild zu nehmen, gaben wir ihm mit «Daumen hoch» und anderen Zuneigungsbekundungen zu verstehen, dass wir seinen Laden töffte fanden und ihn natürlich in aller Welt weiterempfehlen würden.

Wir verließen diesen gastfreundlichen Ort natürlich nicht ohne ein Gruppenfoto mit den beteiligten Protagonisten. Auch hier, im äußersten Süden der Türkei, setzten wir ein Zeichen für mehr Völkerverständigung. Ich nötigte Bernhard und den Chef des Hauses zu einem wie immer staatsakttauglichen Shakehands und betätigte just in diesem historischen Moment den Auslöser meiner Kamera.

Weiter ging es dann auf der E 98 über einen Pass in Richtung Kırıkhan. Der Blick von diesem Gebirge, das den Küstenstreifen vom flachen Hinterland wie eine Mauer trennt, zurück auf das Mittelmeer war umwerfend. Hätte Albrecht Altdorfer diese Aussicht und nicht nur seine Phantasie und ungenaue Karten des späten Mittelalters in seine Skizzen einfließen lassen können, sein Gemälde *Die Alexanderschlacht* hätte sich um ein Vielfaches beeindruckender präsentiert, als es sich dem Betrachter sowieso schon darstellt.

Hinter dem Pass öffnete sich die Landschaft in eine weite, grüne Ebene. Die wohlhabende Stadt Reyhanlı bildet das Zentrum dieser landwirtschaftlich geprägten Gegend, die laut archäologischen Untersuchungen seit über 8000 Jahren besiedelt ist. Für uns war das auf dieser Reise die letzte Stadt auf türkischem Boden, denn nur zehn Kilometer später erreichten wir die türkisch-syrische Grenze. Am Seitenstreifen vor der Grenze, wo einige Männer auf den letzten Kilometern Ziegen und Schafherden direkt neben der Landstraße entlangtrieben, brachten wir unseren Minikonvoi zum Stehen.

Wenig PS, dafür keine Probleme mit der Viscokupplung.

«Die syrischen Staatsbediensteten sollen äußerst allergisch auf Kommunikationsmittel der Gattung Sprechfunkgeräte reagieren», brüstete ich mich mit meinem aus diversen Internetforen angelesenen Wissen.

«Was glaubst du eigentlich, warum wir in Sichtweite der Grenze auf dem Seitenstreifen stehen?», brüskierte sich Bernhard und schob eines unserer Funkgeräte in seine Schmutzwäsche.

Ich trollte mich mit dieser Erkenntnis und packte schnell auch unsere Laptops, MP3-Player, Sendeanlagen und elektrischen Rasierer in den Kofferraum ... des Mercedes.

«Auf den Trick kommen die nie», merkte Bernhard an, während er stolz einen Haufen Kabelsalat in eine erst kürzlich wieder aufgetauchte Tüte mit ungarischen Salamibrötchen stopfte.

Ich lächelte ihm ein verstörtes «Sicher!» entgegen und beschloss umgehend, mir bei nächster Gelegenheit ein paar neuwertige USB- und Netzkabel zu besorgen.

Bereits an der griechisch-türkischen Grenze hatten wir gespürt, dass sich die beiden Länder nicht ganz grün waren. Hier, an der syrischen Grenze, war es schon ziemlich dunkelgrün bis marineblau. Allerdings bestand der Trick der Uniformierten nicht darin, die Reisenden mit der Präsentation von Macht durch Waffenstärke und andere Militaria einzuschüchtern, sondern den Akt des Grenzübertritts durch überbordende und kreativ ausufernde Bürokratie zu entschleunigen. Mal eben über die Grenze nach Syrien, um Gurken zu kaufen, ist nicht.

Die Ausreise aus der Türkei gestaltete sich dagegen noch einfach und übersichtlich. Wir hatten lediglich drei Stationen, wenn auch teilweise zu Fuß, zu absolvieren. Die Polizei bestempelte unseren Ausreisewunsch, der Zoll attestierte mit einem Stempel, dass die Fahrzeuge im Begriff waren, das Land zu verlassen, und zu guter Letzt erhielten die drei Fahrzeughalter des Teams noch einen Extrastempel. Ich war schon im Begriff, mich über die Relevanz dieser Stempelei zu amüsieren.

«Das haben wir in der Grundschule auch immer gemacht. Ob ich denen mal zeige, wie einfach es ist, eigene Motive mit einer Kartoffel herzustellen?», fragte ich.

«Ich würde mich hier stark zurückhalten, den Grenzbeamten deutsche Schnitzkunst in Gemüse zu demonstrieren!»

Da schlich ein teamfremder Rallye-Fahrer von der Seite an den Schreibtisch des Open-Air-Büros und berichtete uns, dass er seit mehreren Stunden mit der Prozedur bei der syrischen Einreisestation beschäftigt sei. Vollkommen weichgekocht von der Ausdauer der Syrer, habe er ausgerechnet den Stempel der türkischen Kollegen nicht bekommen, weswegen er jetzt wieder zurück zu den türkischen Beamten geschickt worden sei. Langsam begriff ich, dass wir uns hier nicht an einer Spaßgrenze befanden, und ermahnte Bernhard, wieder vom Dach des Volvos herunterzukommen und das laute «Die Mauer muss weg!», gefolgt von infantilem Gekicher, unverzüglich einzustellen.

Nachdem uns die türkischen Formalitäten lediglich eine halbe

Stunde Zeit gekostet hatten, begann schließlich, nach einem Streifen Niemandsland von 800 Metern, der entspannteste Teil unserer Reise. Von der Ausreise aus Syrien mal abgesehen.

Noch bevor wir in die Nähe eines administrativen Gebäudes gelangten, blockierten fast 200 Rallye-Fahrzeuge die Spuren in Richtung des vermuteten Schlagbaums. Wir befanden uns höchstwahrscheinlich im hintersten Teil des Feldes. Das hatte von nun an aber keine Relevanz mehr, da die syrischen Grenzbeamten so freundlich waren, die komplette Rallye-Veranstaltung zu unseren Gunsten auszubremsen. Während wir erst gegen Mittag dort eintrudelten, vernahmen wir von einigen übernächtigt wirkenden Kollegen, dass sie bereits seit dem Vorabend um Einlass in das Land baten, aber die eine und die andere Hürde in Form von Formularen, Stempeln und Gebühren noch zu nehmen hätten. Die zu einem Parkplatz umgewidmeten Spuren vor der Grenzstation glichen inzwischen einem Ferienlager für erwachsene Automobil-Abenteurer. In der prallen Sonne und ohne die Chance auf ein wenig natürlichen Schatten hatten es sich die Menschen bequem gemacht.

13.30 Uhr (Station 1)
Nachdem wir einige der Wartenden interviewt haben, verlassen wir unsere Fahrzeuge und begeben uns alle zum ersten Schalter. Vor der Theke, deren Glasscheibe nur durch eine winzig kleine Öffnung die Kommunikation mit den Außenstehenden erlaubt, steht ein Pulk Leute ohne den Hauch eines Wartesystems. Hinter dem Schalter sitzen ein paar arabische Schnauzbärte mit bestimmendem Gesichtsausdruck und Tonfall, die sich mit Reden, Stempeln, Stempelquittieren und Kaffeetrinken gut beschäftigen können. Hier werden die Pässe auf türkische Stempel überprüft. Wir haben Glück: Keiner von uns wird zurück zur anatolischen Grenzabfertigung geschickt.

14.06 Uhr (immer noch Station 1)

Die syrischen Grenzbeamten unterteilen uns durch ihr höchst eigenes rudimentäres Kommunikationsgebaren – «*Owner? No owner?*» – in Fahrzeughalter und Mitreisende. Die Pässe geben sie danach an unterschiedliche Beamte weiter, die dann jeweils Stempel in die Dokumente bollern. Für den schriftlichen Zusatz ist wiederum echte Handarbeit gefragt. Leider teilen sich die beiden Beamten einen einzigen Kugelschreiber, was die Wartezeit an dieser Station aber nur unwesentlich verlängert.

14.28 Uhr

Wir haben von einigen bleichen Wartenden erfahren, dass ab nun nur noch die Fahrzeughalter aufgefordert sind, die restlichen Formalitäten zu erledigen. Bernhard, Chris, Carsten und Michael begeben sich also wieder zum Parkplatz. Renate, Fritz und ich haben das Vergnügen, den restlichen Verwaltungsmarathon zu absolvieren. Aus einem Fenster sehe ich, wie Bernhard einen unserer Campingtische aufbaut und Michael beginnt, sich um die Herstellung von Kaffee zu kümmern. Ich ertrage diesen Urlaubsanblick nicht und begebe mich zu …

14.43 Uhr (Station 2)

Nach einer kurzen Warterei an einem Schalter am anderen Ende der Halle erhalten wir ein Formular, das es auszufüllen gilt. Leider ist das Schriftstück komplett auf Arabisch. Bereits kundige Mitstreiter berichten uns, dass wir die Übersetzung sowie die Eintragungen entweder von den freiberuflichen Übersetzern, die hier überall herumschleichen, oder von den Schalterbeamten selbst erledigen lassen könnten. In beiden Fällen wäre ein nicht zu geringes *bakshish* zu entrichten, damit die Aufgabe ordnungsgemäß erledigt werde.

Nun ja, zwar sagt man im Deutschen umgangssprachlich

«Schmiergeld» dazu, was viel zu sehr nach einem finsteren Blick und einem fies lächelnden Beamten klingt. Dabei handelt es sich im eigentlichen Sinne um eine Gabe, also eher ein Trinkgeld. Genau genommen ein Almosen, was nach arabischer Tradition die Reicheren den Ärmeren geben. Insofern hier schon wieder passend. Tobi übersetzt das Wort aber lieber auf seine Art:

Bakshish könnte man vorsichtig mit «freiwillige Aufwandsentschädigung» übersetzen, die in vielen Fällen der Motor für ein Vorankommen im behördlichen Zusammenhang ist. Wir entscheiden uns für den direkten Dienstweg und reichen Formulare und Pässe zusammen mit einigen eigens zu diesem Zweck mitgeführten, wertvoll schimmernden Gedenkmünzen durch die Öffnung. Die Beamten belächeln im Pulk unser Angebot, nehmen sich der Formulare aber umgehend an und beginnen die deutschen Pässe mit denen für sie kaum zu entziffernden Buchstabenfolgen zu dechiffrieren.

15.12 Uhr
Während ich mir in einer Traube von Fahrzeughaltern vor den beschäftigt in den Formularen herummalenden Beamten die Beine in den Bauch stehe, sehe ich aus dem Augenwinkel, wie Bernhard mit mehreren Tassen Kaffee in den Händen den Blick durch die Schalterhalle schweifen lässt. Ich hüpfe ein wenig, um mich in der Masse der Wartenden bemerkbar zu machen, muss aber mit ansehen, wie mein Mitstreiter unvermittelt wendet, sich die Sonnenbrille ins Gesicht fallen lässt und zu den Autos zurückkehrt. Ich finde die Geste ja nett, aber etwas mehr Ausdauer bei dem Versuch, mich zu finden, hätte einen nicht ganz so faden und durstigen Eindruck hinterlassen.

15.25 Uhr (Station 3)
Wir bekommen die Formulare ausgefüllt zurück, und ab nun ge-

hen die Meinungen über das weitere Procedere auseinander. Wir entscheiden uns für die Variante, die Formulare in einem separaten Büro begutachten zu lassen. Durch einen schmalen Flur, der irgendwie nach DDR riecht, betreten wir ohne viel Wartezeit ein Büro. In der dunklen, verqualmten Kaschemme hat sich ein älterer Herr hinter den Schreibtisch geklemmt, um die Formulare zu prüfen und seine dem Papier gewährte Aufmerksamkeit mit einem Stempel zu manifestieren. In den 1950er Jahren hätte man dieses Büro ohne weiteres für ein Filmset in die Detektei eines altersmüden Schnüfflers umwandeln können. Einige uns entgegenkommende Fahrer berichten, dass auch an dieser Stelle ein paar Dollar Trinkgeld für die Leistungen des Herrn angebracht seien. Wir versuchen es ohne und erhalten die benötigten Papiere ein wenig mürrisch zurück.

15.40 (Station 4)

Um das Verfahren etwas aufzulockern, scheint diese Station im Freien postiert zu sein. Man habe sich mit den zuletzt gestempelten Formularen zu seinem Fahrzeug zu begeben und darauf zu warten, dass sich ein Herr mit zwei Sternen auf der Schulterklappe bereit fühle, beides zu begutachten, erfahren wir von einem unbekannten Informanten aus dem Fahrerlager. Als wir bei den Fahrzeugen ankommen, ist Bernhard gerade dabei, ein Planschbecken aufzupusten und seine vom vielen In-der-Sonne-Rumsitzen geschundenen Füße darin zu kühlen. Weinerlich schlürft er an seiner gekühlten Limo und berichtet von dem Dilemma, eine Runde *Kniffel* verloren zu haben.

«Genug gedöst! Sobald der Typ mit den beiden Sternen auf der Schulter dort hinten fertig ist, angeln wir uns den, sonst kommen wir hier nie weg!», befehle ich.

«Moooment mal, dann kann ich ja gleich wieder die Handtücher und den Badezusatz verstauen», entgegnet Bernhard gequält.

Dabei schaut er mich traurig an, vermutlich befürchtet er, auch noch um die *Kniffel*-Revanche gebracht zu werden. Carsten, der in einer Hängematte zwischen Volvo und Mercedes baumelt, macht mit einem lauten Schnarcher darauf aufmerksam, dass ich ihn mit meinem Tonfall fast aus dem Tiefschlaf gerissen hätte.

Kurz bevor ich mich über die ungleich verteilten Aufgaben und Beschäftigungen ärgern kann, kommt Sakher mit dem Sternentyp direkt auf uns zu. Sakher ist der jordanische Verbindungsmann der Rallye-Organisation und taucht immer an entscheidenden Stellen wie aus dem Nichts auf. Auch wenn der jordanische Einfluss an dieser Stelle relativ gering sein dürfte, so weiß er stets und in jeder Situation das Richtige zu tun. Sein Händi scheint mit seiner Ohrmuschel verwachsen, und um ihn herum wieselt ein Tross von verschiedenen Helfern. Eigentlich ist er damit beschäftigt, die Teilnehmer zu unterstützen, die inzwischen zum Teil seit fast 20 Stunden auf die Einreise nach Syrien warten, aber gerade in diesem Moment lenkt er noch schnell den wichtigen Beamten zu uns. Von ihm erfahren wir auch, dass der syrische Sternenträger von seiner anstrengenden Aufgabe immer furchtbar hungrig und durstig werde, aber leider weder Speisen noch Getränke dabeihabe.

Als Menschenfreunde helfen wir da natürlich gerne weiter und bieten ihm einen bunten Strauß aus unserem elektrischen Kühlparadies an. Wie selbstverständlich nimmt er das Angebot an und stempelt und kritzelt zügig in den mitgebrachten Formularen herum.

In dem Moment wurde selbst mir klar, was da die ganze Zeit für ein Theater vor meinen Augen gespielt wurde. Mir war der Uniformierte mit Kladde schon vorher aufgefallen, da ihm seit einer Weile eine Fahrerin aus einem anderen Team folgte und ihm eine Schale mit Früchten darreichte. Empfand ich dieses Verhalten zunächst als typisches Anbiedern zur Darstellung kulturübergreifender Toleranz, stellte es sich als billiger Versuch der Vorteilsnahme heraus. Unsere Flasche eisgekühlten Wassers hat ihn allerdings weniger beeindruckt, er öffnete sie, nippte kurz daran und stellte sie dann einfach auf eine glühende Motorhaube. Nachdem er weg war, füllte ich die Flüssigkeit sofort in den Kühler des ohnehin mit offener Motorhaube dastehenden Mercedes. Die leere Flasche warf ich hinter den Beifahrersitz des Volvos, wo sie sofort unter den verbogenen Prospekt des österreichischen Campingplatzes rollte, der in der Zwischenzeit mit seiner neuen Freundin, einer halbleeren Packung Kekse, nach hinten geschoben worden war.

15.50 Uhr
Während ich zurück in die Schalterhalle latsche, findet ein bayrisches Team einen Football in seinem Kofferraum und beginnt diesen über den Parkplatz zu kicken. Die ersten Außenspiegel werden damit auf ihre Bruchfestigkeit überprüft.

15.52 Uhr (Station 5)
An diesem Schalter soll die Kfz-Versicherungsgebühr für Syrien beglichen werden. Summe, Modalitäten und Wartezeit sind bis auf weiteres unklar. Die Pässe werden durch die wartende Menge nach vorne gereicht und in einer langen Reihe vor der Schalteröffnung aufgebaut. Der Mensch hinter der Scheibe fischt sich immer wieder einen Pass heraus, hält das Dokument gegen die Glasscheibe, auf dass die Wartenden laut den Namen des Passinhabers skandieren, da der Beamte ihn in den meisten Fällen weder lesen noch aussprechen kann. Der Ausgerufene tut nun ebenfalls brüllend kund, ob er die Gebühr lieber in Dollar oder Euro begleichen möchte, und begibt sich mit der bevorzugten Währung zum Schalter.

Wir reichen die Pässe nach vorn und warten.

Mit einer gewissen Ironie wurde der lange Reigen Pässe durch eine Cola-Flasche am Umkippen gehindert, auf der groß «Freeway» stand. Ich hatte lange Zeit, darüber nachzudenken, und war von Stunde zu Stunde froher, in einem grenzoffenen Europa zu leben. Die paar Versicherungsformalitäten und die paar Stunden Aufwand für die Neubeschaffung angeblich häufiger geklauter Autos waren es allemal wert. Ein besonderer Dank geht hier an die Mitglieder des Teams Bremen, die in tapferer Heldenmanier darauf achteten, dass ja kein Pass eine ihm nicht zustehende Position in der langen Reihe der Ausweispapiere einnahm. Sie verteidigten die Reihenfolge nicht nur gegen andere Rallye-Teilnehmer, sondern insbesondere auch gegen einige grenzerfahrene Lkw-Fahrer, ohne sich von deren bösen Blicken oder streng klingenden Sätzen einschüchtern zu lassen.

16.20 Uhr
Wir warten immer noch, doch die allgemeine Stimmung ist entspannt, denn alle haben sich mit der Warterei arrangiert. Teilweise werden neue Familien gegründet, ganze Clans spezialisieren sich auf Ackerbau und Viehzucht, während andere weiter als Jäger und Sammler durch das Grenzgebiet streifen.

16.47 Uhr
Den Bayern in Lederhosen ist es draußen zu warm geworden. Sie bringen ihren Football mit in die Schalterhalle und pöhlen das Ei mit Schmackes quer über das Heer der Wartenden. Nur knapp verfehlen sie ein paar Teetässchen von einigen pausierenden Grenzern, woraufhin die gute Stimmung auf syrischer Seite zu kippen droht. Die Kicker versprechen hoch und heilig, sich gesitteter zu verhalten, und beschließen, einfach still in der Sonne sitzen zu bleiben und das restliche Weizenbier zu vernichten, bevor es die Temperatur des Kühlwassers übersteigt. Komasaufen gehört aber

vermutlich ebenfalls nicht zu den typisch arabischen Tugenden. Wir haben die Jungs jedenfalls seit einiger Zeit nicht mehr gesehen ...

17.12 Uhr
Bernhard überrascht mich nun doch mit einer Tasse Kaffee. Ihm sei draußen langweilig geworden, weswegen er mir zu seiner eigenen Zerstreuung einen Gefallen habe tun wollen. Danke.

17.18 Uhr
Ein arabischer Reisender versucht sich durch den Pulk der Rallye-Fahrer an «unserem» Schalter nach vorne zu drängeln und riskiert, dabei gelyncht zu werden. Renate und Fritz nehmen mangels Bewegung und Auslastung dankend an der Prügelei teil.

17.42 Uhr
Von vorn nach hinten verbreitet sich die Nachricht, dass der Drucker am umworbenen Schalter ausgefallen sei und die Beamten nun gar nichts mehr machten. Wo sind eigentlich Carsten und Chris die ganze Zeit abgeblieben? Den Rauchfahnen über dem Parkplatz nach zu urteilen, haben sie entweder einen Grillwettbewerb gestartet oder machen Stockbrot über dem Straßenbelag. Ich will es gar nicht näher wissen und rutsche zum viertausendsten Mal auf die andere Pobacke, während ich auf dem kalten, marmorierten Boden so dasitze und warte.

18.10 Uhr
Unser Kameramann Michael vertreibt sich die Zeit damit, das strikte Filmverbot an der Grenzstation mit immer kreativeren und ausgebufteren Methoden zu umgehen. Digitalfotokameras werden in Mützen und Taschen versteckt, ehe er, so ausgerüstet, das Gespräch mit verschiedenen Menschen sucht. Dass er gele-

gentlich eine alte Brötchentüte am langen Arm in die Luft reckt und wie mit einem Periskop über der Szenerie schwenkt, ist bereits nicht mehr als unauffällig zu bezeichnen. Da wir uns aber gern auch noch ein Stückchen weiter nach Jordanien von ihm begleiten lassen möchten, hindere ich ihn kurzfristig daran, am nächstbesten Schalter nach frischen Speicherkarten zu fragen. Die seinigen sind mittlerweile alle voll.

18.25 Uhr
Leichte Panik breitet sich aus, als das Gerücht aufkommt, nach Sonnenuntergang würden die Bediensteten bis zum nächsten Morgen Feierabend machen.

18.54 Uhr
Endlich dürfen wir unsere Versicherung bezahlen. Wir wählen Euro als Währung und werden daraufhin an den Nebenschalter gebeten.

18.56 Uhr (Station 6)
Dort wechselt man uns nach einer Weile das Geld in syrische Pfund und bittet uns wieder an den anderen Schalter, wo wir die Versicherungskarte erhalten sollen.

19.08 Uhr (Station 7 = Station 5)
Wir kämpfen uns wieder nach vorn an die Theke und bezahlen den geforderten Betrag. Endlich bekommen wir den Versicherungsschein, der selbstverständlich vor der Aushändigung nochmal ordnungsgemäß abgestempelt wird.

Ich nutzte unterdessen die Gelegenheit, um meine volkswirtschaftlichen Studien zum Thema Geldkreislauf zu verfeinern. Der Betrag B, den Fritz an Schalter S_1 von Mitarbeiter M_1 ausbezahlt bekommen hat, war bereits vorsorglich in zwei kleinere

Teilbeträge, nämlich T_1 und T_2, gesplittet worden, wobei galt: $T_1 + T_2 = B$. Einmal für die Versicherung (T_1) und einmal den generellen Einreisekostenabgabenzuzahlenbetrag (T_2). Die eine Hälfte (T_1) reichte Fritz nun mit leicht wehmütigem Blick am Nachbarschalter S_N durch eine Glasscheibe zu einem weiteren Mitarbeiter (M_W). Der gab die Scheine an einen Beamten weiter, der im Hintergrund gewartet hatte (M_H) und nun den Raum (S_N) verließ. Ich beobachtete sämtliche Bürotüren ($B_{[1\ldots n]}$), die durch die Glasfront ersichtlich waren, bis sich seine Gestalt plötzlich in genau dem Raum befand (S_1), in dem Fritz kurze Zeit zuvor die beiden Geldhäufchen ($T_1 + T_2$) überreicht bekommen hatte. Der Mann (M_H) gab es dem Herrn (M_1), der an der Scheibe saß, der es wiederum direkt dem nächsten Rallye-Fahrer (R_1) überreichte. Natürlich nicht, ohne vorher den entsprechenden Gegenwert in Dollar [D, ($T_1 + T_2$) * Wechselkurs$_D$] oder Euro [E, ($T_1 + T_2$) * Wechselkurs$_E$] einkassiert zu haben. Dass jede Hand, die an dieser Aktion beteiligt war, vorher einen kleinen Teil der Summe in die zugehörige Hemdtasche gesteckt hatte, verwunderte mich nicht weiter, ich verstand das vielmehr als Transaktionskosten. ($T_1^{\text{vor Transaktion}} > T_S^{\text{nach Transaktion}}$) Die Wanderung der syrischen Pfund war ein Geldkreislauf im reinsten Sinne. Das Einzige, was ständig anwuchs, waren die Stapel mit den Fremdwährungen. ($F_t < F_{t+i}$) Warum überhaupt syrisches Geld benutzt wurde und warum wir die Scheine auch noch von einem Schalter zum nächsten tragen mussten, erschloss sich mir nur am Rande. Vielleicht sollte es ja gebraucht aussehen …

Ich schwöre mir in dieser Minute: Falls die wirtschaftliche Situation im von mir hauptsächlich bewohnten Mitteleuropa sich in nächster Zeit dramatisch zum Schlechten wenden sollte, mache ich eine Fabrik für Stempeltinte an der syrischen Grenze auf und werde steinreich.

19.20 Uhr (Station 8)

Nun geht es Schlag auf Schlag. Sakher verrät uns, dass wir nur noch mit dem Versicherungsschein in die Baracke am Schlagbaum gehen müssten, um dort einen – ich kann das Wort schon nicht mehr ertragen – Stempel zu erhalten und nebenbei dem Offizier einen Dollar pro Fahrzeug für seine Bemühungen zu überreichen. In besagter Dienststelle sitzt ein unbewaffneter, soldatisch wirkender Mann in einem grünen Overall auf einer Pritsche und scherzt mit einigen Kollegen. Zwischendurch gibt er uns mittels Zeichensprache zu verstehen, was wir zu tun haben, und verlangt dann in gebrochenem Englisch 30 Dollar – zehn Dollar pro Fahrzeug. Fritz, der sich seinem jeweiligen Gegenüber bisher mit der Strategie Demut und Höflichkeit genähert hat und dabei nicht unerfolgreich war, platzt plötzlich der Kragen seines Poloshirts. Lautstark redet er auf den rauchenden Grenzoffizier ein und gibt ihm zu verstehen, dass er sich sicher ist, nicht mehr als einen Dollar pro Fahrzeug berappen zu müssen.

Die Vehemenz, mit welcher der sonst eher schüchtern mit nicht berechenbaren Autoritäten verhandelnde Fritz hier auf einmal vorgeht, macht mir Angst. Den ganzen Tag haben wir uns entspannt am Grenzzaun zu einer weiteren Etappe, einem neuen, uns fremden Land, erholen dürfen. Nun beginne ich mich an den Gedanken zu gewöhnen, die Besichtigung eines syrischen Knasts auf die imaginäre Sightseeingliste zu pinnen. Ich überlege, ob es sinnvoll wäre, mich heulend im Rockzipfel des Herrn zu verbeißen und um Einlass in sein vermutlich schönes Land zu bitten. Oder vielleicht doch Fritz als Zeichen des Respekts vor der syrischen Bürokratie mit einem Schläfenstempel sprachlos zu boxen.

Noch bevor ich mich entscheiden muss, fangen die anwesenden Grünröcke wie kleine Kinder an zu gackern und tun so, als wäre das mit den zehn Dollar nur ein schlechter Scherz gewesen.

Fritz ist verblüfft, ob der Wirkung seines Ausbruchs, und ich fasse mir verwirrt an den Hinterkopf, als wir die Baracke mit neuen Papieren, aber ohne einen Stempel verlassen.

Unfassbar, wir dürfen unsere Fahrzeuge besteigen und nun motorisiert auf den Schlagbaum zurollen. Erleichtert rennen Renate, Fritz und ich zu den Autos und wecken Carsten, Bernhard und Chris, die in einem Haufen von Campinggeschirr, Essensresten, Fußbällen, Büchern und sonstigen, Kurzweil versprechenden Artikeln ein Nickerchen halten. Michael filmt mittlerweile ganz offen die untergehende Sonne und fragt allen Ernstes, ob wir SCHON fertig seien oder ob er noch ein paar Minütchen drehen dürfe – das Licht zur blauen Stunde sei gerade so schön. Fritz setzt wieder seinen irren Blick von eben auf, was Michael stante pede auf den ihm zugewiesenen Sitzplatz treibt.

Der freundliche Herr an der Schranke öffnet bereitwillig den Schlagbaum, nachdem er die Papiere seines gerade mal 2,5 Meter neben ihm hausenden Kollegen in der Baracke **stempelt**. So in die Freiheit entlassen, können wir nicht glauben, dass alles bereits vorbei sein soll, daher steigen wir aus und machen in der Dämmerung ein Gruppenbild mit der Grenze als Kulisse im Hintergrund. Erleichtert setzen wir uns danach wieder in die Fahrzeuge und rollen los. Nach 300 Metern erreichen wir ein überdimensionales Gartentor, neben dem auf einem in der ganzen Welt verbreiteten Typus von Gartenstuhl ein Typ sitzt, der uns nach den Pässen fragt. Er hält sich nicht lange mit den inzwischen total vollgestempelten Nachweisen unserer Existenz auf, sondern winkt uns durch sein olles Maschendrahttor und ruft uns ein freundliches «Welcome to Syria!» hinterher.

19.40 Uhr
Wir sind in Syrien.

Ein syrischer Bekannter, das freundliche Organisationskomitee und Wikipedia hatten uns dringend angeraten, die Stadt Aleppo zu besuchen. Mit ihren 1,7 Millionen Einwohnern zählt sie zu den größten Städten im sonst recht dünn besiedelten Syrien. Zudem gilt sie, seit nahezu 4000 Jahren in den Geschichtsbüchern vertreten, als eine der ältesten Städte nicht nur in der Region und hat demzufolge eine Vielzahl an historischen Sehenswürdigkeiten zu bieten.

Hast du schon erwähnt, dass Aleppo ursprünglich auf einer Hügelgruppe in einer breiten, fruchtbaren Senke auf beiden Seiten des Flusses Quwaiq erbaut wurde? Dass sie besonders strategisch zwischen dem Mittelmeer und dem Euphrat gelegen ist? Dass die Mehrheit der Bevölkerung Araber und Kurden bilden? Wo bleibt die Information, dass es daneben auch noch Türken, Aramäer und Armenier sowie einige andere kleinere Volksgruppen gibt? Warum verschweigst du, dass etwa 15 bis 20 Prozent der Einwohner Christen verschiedener Konfessionen sind? Ist es unbedeutend, dass Aleppo genau deshalb als Beispiel für friedfertiges Zusammenleben verschiedener Kulturen und Religionen gilt?

Du hältst das für unwichtig? Na gut, dann will ich auch nicht länger darauf herumreiten.

Da wir am nächsten Tag unbedingt Palmyra, die alte Wüstenoase ein paar hundert Kilometer weiter südöstlich, erreichen mussten, schlugen wir den direkten Weg dorthin ein, der uns leider von Aleppo weg nach Süden führte. In Palmyra erwarteten uns neue Aufgaben, die nur vor Ort zu lösen waren. Unser Zeitplan erlaubte ab jetzt keine mehrstündigen Verzögerungen mehr und gab uns einen engen Rahmen vor. Drei Tage später, an der jordanischen Grenze, würden wir ein Zeitfenster von nur wenigen Stunden haben, um in das Land einzureisen. Würde uns das nicht gelingen, wären wir nicht mehr unter der Schirmherrschaft des

Welternährungsprogramms und des jordanischen Königshauses eingereist und müssten Einfuhrzölle für unsere Fahrzeuge bezahlen – in Höhe des Neupreises, versteht sich.

Mittlerweile war es stockdunkel, und auch ohne mit Nachtblindheit gestraft zu sein, stellte es sich meist als Kunststück heraus, die anderen Verkehrsteilnehmer unterwegs identifizieren zu können. Den ersten Schreck erfuhr ich, als sich bei einem Überholvorgang die schwächliche Rückleuchte eines zweirädrigen Irgendwas als rechtes Rücklicht eines ausgewachsenen Mähdreschers entpuppte, an dessen Dreschdings ich gerade noch mit einer heftigen Lenkbewegung vorbeikam. Auf der linken Spur vorsichtig dahinzurollen, war jedoch nur so lange sinnvoll, bis die ersten unbeleuchteten Pferdegespanne, Fahrradfahrer und Fußgänger darauf als Gegenverkehr auftauchten. Dies hielt aber die syrischen Pkw- und Lkw-Lenker keineswegs davon ab, sich mit maximaler Geschwindigkeit einen Weg dazwischen zu suchen.

«Lasst uns so schnell wie möglich von der Straße verschwinden. Das gibt hier sonst noch Tote», bellte Carstens Stimme irgendwann aus dem Funk.

«Wenn es einem unserer routiniertesten Fahrer hier zu bunt wird, sollten wir das ernst nehmen», bestätigte ich seinen Wunsch.

«Warum passiert hier so wenig? Eigentlich müsste ein Feldlazarett hinter dem anderen stehen. Oder gelten Verkehrstote in Syrien etwa als unehrenhaft verstorben und werden einfach am Straßenrand verscharrt?», sinnierte Bernhard und fuhr bei einem Ausweichmanöver jenseits des rechten Fahrbahnrands über einen kleinen Sandhubbel.

Rumänien war in der Rückschau ein Verkehrskindergarten gegen die Verhältnisse hier in Syrien bei Nacht. Das aufgekochte Adrenalin hatte die Hungergefühle derer verdrängt, die nicht den ganzen Tag damit beschäftigt gewesen waren, im Campingstuhl wippend ein Tütensuppenwettessen zu veranstalten. Das Grillgut würde nun einen weiteren Tag in der Kühlung verbringen.

Da niemand Lust hatte, sich nach den aufreibenden Straßenerfahrungen mit Schlangen, Skorpionen oder anderen Schlafverhinderern auseinanderzusetzen, galt es, eine Übernachtungsmöglichkeit mit Wänden und Dach drüber zu finden. Daher kämpften wir uns weitere 50 Kilometer bis Idlib vor.

Relativ unbedarft, was die Infrastruktur dieser Stadt anging, hielten wir an einem schicken, mit blauem LED-Licht ausgestatteten Verkehrskreisel mitten vor einer Ausfahrt und überließen dem Führungsfahrzeug die Konversation mit dem Verkehrspolizisten zum Thema Übernachtung. Der Polizist trug schicke, lange Stiefel und Reiterhosen, die ich so in einer als homophob verschrienen Kultur nicht vermutet hätte. Kess reckte er den Hintern in die Luft, während er sich zu Renate ins Fahrzeug beugte, um ihr den Weg zum nächsten Hotel zu erklären. Nach kurzer Zeit brausten wir in der von ihm angezeigten Richtung aus dem Kreisverkehr. Gottlob, bevor Bernhard damit fertig war, sich aus einem alten Salatblatt und einem Klebeband, das er im Fußraum vor der Rückbank gefunden hatte, einen Indianerkopfschmuck zu basteln und dem Polizisten in bester Village-People-Manier ein kräftiges «*Y. M. C. A.*» entgegenzuschmettern.

Das ist völliger Blödsinn. Wie hier versucht wird, mir etwas anzudichten, was sich in dieser Form keinesfalls zugetragen hat. Indianerkopfschmuck? Für wie kulturdissonant hältst du mich eigentlich? Ich wollte der Bauarbeiter sein.

Einige Meter weiter tauchte dann endlich das ersehnte Hotel auf, welches auf den ersten Blick allerdings nicht danach aussah, unserem Reglement Rechnung zu tragen. Aufgrund der späten Stunde beschlossen wir durch einen Mehrheitsentscheid, den Rezeptionisten so lange mit Verhandlungen zu penetrieren, bis die Summe auf der Rechnung in das Reglement passte.

Innerhalb von 15 Minuten hatte Fritz diese Aufgabe erfüllt, woraufhin ich artig sein Verhandlungsgeschick lobte und mich auf ein richtiges Bett freute. Bernhard und ich hatten für die harte Tour gestimmt und wären notfalls in unserem nach verwesenden Essensresten duftenden Volvo zur Ruhe gekommen, aber da wir überstimmt waren, mussten wir uns fügen und ein bisschen Luxus für diese Nacht in Kauf nehmen.

Zum spätnächtlichen Abschluss des Tages gönnten wir uns noch ein fürstliches Mahl im hoteleigenen Restaurant. Wie es sich für echte und weltoffene Globetrotter gehört, bestellten wir Schnitzel für alle, und um den landestypischen Spezialitäten Tribut zu zollen, ließen wir uns ein syrisches Bier dazu reichen. Nachdem ich festgestellt hatte, dass sich die Braukunst in diesem Land in den vergangenen 4000 Jahren weg von der europäischen Weise entwickelt haben musste, bestellte ich doch lieber ein holländisches Heineken. Zum Preis eines Kleinwagens.

Text: Tobias   **Anmerkungen: Bernhard**

Der Morgen in Idlib begann wie die meisten anderen auch, mit einem Wecker und dem Ruf des Muezzins. Weder der euphorische Vorbeter aus dem MP3-Player noch unser zu allem entschlossener Mobiltelefonalarm schafften es, uns nach Tagen des Schlafentzugs nachhaltig unseren Träumen zu entreißen. Kurz vor dem errechneten Abfahrtstermin schalteten die inneren biologischen Uhren auf Daueralarm und pumpten ein kleines Portiönchen Adrenalin in die Blutbahn. Die kurzfristige Wachphase reichte aus, um festzustellen, dass fünf Minuten mal wieder viel zu wenig Zeit für eine Dusche und ein schnelles Frühstück boten. Wir reckten kurz die Nasen in die Luft, um unsere Kleidung zu lokalisieren, streiften uns dieselbe über und machten uns auf den Weg.

Nachdem die Zimmertür ins Schloss gefallen war und ich Bernhard hinterhertrottete, blickte ich aus dem Flurfenster in der fünften Etage.

Es sollte kurz Erwähnung finden, dass «hinterhertrotten» genau so zu verstehen ist wie hier beschrieben. Sollte es bei Wikipedia jemals einen Artikel über Morgenmuffel geben, würde ein Bild von Tobi, aufgenommen zwischen acht und elf, völlig ausreichen, um sämtliche Facetten dieser Spezies darzustellen. Üblicherweise habe ich die diversen Schlafzimmer und das Zelt weit vor ihm verlassen, so wie ich sie auch stets weit vor ihm betreten hatte. Allein diesem Umstand ist es zu verdanken, dass wir jeden Morgen unsere eigene Kleidung wiederfanden. Tobi nahm einfach die Sachen, die noch herumlagen. Aber blicken wir wieder aus der fünften Etage:

Unten lag der versandete, ehemals blaue Hotelpool leer und öde vor einem großen Bolzplatz in der Morgensonne. Die Mannschaft, die in diesem Moment auf den Platz trabte, war mit grünen Trikots ausgestattet und trug lange Hosen mit dicken Stiefeln. Der Trainer machte einen recht ehrgeizigen Eindruck und schien seine Jungs ziemlich gut im Griff zu haben. Nach einem weiteren Schub plötzlichen Erwachens und einer Analyse der Situation war mir klar, dass es sich um eine militärische Einheit handelte. Willkürlich machten sich meine Augäpfel daran, in den Reihen der Soldaten nach Zivilisten zu suchen, um herauszufinden, ob es sich hier um eine Exekution in Form einer standesrechtlichen Erschießung handelte. Natürlich war es der Morgenappell von ein paar Soldaten, die vermutlich nicht weniger müde waren als wir.

Mit einer unglaublichen Disziplin liefen die Soldaten auf und ab und bildeten lustige, lautlose Formationen, die nur von hier oben, doppelverglast und vollklimatisiert, aus der Loge in der fünften Etage, wahrlich zu genießen waren. Einige Stockwerke tiefer, an der Rezeption und in dem angrenzenden Frühstücksraum, war von orientalischer Geschäftigkeit wider Erwarten nichts zu spüren. Ein paar versprengte ältere Damen einer ebenfalls aus Deutschland stammenden Gruppe katholischer Studienreisender schlichen wie die Mitglieder unseres Teams zwischen Rezeption und Frühstücksraum, von dicken Teppichen gedämpft, hin und her, ohne dabei einen erkennbaren Plan zu verfolgen. Bernhard und ich gesellten uns unauffällig dazu und schafften es dadurch, trotz unserer Verspätung heimlich ein komplettes Frühstück einzunehmen.

Nachdem Carsten unsere türkischen Grillspezialitäten, die er am Vorabend in einem Anflug von akuter Diarrhöphobie in der Kühltruhe des Restaurants hatte unterbringen lassen – hoffentlich von den doch sehr speziell schmeckenden syrischen Wiener Schnitzeln getrennt –, in unserer Bordkühlanlage verstaut hatte, bestiegen wir die Fahrzeuge. Renate führte uns mit traumwand-lerischer Sicherheit aus der Stadt und über die vorher festgelegte Route in Richtung der Wüstenpiste nach Palmyra, der großen, seit Jahrtausenden bewohnten Wüstenoase.

Das Schöne an unserer Reise war nach wie vor die kontinuierli-che Veränderung des Bildes von Landschaft und Menschen. Nach dem Start in Idlib hatten wir wiederum das Gefühl, dass die *kontinu-ierliche Veränderung* einen doppelten Espresso zum Frühstück und deshalb nochmal einen Zahn zugelegt hatte, denn die Umgebung wurde immer orientalischer. Waren Helme auf Zweirädern im Sü-den der Türkei nur noch ein gelegentliches modisches Accessoire, so trug man hier maximal eine كوفية[19] als Schutz, allerdings eher gegen die Sonne. Am meisten schienen hier jedoch die Damen ge-schützt zu werden. Zunächst sahen wir in den kleineren Städten und Ortschaften auf den Straßen mehr Männer als Frauen. Die vereinzelt entdeckten weiblichen Einwohnerinnen trugen meist eine schwarze Komplettverschleierung, wobei mir sofort die Bezeichnung *burka* in den Sinn kam. Eine schnelle Recherche erbrachte aber als Ergebnis, dass es sich bei dieser Totalvermummung nicht um die afghanisch-pakistanische *burka*, sondern um die arabische Variante *tschador* in Verbindung mit einem Gesichtsschleier, dem *niqab*, handelte.

Aus unserer eurozentrischen Perspektive scheint diese Art der Bekleidung äußerst unpraktisch. Die Herren haben nichts zu gu-cken, und den Damen dürfte es bei den vorherrschenden Tem-peraturen relativ schnell warm werden in so einem schwarzen Ganzkörpersonnenkollektor. Ich sah aber ein, dass eine unre-flektierte Bewertung dieser religiös geprägten Damenoberbeklei-dung vollkommen unsinnig war. Schließlich hätte ich auch eine Diskussion über Sinnhaftigkeit und Ästhetik meiner müffeligen

[19] كوفية = *kufiya* = Kopftuch der Männer in der arabischen Welt, deren schwarz-weiße Variante umgangssprachlich auch als «Palästinen-sertuch» bezeichnet wird.

Billig-Outdoor-Bekleidung, erworben bei einer einschlägigen Kaffeerösterei, gescheut und beschloss, mich erst nach der Reise näher mit diesem Thema zu beschäftigen. Außerdem beobachteten wir auch Frauen ohne Schleier oder welche mit Schleier und Lederjacke und figurbetonten Markenjeans, sodass wir keine dringliche Veranlassung sahen, augenblicklich die Damenwelt des Orients aus ihrer Unfreiheit zu erretten oder wenigstens einen Karton Gratisausgaben der *Emma* auf dem nächsten Basar zu verteilen.

Nachdem sich die Tanknadel unseres schwedischen Wüstenschiffs nach unten orientierte, mussten wir einen Tankstopp in Jisr al-Shugur einlegen.

«Wie teuer ist denn wohl der Sprit hier? Hat überhaupt jemand noch genug syrische Pfund von euch?», rief ich aus dem offenen Seitenfenster des Volvos zu den Kollegen, die schon aus den Autos gesprungen waren.

Leider bretterte genau in dem Moment einer dieser buntbemalten Lkws knatternd über den großen Platz vor den Zapfsäulen, sodass vermutlich noch nicht mal jemand meine Bedenken gehört hatte. Ich war nicht bereit, das Gesagte nochmals zu wiederholen, zumal bereits zwei der Fahrzeuge den dämpfenden Rüssel intus hatten und sich an der giftigen Energie labten. Der Blick in die Vereinskasse offenbarte, dass wir syrische Pfund nicht mehr in ausreichender Menge mit uns führten, und zu allem Übel waren die Spritverkäufer diesmal nicht bereit, sich von uns zu irgendwelchen Devisen überreden zu lassen.

Um den Tankwart mit der richtigen Währung beglücken zu können, gab es nur eines: Renate musste zur nächsten Bank, um unsere vorhandenen Zahlungsmittel in syrische Münze umzuwandeln. Der Chef des kleinen Tankbetriebs bot sich höchstpersönlich an, Renate in unserem BMW zur nächsten Filiale zu begleiten, während die verbliebenen Teammitglieder als Pfand für die vollen Tanks zurückblieben. Nachdem die beiden inklusive Anstandsdame Carsten auf die Reise geschickt worden waren, nutzten wir das entstandene Zeitfenster, um die Nachbarschaft näher zu inspizieren. Die Zapfsäulen mit orientalischer Überdachung grenzten, durch eine kleine Mauer getrennt, unmittelbar an einen Parkplatz, auf den immer wieder kleine Lastwagen fuhren, die Gurken oder gelbes Gestrüpp geladen hatten. Sofort nach Einfahrt eines neuen Gurkenlasters bildete sich eine Menschentraube von bereits anwesenden Männern, die sich sogleich laut debattierend an der Ware zu schaffen machten.

Die Szenerie wurde von einem einsamen Menschen in semiprachtvoller Uniform überwacht. Letzteres lässt sich nur vermuten, aber gelegentlich schaltete der Herr sich ein, indem er die teilnehmenden Lamentierer von hier nach da scheuchte und geschäftig auf und ab ging. Nachdem wir das exotische Treiben eine Weile beobachtet hatten, beschlossen die Beobachteten plötzlich, uns ebenfalls exotisch zu finden, und strömten in einem großen Rudel auf uns zu. Da sich unser Arabisch in den vergangenen sechs Stunden nicht wesentlich verbessert hatte und unsere Gesprächspartner eher mit der Hilfe von Lautstärke und großen Gesten mit uns kommunizierten, verlief die Unterhaltung etwas holprig. Der Plauderei mit Händen und Füßen meinten wir immerhin so viel entnehmen zu können, dass man uns liebend gern etwas zum Thema Haschisch, Gurken und Handfeuerwaffen mitgeteilt hätte. Ob es sich dabei um ein Verkaufsangebot oder das Fernsehprogramm der letzten Woche handelte, blieb bis zum Schluss unklar.

Nach einer Weile erinnerte sich einer der Händler aus der laut durcheinanderbrüllenden Gruppe, die sich um uns gebildet hatte, einiger Brocken Englisch und fragte nach unserer Herkunft. Bernhards wahrheitsgetreuer Antwort folgte nach einer kurzen Überlegung die freudige Erkenntnis: «*Germany? Ah, Hitler!*» Aufgrund der viel zu hohen Sprachbarriere verzichteten wir darauf, die

Was der freundliche Syrer Bernhard ins Gesicht hält, ist eindeutig eine geschälte Gurke. Egal, er spricht in alles rein.

Anwesenden zu belehren, dass wir dieses Deutschlandbild doch auf unliebsame Weise reduziert fänden und zutiefst bedauerten, wenn es sich noch nicht bis Jisr al-Shugur herumgesprochen habe, dass sich in den letzten 64 Jahren eine Menge getan hatte in Mitteleuropa – auch politisch.

Das unvermittelte Medieninteresse an den Gurken-Dealern – wir wollten die Szenerie natürlich mit unseren Film- und Fotokameras dokumentieren – beantworteten diese mit einem nicht unerheblichen Geltungsbedürfnis. In verschiedensten, schnell wechselnden Konstellationen wollten sie gefilmt und fotografiert werden, mal mit und mal ohne uns, eine Gurke war aber immer im Bild. Dabei versuchten sie uns in einfachen Worten und großen Gesten die verwandtschaftlichen Verhältnisse der abgelichteten Personen zu erklären. Als der Tumult dem auf irgendetwas aufpassenden Uniformierten zu bunt wurde, bat er uns höflich, etwas Abstand zu nehmen und zu unseren Fahrzeugen zurückzukehren.

Nachdem kurz darauf auch unsere Teamchefin mit ausreichend Bargeld erschien, um uns auszulösen, suchten wir, freudig mit den uns geschenkten Gurken winkend, das Weite. Von beidem gibt es in Syrien merkwürdigerweise wirklich genug, auch wenn man der Meinung sein könnte, Wüsten und Gurken schlössen sich ökologisch aus[20].

Auf den folgenden Kilometern wurde nicht nur die Landschaft zunehmend karger und sandiger, sondern dankenswerterweise auch der Straßenverkehr. Im Nordwesten Syriens waren wir noch minütlich vor jedem von hinten herannahenden Motorengeräusch auf dem Seitenstreifen in Deckung gefahren.

Bernhard wusste von einem Gespräch mit Team 77 zu berichten. «Auf den Fernstraßen hast du nur eine Chance zu überleben: Fahr 113 Stundenkilometer! Fährst du schneller, hast du sofort Ärger mit den wenig ausgelasteten Polizeistreifen. Fährst du auch nur einen Kilometer langsamer, kommt es regelmäßig zu Interessenkonflikten mit überholenden 40-Tonnern.»

[20] Erfrischend für das Auge waren die vielfältigen Größen und Formen der uns dargebotenen Gurken. Während Europa noch unter dem Einfluss der EU-Gurkenkrümmungsnorm (Ordnungsnummer 1677/88 von 1988) litt, die eine maximale Krümmung von zehn Millimetern auf zehn Zentimeter Gurke vorschrieb, manifestierte sich hier eine unvermutete Freigeistigkeit des syrischen Gurkendesigns. Der Aufklärung und dem Mut der EU-Abgeordneten verdanken wir es, dass die Gurken seit dem 1.7.2009 auch in Europa aussehen dürfen, wie sie wollen.

«Die sollen mal schön den Ball …», setzte ich an, wurde aber direkt wieder unterbrochen.

«Das geht hier so, die tröten zweimal. Sonst nix. Kein Bremsen oder Zögern. Die fahren einfach weiter. Wenn du so ein Monster relativ groß im Rückspiegel siehst und es auch noch hupt, dann mach dich sofort vom Acker.»

Ich wollte noch was erwidern, aber da hupte es, und ich machte mich vom Acker.

Auf dem Weg Richtung Süden, wo uns eine große Straße 250 Kilometer schnurgerade in die orientalische Wüstenoase Palmyra

[21] Die «weißen» Straßen waren in unserem Kartenwerk die straßenbaulich am wenigsten relevanten Wege, die in Rumänien zu großen Teilen aus Luft in Form von Schlaglöchern oder gar aus nichts bestanden, wie unter «Tag 6» eindringlich beschrieben ist.

bringen sollte, wurde unsere Chefnavigatorin Renate immer mutiger und beschloss, ein paar Abkürzungen über «weiße»[21] Straßen einzubauen. Nach einigen Kilometern passte das Geflecht aus Wegen, Kreuzungen und Kameldung allerdings überhaupt nicht mehr zu dem, was uns der mitgeführte kartographische Almanach zum Thema Syrien vorgaukelte.

Die Beschilderung zu dechiffrieren machte ebenfalls wenig Sinn, da eine kurze Umfrage innerhalb des Teams zum Thema arabische Schriftkenntnisse ergab, dass zwar jeder sich einen Sprachkurs kopiert und wohl noch nicht ins Altpapier gegeben hatte, aber bisher noch nicht zum Lernen der Inhalte gekommen war. Zu stolz, den Rückweg anzutreten, blieb uns daher nur eines: einheimische Informanten um Hilfe zu bitten. Allah musste das seltsame Grüppchen Limousinen-Abenteurer in seiner schönen Wüste, in der man am stilvollsten mit dem Kamel reist, so dermaßen genervt haben, dass er augenblicklich sein zweitstilvollstes Verkehrsmittel ins Rennen, sprich uns vor den Kühler schickte: Mit einem Affenzahn kam ein kleines gelbes Taxi, vollbesetzt mit zwei Scheichs samt verschleierten Damen, durch die Wüste gerast und blieb in einer großen Staubwolke direkt vor uns stehen.

Für die meisten Teilnehmer an unserem kleinen Abenteuer waren alle männlichen Araber mit weißen Tüchern auf dem Kopf und Kordel drum grundsätzlich Scheichs. Tobi erklärte mir aber schon unterwegs, dass es sich dabei um eine grobe Verallgemeinerung handele. Der Begriff sei als Bezeichnung für ein Stammesoberhaupt der arabischen Beduinen eingeführt worden, meine heute grundsätzlich geistige oder religiöse Führungspersönlichkeiten in der arabischen Welt und sei daher nicht nur auf den Islam begrenzt.

Nach einer kurzen Unterredung, die Bernhard und ich aus dem Volvo verfolgten, stieg einer der Scheichs zu Renate und Carsten in den BMW, das gelbe Taxi gab Gas, und unser Mini-Konvoi raste hinterher. Über Funk erfuhren wir, dass das Taxi uns zur nächsten richtigen Kreuzung bringe, von wo wir dann allein weiterkämen. Als Freund von zügigen Reisegeschwindigkeiten, die dennoch eine Chance zum Überleben bieten, war ich erstaunt, mit welch vollkommen kompromisslosem Tempo das kleine gelbe Taxi die Schlaglochpiste überflog, gegen die Garzweiler I wie ein Hagelschaden wirkt. Wie auch immer schafften wir es, dem gelben Taxi nachzuhechten.

Hier sei noch kurz erwähnt, dass die meisten Kommentare zu meinem Fahrverhalten sowohl von meiner als auch von Tobis Seite aus in der Vergangenheit erfolgen. Also «Da war ich aber schnell» oder «Das hat aber gerumst». Generell ist es für den Wohlfühlfaktor beim gemeinsamen Fahren jedoch besser, im Futur oder gar Futur II zu sprechen, also «Dem werde ich ausweichen» oder «Den werde ich ausgebremst haben», wenn ich es vorher gesehen haben würde hätte sollen können sein war.

An einer Kreuzung, von der wir annehmen sollten und mussten, dass es die richtige Kreuzung sei, hielt das Taxi an, was angesichts der ungeheuren Geschwindigkeit relativ unglaubwürdig erschien. Die Scheichs und der Taxifahrer sprangen wieder auf die Straße und rissen unser gesamtes Team mit in ihrem Enthusiasmus. Leider befand sich in diesem Augenblick das einzige teetaugliche temperierte Wasser in den Kühlern der Fahrzeuge, weshalb die obligatorische Einladung zu einem Gläschen Tee leider ausfiel. Überschwänglich bedankte sich jeder bei jedem, und es gab eine weitere Gelegenheit für die Anfertigung eines staatsbesuchsmäßigen Shakehands-Fotos, um der Welt unsere neuen Kontakte glaubwürdig präsentieren zu können. Immerhin waren dies die

ersten Scheichs, denen Bernhard auf dieser Reise, fotografisch fest-
gehalten, die Hand schütteln durfte.

Ich fürchte, dass der Begriff «durfte» hier eine Form der Freiwilligkeit vorgaukelt, die mitnichten vorhanden war. Ständig
nötigte mich mein Team, irgendwelchen Menschen die Hand
zu geben, die das genauso wenig wollten wie ich. Eigentlich ist
es nicht meine Natur, derart in den Nahbereich und die Intim-
sphäre fremder Menschen einzudringen. Aber mit einem «Los,
Bernhard, stell dich mal dahin und gib ihm die Hand!» wurde
mein Körper jedes Mal zum Opfer fremden Willens, und meine
Wangenmuskulatur zog schon fast reflexartig die Mundwinkel
nach oben, um meine Zähne für das eingeforderte freundliche
Lächeln deutlich zum Vorschein kommen zu lassen.

Den nun folgenden Streckenverlauf hatten Renate, Bernhard
und ich in unserer Rolle als «Soko Strecke» schon während der
Vorbereitungsphase diverse Male auf Google Earth und analogem
Kartenmaterial bewundert. Um sich auf diesem Teil des Weges zu
verfahren, musste man sich schon in einer Phase bemitleidens-
werter Demenz befinden, denn es gab über die nächsten 160 Kilometer nur zwei mögliche Richtungen. Die, aus der man kam, und
die weiter geradeaus. Wobei «geradeaus» auf die horizontale Ebene zu beziehen ist. Da Allah vergessen hatte, die Wüste, einer in
Falten liegenden Tischdecke gleich, etwas glatt zu streichen, waren schon von weitem seltsame Wellen auszumachen, die beim
Herannahen immer mächtiger wurden und für einen achterbahn-
artigen Fahrspaß sorgten. Das Kamel vorn am Volvo legte begeistert den Kopf in den Nacken, was es windströmungsbedingt immer ab 114 Stundenkilometern tat. Vielleicht konnte es aber auch
ebenso wenig wie ich die kleinen Überraschungen, etwa Kamele
oder Reisebusse, leiden, die hinter den Hügelkuppen warteten.

Die Piste war gut ausgebaut, weswegen unsere kleine, blecher-
ne Karawane in einer riesigen gelben Staubwolke zügig gen Osten

zog. Die Landschaft wurde von Kilometer zu Kilometer karger und sandiger. Hatten wir uns im Westen zu Beginn dieser Tagesetappe bereits in einer wüstenähnlichen Gegend gewähnt, wurde uns erst jetzt klar, wie eine richtige Wüste auszusehen hat. Staubiges, gelbgraues Buschwerk verwandelte sich langsam in undefiniertes Gestrüpp, um ein paar Meter weiter nur noch als strohiger Kadaver durch den heißen Wüstenwind zu treiben. Nicht einmal Felsen oder größere Steine schienen dieser in unendlich vielen Sandtönen flimmernden Ödnis auf Dauer standhalten zu wollen, um schließlich pulverisiert als ein Haufen feingemahlener Sand zu enden. Falls der Küstenschutz auf Sylt irgendwann mal keine Lust mehr haben sollte, den ganzen weggespülten Sand ihrer Strände bei den strömungsbedingt beschenkten Inselnachbarn von Amrum wieder einzufordern, wir hätten da eine Idee, wo es kaum auffällt, wenn jemand eine Insel voll Sand stibitzen sollte.

Die Strecke ließ genug Raum, um die Gedanken schweifen zu lassen, bis nach einer unerwartet großen Bodenwelle in der Ausprägung eines ostwestfälischen Mittelgebirges Palmyra wie aus dem Nichts vor uns auftauchte. Das der mächtigen antiken Wüstenoase zugehörige arabische Kleinstädtchen gleichen Namens durchfuhren wir rasch und fielen direkt in das Feld der uralten Ruinen ein, um die Startbedingungen der hier angesiedelten Sonderprüfung zu ermitteln.

Palmyra liegt auf halbem Weg zwischen dem Euphrat im Osten und Damaskus im Westen. Neben dieser geometrischen Nebensächlichkeit verdankt dieses Fleckchen Sand zwei uralten Wasserquellen nicht nur die wohlklingende Bezeichnung «Oase», sondern dadurch bedingt erst die Möglichkeit, zu einer der prachtvollsten Städte der Antike werden zu können. Eingebaut in das Geflecht von Karawanenstationen der Seidenstraße, verstanden es die Bewohner schon in den Anfangstagen, von den vorbeiziehenden Händlern zu profitieren und ihre Stadt immer reicher und

Mein Foto von Palmyra in der Dämmerung wollte ich mir an die Wand hängen, wenn Bernhard nicht das Auto so bescheuert rückwärts ins Bild eingeparkt hätte.

prunkvoller werden zu lassen. Dieses erfolgreiche Stadtmarketing begann bereits einige Jahre vor Christi Geburt und fand 273 danach sein jähes Ende. Durch die lange lukrative Phase als unabhängige Freihandelszone hatten die Bewohner Kontakt in die am weitesten entfernten Länder und bildeten so eine hellenistisch-römisch-orientalische Metropole in der Region. Lange bevor in den germanischen Wäldern reaktionäre Pappkameraden über die Gefahren einer multikulturellen Gesellschaft notorisch zu moppern begannen, zeigten die Palmyrer, welch geistigen und materiellen Reichtum man aus dieser Konstellation gewinnen kann.

[22] Zum Vergleich: Die Kantenlänge der Umfriedung der katholischen Kirche St. Gertrud in Düsseldorf-Eller beträgt lediglich 42 auf 62 Meter.

Das gefühlte Zentrum der alten Stadt bildet der Tempel des Baal, der nahezu quadratisch angelegt ist und mit einer Kantenlänge der äußeren Kolonnaden von über 200 Metern selbst für heutige Verhältnisse recht großzügig realisiert wurde[22]. Sich Baal als architektonisch zu beweihräuchernde Gottheit auszuwählen, kam im frühen Orient ganz gelegen, denn Baal galt als ambivalente Benennung einer Gottheit, weshalb die Leute ihren Lieblingsgott oder die gerade amtierenden Chefgottheiten gern einfach als Baal titulierten und somit immer auf der sicheren Seite waren, wenn es darum ging, ein pompöses Stück Gebäude zu verwidmen.

Vor ebendieser monströs göttlichen Baal-Kapelle kamen wir zum Stehen, um uns einen Überblick über die Sonderaufgabe zu verschaffen. Es galt, ein bestimmtes Stück Mauer der palmyrischen Gärten zu finden und zu fotografieren, um anschließend von einem Turm im Garten des Kathan die Aussicht zu fotografieren. Was diese Aufgabe nicht unbedingt erleichterte, war das Ausmaß der sogenannten Gärten, die einer mittelgroßen Kleinstadt nahekamen. Da sich keiner von uns hier so richtig gut auszukennen glaubte, wir selbstverständlich über keinen detaillierten Stadtplan verfügten und auch Wikipedia-Offline nicht mit den nötigen Informationen weiterhelfen konnte, waren wir wieder mal auf die einheimische Bevölkerung angewiesen. Wie so oft waren wir relativ spät dran und beschlossen spontan, Palmyra erst am nächsten Tag zu verlassen, sodass es obendrein galt, einen Ort für unser abendliches Camping- und Grillevent zu bestimmen – hoffentlich endlich mit den als lecker angekündigten gewürzten Hühnerbeinchen vom Metzgermeister aus Ceyhan.

Bei unserem kurzen Denkstopp vor dem Baalodrom kam dann auch gleich ein freundlich winkender Araber auf uns zugeeilt. Relativ schnell war uns klar, dass dieser Herr unserem Team weismachen wollte, er sei auf unsere Hilfe angewiesen. In einem für seine Zwecke völlig ausreichenden englischen Wortschatz machte er Bernhard und mir verständlich, er müsse dringend 50 Euro in kleine Scheine wechseln. Dabei hielt er uns den Schein vor die Nase und setzte ein Gesicht auf, das seinem Anliegen Nachdruck verleihen sollte, hinsichtlich seiner Authentizität aber im Laufe der täglichen Wiederholungen bereits etwas gelitten hatte. Höflich erbaten wir uns etwas Bedenkzeit für sein Hilfsgesuch, kurbelten die Fenster schelmisch zwinkernd wieder ein wenig zu und beratschlagten uns mittels der Funkgeräte mit allen drei Fahrzeugen unseres Teams. Mehrheitsfähig wurde die Entscheidung, dem Mann die Bitte auszuschlagen, obwohl keinerlei Beweis für seine Unlauterkeit erbracht war. Der Schein wirkte augenscheinlich echt, und auch sonst wollte uns einfach nicht einfallen, auf welch perfide Weise er uns vor den Toren seines Chefgotts zu betuppen beabsichtigte. Trotz alledem entschlossen wir uns für die misstrauische Variante, und damit war unsere Strategie für eventuell folgende, ähnlich gelagerte Anfragen festgelegt.

Nachdem wir den enttäuschten Geldwechsler hinfortkomplimentiert hatten, kamen, von unserer allzu offensichtlichen Gesprächsbereitschaft angezogen, ein weiterer Mann mit *kufiya* und einige Kinder mit Postkartenheftchen auf uns zu. Die roten arabischen Kopftücher wurden für fünf Euro feilgeboten, während der Preis für ein komplettes Heftchen voller Postkarten noch auszuhandeln war. Die Marketingstrategie der ortsansässigen Händler wollte allerdings nicht unbedingt mit dem harmonieren, was wir als Vertreter mitteleuropäischer Konsumkultur erwartet hatten. Mit maximaler Vehemenz versuchten diese Menschen ihre Waren an den Kunden zu bringen. Falls es sich zwischen Türken und Syrern so verhält wie zwischen Deutschen und Holländern, müssen die Türken den Syrern irgendwann verklickert haben, dass die westlichen Touristen in einen wahren Kaufrausch geraten, wenn man sie nur lange genug in irgendeiner exotisch klingenden Sprache volllabert und ihnen so weit wie möglich mit Kamelen, Mopeds und notfalls auch Tretbooten folgt, obwohl sie immer wieder vorgeben, gar nichts kaufen zu wollen.

Lieber Tobi, ich darf hier insofern in übertriebener politischer Korrektheit eingreifen, indem ich anmerke, dass der Begriff «westlich» vor allem deshalb irreführend ist, weil auch Australier in Tansania oder Schweden in Peru als «westlich» bezeichnet werden. Dabei wohnen die eigentlich im Osten oder sogar im Süden. Vielmehr impliziert der Begriff eine Wertung in diversen Aspekten, bei der die Menschen, die nicht im Westen wohnen, nicht unbedingt gut abschneiden. Um die Arroganz dieser Wertung nicht schon im Begriff durchscheinen zu lassen, muss sich jemand diese in puncto Himmelsrichtung völlig unsinnige Bezeichnung ausgedacht haben. Ähnlich verhält es sich mit den Farben, die bestimmten Bevölkerungen zugeordnet werden.

Trotz des festen Willens von Fritz, sich eine *kufiya* als Zeichen kopfgewordener Völkerverständigung zu besorgen und sie sich gelegentlich auf die Föhnfrisur zu setzen, verursachte die Strategie der aufdringlichen Händler eine Art Gegenreflex, und wir gaben Gas.

Ich bewundere diesen ausgesprochenen Wunsch von Touristen oder sonst wie Zugereisten, in einer ihrer Ansicht nach «landestypischen Kleidung» herumzurennen. Abgesehen davon, dass man lediglich irgendwelche Klischees materialisiert, kann man sich das umgekehrt ja auch nur schwer vorstellen. Wie wäre es denn, wenn ein marokkanischer Mitmensch während seines Besuchs in Deutschland spontan entscheiden würde, so herumlaufen zu wollen wie einer von uns, was auch immer «wir» sind. Dabei greift er ahnungslos in die Kleiderkammer des deutschen Volkes und läuft danach mit Bomberjacke, Lederhose und Holzschuhen durch die Gegend, weil er erstens keine Ahnung von der differenzierten Ausgestaltung deutscher Innenpolitik hat, zweitens zum Leidwesen der nördlich des Mains lebenden Deutschen im Süden shoppen war und drittens den Unterschied zwischen Deutschen und Holländern nicht versteht – die sprechen doch sowieso alle dieselbe Sprache …

Wenige Minuten zuvor hatten wir zufällig Wilfried, den jederzeit strahlenden Chef des freundlichen Organisationskomitees, an
einer Kreuzung getroffen.

Er rief uns zu: «Ihr seid hier richtig – müscht zum Garten.»

«Wissen wir. Aber dahinten sind Quadratkilometer von Gärten.»

«Ihr müscht uhßen erum und dann rechts, weischt?» Sprach's,
grinste und brauste in seinem Cherokee von dannen.

Die uns verfolgenden Händler schienen bereits zu wissen,
wonach wir suchten, was nicht verwunderte, da einige hundert
Rallye-Teilnehmer vor uns hier gewesen sein mussten. Unserem
soeben antrainierten Argwohn folgend, bretterten wir einmal
um das Baalodrom herum und nahmen von den drei möglichen
Gassen die mittlere. Die linke Gasse schien außen herumzuführen,
und auf die rechte Gasse zeigte und winkte die nunmehr zu Hee-
resstärke angewachsene Händlerschar.

Was machen eigentlich Gassen in der Wüste? Das alte Palmyra besteht heute aus zwei Teilen: einem riesigen versandeten
Trümmerfeld mit antiken Relikten unvorstellbaren Ausmaßes
und einer enormen Fläche von mit uralten Mauern umgebenen
Gärten, die durch die beiden altertümlichen Quellen gespeist
werden, in denen vor allem Palmen und kleineres, saftig grünes
Gesträuch wuchern. In dieses unsymmetrische Labyrinth antiker
Landschaftsbaukunst begaben wir uns so schnell wie möglich, in
der Hoffnung, dabei unsere mit ihren Souvenirs wedelnden Verfolger abzuhängen. Nachdem wir das Gebiet einmal durchquert
hatten, trafen wir auf der Rückseite der Gärten das Team 77, The
Laughing Cow, welches wie wir die heutige Mission noch zu
erfüllen und deshalb ebenfalls Kontakt zu den handelnden Beduinen aufgenommen hatte. Letztere waren innerhalb kürzester Zeit
wieder zur Stelle und gingen ihrem gewohnten Tagewerk in Form
penetranter Belästigung nach. Dabei hatte sich doch erst im Jahre

273 n. Chr. gezeigt, dass man nicht immer am besten fährt, wenn man jemandem exzessiv auf den Geist geht.

Damals war gerade die legendäre und selbsternannte Kaiserin Zenobia von den Römern gefangen genommen worden, nachdem sie innerhalb weniger Jahre ein eigenes Parallelimperium aufgebaut hatte. Das allein hatte den Römern schon nicht wirklich gut gefallen, zumal der wirtschaftliche Aufschwung durch militärische Einverleibung ganzer Staaten, die eigentlich die Römer selbst auszubeuten gedachten, erheblich beschleunigt werden konnte. Palmyra war die Hauptstadt dieses neuen Reiches, welches die heutige östliche Türkei, Syrien, Libanon, Jordanien, Israel und Ägypten einschloss, und wuchs dadurch zu einer der prunkvollsten Städte der damaligen Zeit. Der König von Palmyra und gleichzeitig stellvertretende Kaiser im Orient, Septimius Odaenathus,

2000 Jahre Siedlungsgeschichte: Behausungen moderner Nomaden sind den Bauten der Antike in puncto Haltbarkeit klar unterlegen.

schätzte es schon immer, ein bisschen unabhängiger und freier von den mächtigen Vorgesetzten in Rom zu sein, als es für einen römischen Statthalter üblich war, und schaffte es trotzdem, es sich nicht gänzlich mit diesen zu verscherzen.

267 n. Chr. musste er dann doch jemandem so sehr auf den Schlips getreten sein, dass er – und sein von ihm ernannter Thronfolger gleich mit, wie in so einem Fall üblich – kurzerhand ermordet wurde. Die Boulevardpresse der Antike muss begeistert gewesen sein, denn die Nachfolge trat niemand Geringeres als seine schöne Frau Zenobia an. Mit legendärer Attraktivität, Intelligenz und Mut versehen, führte sie das Reich kommissarisch für ihren minderjährigen Sohn und ging nun aggressiv gegen die Römer vor. Sie hatte es sich in ihren hübschen Kopf gesetzt, das Palmyrische Reich für unabhängig zu erklären und sich einen Teil des Römischen Reiches unter den filigran lackierten Nagel zu reißen.

Die Eroberung der römischen Kornkammer Ägypten war da nur eine von vielen Schlagzeilen, die über die toughe Syrerin nach Westen drangen. Trotz ihrer legendären Schönheit machte ihr dieses Vorgehen den amtierenden römischen Kaiser Aurelian nicht unbedingt zum Freund. 272 n. Chr. war er echt sauer, schlug die palmyrischen Truppen bei Immae und nahm die gute Zenobia als Andenken mit nach Rom, wo sie wie üblich als Special Guest relativ unfreiwillig an einer großen Parade durch die Stadt teilzunehmen hatte. Die daheimgebliebenen Palmyrer konnten sich nicht so recht an die selbst eingebrockte römische Fremdbestimmung gewöhnen und protestierten tatkräftig gegen die Besatzung. Als es sie nur ein Jahr später mal so richtig überkam und sie kurzerhand die 600 dort zur Bewachung stationierten Bogenschützen des Kaisers massakrierten, hatte Aurelian nun endgültig die Nase voll, ließ die Stadt planieren und gab sie zur Plünderung frei.

Von dieser Orgie der Zerstörung hat sich die einst prachtvolle Wüstenoase nie wieder erholt. 50 Jahre später dienten die Ruinen noch als Militärstützpunkt, später als Bischofssitz und heute eben als Touristenmagnet mitten in der syrischen Wüste.

Mir ist es zugegebenermaßen ein Rätsel, wie Tobi sich an all das erinnern kann, zumal er vor Ort schwer beschäftigt war. Während er alleine im Auto und somit folglich am Steuer saß, hatte er auf dem Schoß den Laptop und rief konstant Artikel in der Wikipedia auf, um den ununterbrochenen Fluss von Informationen über unseren Aufenthaltsort nicht abbrechen zu lassen. Die gab er dann auch noch zum Besten und beantwortete zwischendurch die Fragen neugieriger Mitreisender. Und das alles, während er das Stoffkamel zielsicher möglichst nicht gegen eines der echten steuerte.

Wir hatten gerade versucht, den aufdringlichen Händlern und Kindern ihre Penetranz aufgrund der zurückliegenden Ereignisse als genealogisch vorbestimmt zu verzeihen, als unsere Geduld erneut auf eine harte Probe gestellt werden sollte. Das Team war nach diversen Finten und geschlagenen Haken, die es uns nicht ermöglicht hatten, unsere Verfolger abzuhängen, im Garten des Kathan angekommen, wo wir die anstehende Aufgabe mit Bravour lösten.

Hier hat der gute Tobi einen nicht unwichtigen Teil einfach weggelassen, nämlich das Erklimmen des etwa zehn Meter hohen metallenen Turms. Ich brauche an dieser Stelle sicher nicht zu erwähnen, dass sämtliche aus Deutschland bekannten Sicherheitsmaßnahmen, um einen Absturz zu verhindern, ebenso die vom rheinländischen TÜV vorgenommenen Prüfungen, um ein Umkippen zu vermeiden, und die in 223 verschiedenen Sprachen angebrachten Warnhinweise auf die Eigenverantwortung des Erklimmenden, um jede Haftung auszuschließen, schlichtweg nicht da waren.

Nun muss man wissen, dass der gute Tobi bereits schweißnasse Hände bekommt, wenn wir einen Bürgersteig nicht bei der Rollstuhlabsenkung verlassen, sondern er die 20 Zentimeter vom Bordstein in die Tiefe blicken muss. Kein Wunder, dass er von der Besteigung dieses Turmes wirklich gar nichts mehr weiß. Irgendwann schaltet jedes Bewusstsein einfach ab.

Als Carsten völlig entspannt und voller Vorfreude auf das abendliche Meistergrillen der türkischen Würzhühner zum Volvo stapfte, um den Wagen aus dem Gartenlabyrinth in Richtung eines Nachtlagers zu bewegen, blieb er schockiert stehen. Unsere Galionsfigur in Form des Kamelkopfs aus Stoff war ganz offensichtlich brutal von der Fahrzeugfront entfernt worden, denn dort klaffte eine große Lücke, und einige traurige Überreste des ehemaligen Befestigungsmaterials hingen wie Hautfetzen des entris-

«Danke, an meinem Kühler habe ich bereits einen Kamelkopf.»

senen Kamelskalps an den Kühlrippen herunter. Wutschnaubend rollte Carsten, der in Statur und Kampfgeist dem Volvo in nichts nachstand, in Richtung der versammelten Dorfhandelsgesellschaft und machte seinem Ärger Luft. In möglichst einfachen und sehr lauten Sätzen legte er dar, dass es unverschämt, kriminell und vor allem imageschädigend sei, wenn man das schwedische Auto eines deutschen Rallye-Teams um einen arabischen Kamelkopf kürzer machte. Er werde jetzt so lange hier sitzen bleiben und Tee trinken, bis das verlorene Stoffhaupt wieder herbeigebracht sei.

Da die syrischen Souvenirverkäufer nichts weniger leiden konnten, als laute Touristen über einen längeren Zeitraum zu betreuen, obendrein ohne die Aussicht auf ein kleines Geschäft, und sie es sich in dieser Stadt in den letzten 1736 Jahren abgewöhnt hatten, alle Fremden, die ihnen auf den Keks gingen, einfach zu massakrieren, dauerte es nicht lange, bis ein kleiner Junge mit dem vermissten Kopf angelaufen kam. Als Zeichen der kollektiven Unschuld identifizierten sie das Kind als alleinigen Übeltäter, züchtigten es mit einigen Schlägen und übergaben den Fellschädel würdevoll wieder Carstens großen Händen. Spätestens jetzt war selbst der letzten Krämerseele klar, dass mit diesen Deutschen keine Geschäfte zu machen waren, und sie legten ihre enervierende Verkaufsstrategie ab wie eine unbequeme Maskerade an der Garderobe.

Die Syrer gerieten auf einmal regelrecht ins Plaudern und erkundigten sich nach den Modalitäten unseres kleinen Ausflugs, nicht ohne dabei unterschwellig die Chancen auf weitere zu becircende Rallye-Fahrer auszuloten.

Ganz in der Nähe lauerte unsere stets den Überblick behaltende Teamchefin Renate im roten BMW, bereit, uns einzusammeln und dem abendlichen Grillevent zuzuführen. Die anderen fuhren schon mal zum Nachtlager, Renate, Bernhard und ich machten erst noch einen kleinen Abstecher an den Fuß des Berges der arabischen Burg am Rande des Ruinenfelds, um einen späten Blick auf die Gesamtheit Palmyras im Schein der untergehenden Sonne zu erhaschen.

Am höchsten Punkt in unmittelbarer Nachbarschaft des antiken, prunkvollen Stadtzentrums, das die Araber da in den Wüstensand gebaut hatten, sollte dieses Bollwerk anfangs vor allem die Gefahren übereifriger Kreuzfahrer abwenden, die bekanntlich nur zu gern im heiligen Orient reiche Städte aufsuchten, um mittels exzessiver Plünderungen ihre «christlichen» Unternehmungen zu refinanzieren.

Die einsetzende Dämmerung tauchte diese eigenartige und unwirkliche Landschaft in eine ganz besondere Stimmung. Das restliche Licht aus dem Westen versah die Ruinen mit langen Schatten, und je später es wurde, desto mehr Farben kamen zum Vorschein. Hält man die Wüste und die dort beheimateten sandsteinfarbenen Fassaden, Kolonnaden, Säulen und deren Reste in der gleißenden Mittagssonne noch für eine recht einfarbige Geschichte, bringt die blaue Stunde eine Vielzahl von Rot- und Brauntönen zum Vorschein, durch die sich als farblicher Kontrast nur das dunkle Grün der Palmengärten im Herzen der Oase um die alten Quellen zieht. Den Blick gen Westen gerichtet, erblickten wir auf den unzähligen zum Horizont anwachsenden Hügeln Türme verschiedener Größen und Erhaltungszustände, die sich im Nachhinein bei der Offline-Recherche als die berühmten palmyrischen Turmgräber aus dem ersten nachchristlichen Jahrhundert entpuppten.

Nahezu narkotisiert von den Einblicken in die Vergangenheit und dem traumhaften Überblick über diese steinreich blühende Oase inmitten der syrischen Wüste, machten wir drei uns auf, den Rest des Teams zu finden, um an deren aktuellen Freuden teilhaben zu können: türkisch gewürztes Grillhuhn und Restbestände deutschen Dosenbiers.

Die lagersuchende Vorhut hatte Instinkt und Weitsicht bewiesen und das nächstbeste Hotel angesteuert, um nach einer Übernachtungsmöglichkeit innerhalb unseres üblichen Preisrahmens zu forschen. Dabei hatten sie mehr zufällig das altehrwürdige Zenobia Hotel erwählt, welches um 1900 direkt am Rand des inzwischen dunkelrot glühenden Ruinenfelds erbaut worden war und immer noch den Charme imperialistischer Eitelkeiten und Extravaganz versprühte. Die Busladung studienreisender Rentner aus Großbritannien mit ihrem verschnodderten Akzent tat ihr Übriges, damit wir uns wie die Betrachter eines zum Leben erwachten kolonialen Gemäldes fühlten. Zimmer waren für uns natürlich keine mehr frei, aber die Hotelführung war bereit, uns für sagenhaft günstige acht Euro pro Person im Sand neben dem Hotel mit dem Zelt campieren zu lassen. Darin inbegriffen war immerhin die Benutzung der Außentoiletten, weswegen wir beschlossen, davon reichhaltig Gebrauch zu machen.

Hallo, Tobi, ich hab leider den Fehler gemacht und kurz bei Renate nachgefragt, ob das mit den acht Euro so stimme. Hier schnell das Wichtigste aus ihrer 16-seitigen Antwort-E-Mail:

«Das [...] stimmt natürlich nicht. [...] Wir [...] haben dem Zenobia Hotel in Palmyra 1792 syrische Pfund [...] für die [...] Erlaubnis zum [...] Zelten gezahlt [...].[...][...][...][...][...][...]. Da ich von meinem Ausflug [...] mit dem Tankwart aus [...] Jisr al-Shugur [...] noch [...] weiß, dass [...] ich [...] für 300 Euro insgesamt 19 365 syrische Pfund bekommen [...] ! [...] ? [...] ! [...] habe, macht das insgesamt [...] umgerechnet 27,76 Euro. Es muss also richtig heißen ... für günstige 3,97 Euro pro Person ...»

Die Entscheidung, genau an diesem Ort unsere kleine Wagenburg zu errichten, gehörte zu den besten während der gesamten Reise. Plüschig-milbenfreundliche anatolische Hotels können zwar das Bedürfnis nach ein wenig Schlaf im Trockenen nicht mildern, aber kommen nur schwerlich gegen das Gefühl an, das Zelt auf historisch-pittoresk-traumhaftem Boden errichtet zu haben. Froh über die überwältigende Kulisse unseres Outdoor-Schlafzimmers, machte sich nun jeder daran, seinen Teil zu einem gelungenen Grillabend beizutragen. Carsten entwickelte eine improvisierte Grillschale und kümmerte sich um den reibungslosen Ablauf des Hühnerröstens, Renate zauberte aus Gewächsen, die wir 800 Kilometer weiter nordwestlich erworben hatten, einen schmackhaften Salat, Bernhard briet sich eine Extrawurst in Form einer isotonischen Outdoor-Suppe, die er auf dem Benzinkocher zubereitete, Michael, Chris und ich beschäftigten uns mit elektronischen Geräten, solange diese nicht völlig, mit feinstem Wüstenstaub infiltriert, den Geist aufgaben, und Fritz erschuf in filigranster Handwerkskunst für jeden einen Bierbecher aus alten Plastikflaschen.

Ich fürchte, ich muss hier mal kurz korrigierend eingreifen ... Ich habe keineswegs irgendetwas Isotonisches gegessen. Es ist relativ schwer, eine Speise zu sich zu nehmen, welche die gleiche Konzentration an Inhaltsstoffen hat wie der eigene Körper, um den osmotischen Druck möglichst gering zu halten. Dafür befinden sich in meinen Zellen viel zu wenige Nudeln und Fleischstücke, da die beiden Letzteren definitiv zu groß für Erstere sind. Ich habe mir also eine Fertigsuppe zubereitet. Diesmal was Asiatisches. Was anderes gab es nicht. Diesmal mit Nudeln. Was anderes gab es nicht. Diesmal scharf. Was anderes gab es nicht. Besonders scharf.

Ich vermute trotzdem, dass ich damit meinem Körper eine komplexere Grundausstattung an Nährstoffen zugeführt habe als meine Reisegefährten, die sich dem mit Wärmestrahlung gebratenen Aas hingegeben haben.

Chris stand etwas abseits und versuchte, eine Mobilfunkverbindung nach Hause zu etablieren, wobei Michael ihn in der Hoffnung auf eine Actionszene filmte, als der Kameramann trocken bemerkte: «Da! Das ist ein Skorpion.»

«Hä?», rutschte es mir irritiert heraus.

«Oh, der fängt gerade an zu rennen. Der läuft vor mir weg. Der wird aber schnell … oohhhh!» Michaels Stimmlage bekam auf einmal etwas beunruhigend Hektisches. Unglücklicherweise hatte sich der stachelige Wüstenbewohner genau zwischen Michael, der einige Meter entfernt stand, und Bernhard befunden, der auf dem Boden hockte und sein Süppchen auf dem Benzinkocher versorgte. Nun lief der Skorpion vor Michael weg und genau auf Bernhard zu, der beherzt aufsprang, seinen Klapplöffel schwang

«Google mal ‹Sandsturm›, ‹Skorpion› und ‹Gefährlich?› — schnell!»

und hektisch «Hinfort, giftiges Getier, hinfort!» skandierte. Daraufhin hatte der arg überforderte Gliederfüßer ein Einsehen und entfernte sich von unserem Campingidyll. Augenblicklich fühlten wir uns initiiert und in den Kreis der Abenteurer und Survival-Jünger aufgenommen. Endlich hatten wir die Wildnis mit all ihren Gefahren und unerbittlichen Kreaturen kennen- und bezwingen gelernt, und sofort mussten wir die frohe Kunde von unserem Überleben um Kamelhaaresbreite im Zwist mit dem Killerskorpion per SMS, Internet-Blog und Megaphon in die ganze Welt tragen.

Die einsetzende Diskussion um die Gefahren von Skorpionen im Allgemeinen und diesem hier im Speziellen, insbesondere um Michael herum, konnte ich frühzeitig beenden, indem ich ungefragt die Erklärung abgab, dass ein Skorpionstich in etwa so unangenehm sei wie der einer Wespe. Einzige Ausnahme sei der schwarze Skorpion, der lebe aber nur im nördlichen Afrika. Als Quelle gab ich eine Folge der *Sendung mit der Maus* aus dem Jahr 2007 an.

Natürlich sei die Gefahr auch hier nicht zu unterschätzen, etwa wenn jemand eine Allergie habe. Dieses Argument sei aber auf alles und überall anzuwenden, weshalb in der Theorie ein Asthmatiker in seinem eigenen Vorgarten unter der Birke einen Überlebenskampf ausfechten könne, gegen den sich die Erstbesteigung des Mount Everest, vormals «Peak XV», vorvormals «Peak b», als «eine Runde um den Block» beschreiben ließe. Dabei sei angemerkt, dass man zwar «Everest» sagt, der dazugehörige Sir George sich jedoch «Iverist» aussprach. Aber das nur am Rande.

Kurz nach dem Beginn der Feier, mit der wir unseren kollektiven zweiten Geburtstag begingen, rollte Team Crazymove II mit diversen Pkws und einem größeren wohnmobilartigen Gefährt direkt in einen benachbarten Sandhaufen. Offenbar hatten die

Kollegen vor, in volksfestlicher Atmosphäre genau neben uns ihr Quartier für die Nacht zu errichten.

Unser kommunikationsbegabter Michael begann sofort mit freundschaftlicher Konversation. Ich gesellte mich dazu und ertappte ihn dabei, wie er der ihn umgebenden Zuhörerschaft mit unglaublicher Selbstgefälligkeit die Harmlosigkeit der Skorpione im Allgemeinen und dieses Exemplars hier im Speziellen erläuterte, als hätte er höchstpersönlich jahrelange Forschungen auf dem Gebiet der Kiefernklauenträger durchgeführt. Sein erschrockenes Zusammenzucken, als er mich bemerkte, lässt mich hoffen, dass er doch noch einen Restfunken Anstand im Leibe hat und wusste, wem er die Lorbeeren zu verdanken hatte, die ihm seine Zuhörer jetzt und hier, im Gegensatz zu den Römern damals, in rauen Mengen aufsetzten.

Nachdem die Crazymover ihre als zu gering bewerteten Vorräte an alkoholischen Getränken kalkuliert hatten und weit und breit keine Bierbude oder wenigstens ein paar Dosen syrischer Bierexperimente «to go» aufzutreiben waren, begannen sie sich durch andere möglichst unsinnige Aktionen von der bevorstehenden Misere abzulenken. Unter anderem sollte einer der Pkws eine Eskimorolle durch den Wüstensand machen, was mit vereinten Kräften auch problemlos gelang.

Hast du gerade mitten in einer Wüstengeschichte das Wort «Eskimo» gebraucht?

Okay, politisch korrekt müsste es eigentlich «Inuitrolle» oder noch treffender «Arktischevölkerimnördlichenpolargebietrolle» heißen, aber das klingt entweder nach Gebäck mit süßem Zitronenmatsch oder ist begrifflich ein klein wenig zu sperrig.

Ich meinte zwar mehr den Zusammenhang zwischen «Wüste» und «Schneelandschaft», aber ich fürchte, deine Recherche ist nicht mehr auf dem neuesten Stand. Ähnliche Bemerkungen

in der Öffentlichkeit haben mein E-Mail-Postfach überquellen lassen, und ich wurde belehrt, dass man durchaus das Wort «Eskimo» benutzen kann. Es handelt sich hierbei nicht um die abwertende Bedeutung «Rohfleischfresser», das ist seit langem überholt, denn das Wort lässt sich wohl auch mit «Schneeschuhmacher» übersetzen. Generell haben die Cree- und Algonkinindianer das Wort «Eskimo» für alle Völker nördlich des Polarkreises benutzt.

Da Inuit und Oasen schon geographisch nicht zueinanderpassen wollen, wehrte sich das Gefährt nach der absolvierten Rolle mit einer geborstenen Frontscheibe. Wir mochten es ihm nicht verübeln. Um uns die malerische Aussicht nicht durch das emsige Gewusel der Neuankömmlinge beeinträchtigen zu lassen, verlegten wir unsere Feierlichkeiten kurzerhand in das unserer Außentoilette angegliederte koloniale Restaurant und bestellten Dosenbier und Wasserpfeife.

In der Zwischenzeit hatte sich der Wind in einen ausgewachsenen Sandsturm verwandelt, und als wir spät in der Nacht zu unserem Lager zurückkehrten, waren die Nachbarn gerade dabei, die Reste ihrer Markise wieder einzusammeln, die eine Windböe mit lautem Getöse auf die andere Seite des Wohnmobils befördert hatte. Um der ausgelassenen Ratlosigkeit keinen Abbruch zu tun, verzichteten wir in diesem Fall auf die Belehrung, dass Markisen bei Sturm, wenn überhaupt, nur sinnvoll sind, wenn man sie fest verzurrt als Segel auf einem Boot mit möglichst viel Wasser drum herum verwendet. Da die schützende Überdachung fort und die knappen Vorräte alkoholischer Getränke längst aufgebraucht waren, beschloss das Grüppchen, nun doch die von uns bereits verlassen vorgefundene Hotelbar zu besuchen.

Neugierig, ob die nach 5000 Kilometern Fahrt und dem einen oder anderen alkoholhaltigen Getränk nicht mehr ganz frisch wirkenden Jungs in der Bar des Zenobia Hotels noch Erfolg in Sachen Ausschank haben würden, folgten wir ihnen mit dem kompletten Team StaubMaul und waren auf das Spektakel gespannt. In der Tat konnten sie den Nachtportier nach einer längeren Diskussion, die mit einem klaren «Wir haben bereits geschlossen» begann, dazu überreden, die Bar wieder in Betrieb zu nehmen. Da sich unsere Teamnachbarn als weltbürgerliche Demokraten verstanden, meinten sie dann auch, beim ihrer Meinung nach viel zu hohen Bierpreis ein Mitbestimmungsrecht zu besitzen, und verhandelten ganz kosmopolitisch auf der Grundlage norddeutscher Büdchenpreise.

Von derartiger Aufdringlichkeit zu später Stunde weitestgehend überrumpelt, konnten die palmyrischen Bartender nicht zu ihrer alten Form unangepasster Selbstbestimmung auflaufen, wie sie es von den Meinungsverschiedenheiten mit den Römern gewohnt waren, und fügten sich in ihr Schicksal. Als die Barbezwinger begannen, den Erfolg mit ihrer Position in ihrem ganz eigenen Weltbild zu erklären, machten wir uns davon. Nach diesem nur grob umrissenen Weltbild, so konnte ich es zumindest in Wortfetzen aufschnappen, standen wir als Westeuropäer ziemlich weit «oben» und müssten das denen «da unten» auch immer mal wieder verdeutlichen, da sie sonst irgendwann Pingpong mit uns spielten.

Das Bild, das dieses abgerissene Grüppchen von bierseligen Automobilverwertern abgab, war objektiv betrachtet nicht wirklich besser als das der arabischen Gruppe, die sich in der Lobby nüchtern, wohlriechend und gut gekleidet dezent unterhielt und sich dabei mit einem vorher reservierten Nachmitternachtsbüfett beschäftigte. Ich erwägte kurz, mich beim Vermittler dieser Weisheiten zu erkundigen, ob er mit «oben» in seinem sogenannten Weltbild die Tischkante meinte, auf der er gerade seinen versoffenen Kopf parkte, oder ob es sich doch um eine komplexere Betrachtung handelte, da er seine geistige Überlegenheit durch seinen Anblick und sein Benehmen doch ganz gut zu verbergen wisse.

In der Hoffnung, die palmyrischen Hotelangestellten würden sich ihrer alten Form bald wieder erinnern, begab ich mich mit den noch übrigen StaubMaul-Kollegen in unsere Zelte, die mittlerweile zu überdachten Sandkästen mutiert waren. Dort besprachen wir noch diverse weitere Vorsichtsmaßnahmen, um uns gegen den Skorpion und andere, womöglich noch wildere, wenngleich unbekannte Tiere zu schützen. Leider fielen niemandem von uns spektakulärere Maßnahmen ein, als die Schuhe einfach ins Zelt zu stellen und beim Austreten darauf zu achten, wo man die Füße hinsetzte. Gräben und Lagerbauten zu errichten, hatte in Anbetracht von Uhrzeit und Witterung keiner der Anwesenden mehr vor.

Der Sturm blies unablässig den feinen Sand durch alle Ritzen und Lüftungsschlitze, und mit einer größeren Menge Wasser hätten sich bestimmt prima Sandburgen innerhalb unserer Zelte errichten lassen. Aber wir waren ja in der Wüste, und obendrein überkam uns diese ungeheure Müdigkeit, die von Tag zu Tag größer zu werden drohte.

Tag 11
Montag, 11. Mai 2009
Palmyra – Damaskus

Text: Bernhard   **Anmerkungen: Tobias**

Ich atmete tief durch und öffnete die Augen. Wie schon gestern befand ich mich mitten in der Wüste, viel Sand, viele Steine und vier Zelte in meiner Nähe. Ich schaute mich um. Die noch tief stehende Sonne warf lange, frische Schatten auf den Sandboden. Langsam ging ich zu einer der etwas entfernteren Säulen und löste mich[23] – eine durchaus faszinierende Erfahrung: Da stehen jahrtausendealte Stelen herum, an denen vor sehr langer Zeit viele Menschen sehr lange gearbeitet haben, und dann stellt man sich einfach daneben und löst sich. Undenkbar in Europa. Wer will, kann das gerne mal auf der Akropolis ausprobieren oder am Kolosseum in Rom. Mein archäologisches schlechtes Gewissen ließ mich allerdings den Harnstrahl nicht auf das Gestein treffen.

[23] Diese Formulierung habe ich mir aus der Hundebesitzersprache ausgeliehen. Es klingt auf der Wiese einfach doof, wenn man ruft: «Mein Hund kackt!» Das möchte man gerne gepflegter ausdrücken und spricht daher von «lösen». Ich möchte an dieser Stelle explizit darauf hinweisen, dass die Formulierung auch für Pipi gilt. Danke, Tobi.

Nach und nach begaben sich auch aus den anderen Zelten Teile des Teams nach draußen. Die Gesichter von Tobi, Renate und Chris sahen durchaus danach aus, als hätten sie den gestrigen Abend noch etwas länger genossen. Teilweise konnte ich mir anhand kleiner Details in der Mimik sogar die Uhrzeit ausrechnen, verfälscht allerdings durch die Menge an Bier, die zusätzlich Spuren hinterlassen hatte.

Wir packten alles zusammen und bauten die Zelte ab. Bei unserer Behausung war das in der Zwischenzeit zur Routine gewordene geschickte Eindrehen der Stangen diesmal leichter als sonst, denn wir mussten nur noch die zwei herausragenden scharfkantigen Enden mit etwas Aufwand in die Transporthülle biegen.

Wir machten uns auf zum Frühstück, was neben dem Sandboden und dem kleinen Abort zu unserer Überraschung ebenfalls zum Servicekatalog des Hotels gehörte. Wieder einmal stellte ich fest, dass der Kaffee im Orient durchaus stärker war als bei uns, er dafür aber seine Wirkung nicht verfehlte.

Ich bin in meinem bisherigen Leben immer davon ausgegangen, Strategiebesprechungen zum Thema «Effiziente Blasen- und Darmentleerung» würden eher bei Butterfahrten und Seniorenkränzchen im St.-Was-auch-immer-Stift zur Schnitte Herrensahne besprochen. Mitnichten! Eine Reise in bisher unbekannte Gefilde verführt die Teilnehmer jeglichen Alters zum verbalen Austausch über die *Lösung* von Ex-Exkrementen und steht hinsichtlich der Qualität den Gesprächen der Rentnerriegen in nichts nach.

Das morgendliche Mahl, wie immer im Orient bestehend aus Fladenbrot, Marmelade und Butter sowie ganz vielen Sachen, die genauso aussahen wie die Speisen vom Abendessen, nur anders schmeckten – wenn sie doch mal gleich schmeckten, dann sahen sie anders aus –, ließ mir Zeit, um mein Umfeld zu beobachten. So verfolgte ich, wie unsere Kollegen vom Vorabend, die laut Tobis Bericht recht rücksichtsvoll, freundlich, tolerant und kulturoffen rumgepöbelt hatten, nach dem Packen ihrer Sachen in ihre Fahrzeuge stiegen und losbrausten. Die Müllsäcke ließen sie ebenso stehen wie die defekte Markise, die sie in der Nacht dem Sturm hatten opfern müssen. Offenbar hatten sie mit dem Hotel auch über das Thema Müllentsorgung verhandelt, denn wenig später erschien ein einheimischer Mitarbeiter des Hotels und räumte die Sachen weg – ins Gebüsch.

Nach dem Frühstück hieß es, noch ein wenig Kultur zu genießen. Zwar mussten wir heute bis nach Damaskus, knapp 250 Kilometer Luftlinie entfernt, und neigten ohnehin dazu, morgens die zur Verfügung stehende Zeit leicht zu überschätzen, aber egal. Wir gingen erst mal in die Ruinen des alten Baaltempels. Durch den kleinen Eingangsbereich, der mit seinem Schreibtisch und dem großen Modell bereits voll und dennoch mit etwa fünf Mitarbeitern bestückt war, betraten wir den ehemaligen heiligen Tempelbezirk, dessen unglaubliche Weitläufigkeit beeindruckend war. Der eigentliche Tempel, ein großes Gebäude in der Mitte der Anlage, war noch am besten zu erkennen, der das gesamte Gelände umlaufende Säulengang dagegen war fast komplett zerstört. Die runden, großen Steine lagen wie sortiert auf dem Boden herum, so als wollte gleich jemand vorbeikommen und das Puzzle weiterbauen. Ein 3-D-Puzzle mit mehreren hunderttausend Teilen.

Man weiß ja, dass Archäologen mit Zahnbürsten alte und feine Strukturen zum Vorschein bringen.

Langsam schlenderten wir an den alten Mauern vorbei, umrundeten das große Heiligtum und standen nach einiger Zeit auf der Rückseite. Ich blickte wieder Richtung Eingang und meinte für einen Moment die Menschen zu sehen, die sich hier zur Verehrung des Gottes Baal versammelt hatten. Alle in weißen Tüchern, andächtig ihre festgelegten

Wege entlangschreitend, jeder Schritt ein Ritual mit Bedeutung. Ich umarmte eine der noch stehenden Säulen, legte mein Ohr daran und lauschte. Dadurch hoffte ich, noch ein paar Reste der Gespräche, des Windes, der Atmosphäre dieser längst vergangenen Epoche zu vernehmen, ich schloss die Augen und spürte die Wärme des Steins. Dann kam jemand vorbei und fragte, ob ich gestern vielleicht einmal zu oft an der Wasserpfeife gezogen hätte.

Ein imaginäres Zischen erklang, und meine Phantasie verabschiedete sich wie eine Kerzenflamme im Lufthauch.

Wieder in der Realität zurück, betraten wir den Innenraum, das Heiligtum des Tempels. Auch hier überwältigten mich die schiere Größe des Raums, dessen Grundfläche locker mit einem 16-Meter-Raum mithalten kann, und die Frage, wie die Menschen die massigen Steine damals wohl zu diesen hohen Wänden aufgestellt hatten. Es waren kaum noch Verzierungen zu sehen, nur ein paar kleine Löcher in sieben Metern Höhe ließen mich vermuten, dass dort mal tragende Holzbalken befestigt worden waren. Die Kassettendecke in einer womöglich als Altarraum genutzten Nische zeugte von der gestalterischen Fähigkeit der Menschen von damals. Von solchen Bauten habe ich immer mal wieder gehört, ich habe viele Filme gesehen und Fotos betrachtet. Aber jetzt, da ich mitten in diesem unglaublichen Raum stand, wurde mir deren wahre Dimension erst richtig bewusst.

Schließlich holte mich die Realität erneut durch den einen oder anderen Kommentar ein, der deutlich machte, dass nicht jeder, der hier herumstand, so emotional bewegt war.

«Tja, alles kaputt», verlautbarte ein touristisch gekleideter Herr in Boxershorts.

Ein letzter Blick zurück, und schon war ich wieder vom – allerdings immer noch fremdländischen – Alltag umgeben. Kamele, Menschen mit *kufiya* und Straßenhändler. Nur die drei bunten Autos mit farbigen Aufklebern gaben dem Ganzen eine recht moderne Note. Und natürlich die Busse und Mofas und das Hotel und die Fahrräder und die

Straße und die Lampen. Irgendwie war es hier gestern Abend viel ruhiger gewesen. Wir stiegen ein und fuhren, wobei wir einmal die Kamelrennbahn umrundeten, wieder ein Stück zurück nach Südwesten in Richtung Damaskus.

Leider war die Rennbahn zu diesem Zeitpunkt nicht in Betrieb. In den letzten Jahren haben sich die arabischen Kamelrennbahnbetreiber und Veranstalter international nämlich etwas unbeliebt gemacht, da sie für den wichtigen Job des Kameljockeys auf minderjährige Jungen setzten, die sie günstig in Pakistan und anderen ferneren Ländern einkauften. Als das Gemopper der Kamelrennenlaien aus dem Ausland unerträglich wurde, ließen sie sich kurzerhand von einer Schweizer Firma Kinderjockey-Roboter entwickeln. Diese sind sogar leichter als echte Kinder, ferngesteuert ähnlich gut zu führen und, vom Anschaffungspreis abgesehen, günstiger in der Haltung.

Da die Benzinanzeige des Volvos mal wieder hart gegen Rot ging, griff ich zum Funkgerät.

«Wir haben hier ein Treibstoffproblem. Wenn wir demnächst 'ne Tanke fänden, wär's nicht schlecht.»

«Wie weit isses denn noch?», fragte Carsten in seiner unnachahmlichen Egal-was-du-sagst-es-wird-kein-Problem-sein-Art.

«Keine Ahnung, frag Renate, die kennt die Strecke nach Damaskus.»

«Nein, nicht nach Damaskus, bis zum roten Bereich.»

«Ach so, ähm, also noch ist die Nadel nicht drauf, aber ...»

«Dann klappt das, wir haben ja noch die Reservekanister dabei», unterbrach mich der Fachmann aus dem Mercedes. «Der alte Schwede schafft die 228 Kilometer nach Damaskus schon noch.»

Meinen Einwand, dass wir jetzt drei Stunden durch die Wüste fahren würden und es vielleicht einen zu großen Hauch an Risikobereitschaft erforderte, für diese Strecke die Reservekanister einzuplanen, schob er mit einem «Das klappt!» beiseite. Selbstbewusst, wie ich bin, und souverän, wie Tobi sich gerne gibt, sagten wir «okay» und fingen an zu hoffen.

Im Großen und Ganzen war die Strecke ähnlich wie auf der Hinfahrt, es ging einfach nur kerzengeradeaus. Man stelle sich die Orte Idlib, Palmyra und Damaskus als spitzwinkliges Dreieck vor, mit der kurzen, als Basis definierten Linie Idlib – Damaskus.

> Mathematisch ist das leider nicht ganz stimmig: Spitzwinklig sind bekanntlich fast alle Dreiecke. Die Strecke Idlib – Damaskus ist allerdings die längste Seite des Dreiecks.

Also, meines Wissens gibt es drei Arten von Dreiecken: das stumpfwinklige, das rechtwinklige und das spitzwinklige. Entscheidend ist, welche Strecke wir als Hypotenuse definieren. Und genau hier hättest du ansetzen müssen, denn ich habe das Basis genannt. Bereits jetzt möchte ich die beiden als «Schenkel» bezeichneten Strecken in «Katheten» umbenennen.

> *Es gibt drei Arten von … Es gibt drei Arten von …* Wo ich ansetzen muss, entscheide ich immer noch selbst! Und das ist ganz bestimmt nicht bei der Hypotenuse, die gibt es nämlich nur in einem rechtwinkligen Dreieck. Aus ebendiesem Grund ist es auch dreist, um nicht zu sagen völliger Blödsinn, die Schenkel als Katheten zu adeln. Du kannst zwar weiterhin gern die Strecke Idlib–Damaskus als «Basis» definieren, und auch die Spitzwinkligkeit ist richtig erkannt. Aber deine «Basis» ist mit 267 Kilometern im Vergleich zu den beiden anderen Strecken (je 214 Kilometer) mitnichten kürzer. Nach eingehender Interpretation meiner exakten Kilometerangaben wirst selbst du irgendwann feststellen müssen, dass es sich in unserem speziellen Fall um ein gleichschenkliges Dreieck handelt, was es noch unverschämter macht, die Schenkel in solch einen Mumpitz umbenennen zu wollen.

Also … das Dreieck … ähm … Winkel sind … ich meine … Boah,

du bist soooo gemein! Aber zu behaupten (Zitat!), «spitzwinklig sind bekanntlich fast alle Dreiecke», ist echt voll daneben. Woher willst du denn wissen, wie die Häufigkeitsverteilung der verschiedenen Dreiecksarten ist? Hä? Los, sag was! Ich hör nichts. Hallo?

Okay, vielleicht ist es auch müßig, sich als Nichtmathematiker so dezidiert mit diesem Spezialwissen auseinanderzusetzen.

Dann sind die beiden Schenkel kaum voneinander zu unterscheiden. Nur ein einziges Mal mussten wir links abbiegen, statt geradeaus zu fahren, und trotzdem schafften wir es, die falsche Richtung einzuschlagen. Dabei hatte uns ein freundlicher und schwerbewaffneter Mitarbeiter der Sicherheitsbehörden brav in die Richtung gewunken, in die wir fahren mussten. Der Mann war dafür da, die Straße in Richtung Bagdad (!) zu bewachen. Mit einem Schlagbaum gesperrt, geht es von hier aus nämlich direkt in den Irak. Gerade einmal 140 Kilometer nach Südosten. Nach Damaskus ist es genauso weit.

Hatten wir am Vormittag noch die staubige Luft der Antike geatmet und wären intuitiv fast auf die überall geparkten

Kamele gestiegen statt in die Rallye-Autos, so wehte uns mit dem Soldaten an der Kreuzung nach Bagdad ein ganz anderer Wind der Geschichte eisig ins Bewusstsein. Keine Tankfüllung von diesem einsamen Vorboten entfernt begann die sandige Wahrheit dessen, was uns in den videospielähnlichen Propagandavideos der Nachrichten regelmäßig vorgeführt wird.

Wie erwartet hielt die unwirtliche Landschaft den durch einen auf dem Treibstoff liegenden Schwimmer gesteuerten kleinen Plastikstab, der so langsam seinen Weg nach links fand, nicht davon ab, sich aus dem schwarzen in den roten Bereich zu bewegen. Es ruckelte kurz, dann noch einmal, und ich rollte an den rechten Straßenrand. Nichts mehr drin.

Ich schaute mich um, nichts außer Wüste. Der BMW war schon vorneweg, der Mercedes hielt hinter uns an. Wir warteten, und dann drehte dort, wo sich Himmel und Erde begegnen und in Schlieren miteinander verschwimmen, der kleine rote Kombi um und kam zu uns zurück.

Locker und entspannt füllte Carsten den Inhalt der beiden Kanister in unseren Tank, locker und entspannt leerte ich meine Blase in die Wüste. Der Wagen sog den antreibenden Saft gierig in sich auf, der Wüstenboden dagegen hatte keine Ahnung, was er nun mit dieser Unmenge an Feuchtigkeit anfangen sollte, er ließ sie einfach versickern. Wahrscheinlich wunderte sich ein paar Tage später ein Botaniker darüber, dass hier ein Busch Brennnesseln wuchs[24].

Entspannt in die Wüste gepullert? Hatte ich dir schon von den Kriechspuren der Schlangen im Wüstensand erzählt? Und den Warnungen da-

[24] Der alte Kinderglaube, dort, wo man hinmacht, würden Brennnesseln wachsen, ist nur zum Teil richtig. Brennnesseln sind Stickstoffindikatoren, wenn sie also viel Stickstoff zur Verfügung haben, wachsen sie extrem gut. Urin enthält Harnstoff, und der besteht zu 46 Prozent aus Stickstoff. Daher stimmt wohl die Behauptung, dass Brennnesseln gut wachsen, wenn man sie regelmäßig anstullert, die eigentliche Ursache ist aber der Stickstoff im Harnstoff. Dass die Brennnessel vorab noch eines Samenkorns bedarf, setze ich mal als bekannt voraus.

vor, sich leichtfüßig und ohne Kontrolle in einem unübersichtlichen Steinhaufen zu positionieren? Als Schlange hätte
ich ganz sicher entsprechend reagiert, wenn mir da so ein
bleichgesichtiger Mitteleuropäer beim Mittagsschlaf auf die
Birne pieselt.

Ich möchte die Gelegenheit nutzen, um kurz zu erwähnen, dass
es sich hier um reine Panikmache handelt. Ein billiger Versuch,
Sorge und Unbehagen zu streuen. So leichtfüßig und schon gar
nicht kontrollarm bin ich da nicht hineingelaufen. Grundsätzlich sollte man immer kräftig auftreten und sogar stampfen,
denn die Vibrationen verschrecken das Standardmodell Wüs-
tenschlange, zumal wir Menschen nicht in das Beuteschema
einer solchen Kreatur passen. Auch vom «Pieseln» geht hier
wohl eher wenig Gefahr aus. Das verwechselt der geschätzte
Kollege Dr. Tobias Besserwisser, aber nur fast Zimmermann,
vermutlich mit Parasiten, die sich im Wasser aufhalten und
sogar einen Urinstrahl hinaufschwimmen können. Dann verschwinden sie in der Harnröhre und bleiben wegen ihrer Widerhaken dort stecken. Bei nachlassender Strömung vollenden sie
ihren Marsch ins Körperinnere und durchlaufen die klassischen
Parasitenstadien, die hier jedoch nichts zur Sache tun. Dieses
Bild, einmal im Kopf, hält einen davon ab, jemals wieder leichtfüßig irgendwohin zu pieseln!

In dem Fall kann ich dich beruhigen. Der *candiru* oder auch
Penisfisch, von dem hier vermutlich die Rede ist, kommt
nur im Amazonas vor und ist auch nicht in der Lage, einen
Harnstrahl hinaufzuschwimmen. Sehr wohl gefährlich wird
es, wenn man sich überlegt, beim Bade unhöflicherweise ins
kühle Amazonasnass zu strullen. Da fühlt sich der fiese Fisch
angelockt und gelangt nicht selten in eine der angesproche-
nen (oder aber auch andere) Körperöffnungen, wo er sich mit
seinem Widerhaken schmerzhaft verzurrt und einem das

Blut abzapft. Aber das betrifft eben nur alle Inswasserpinkler. Ein solch ungebührliches Verhalten würde dir sicher nicht im Traum einfallen.

Nachdem die Kanister wieder im Kofferraum verstaut waren, stellte ich die leicht provokante Frage, was wir denn machten, wenn der Tank des nächsten Wagens leer sei? Wir hätten ja jetzt die Reserve wie geplant verbraucht. Betretenes Schweigen. Jeder malte sich wohl die Situation aus, hier festzustecken.

«Ja, stimmt, werden es wohl schaffen müssen», sagte Carsten.

Das bestärkte mich in der Annahme, dass wir mit dieser Einstellung kein wirkliches Abenteuer angehen sollten. Falls ein weiteres Problem mit der Treibstoffversorgung auftreten sollte, wären wir wegen der großzügigen, wenn nicht mutigen Planung aufgeschmissen. Um uns herum nur Sand, kein Tropfen Wasser, geschweige denn eine Gazelle, die als kurzer Happen zwischendurch gemeinschaftlich gejagt werden könnte. Alle paar Minuten kam vielleicht mal ein Fahrzeug vorbei, das dann aber meist in Form von Lkws, die wie von Robotern gesteuert stur ihrer Spur folgten und nur auswichen, um keine Kratzer am Unterbodenblech zu bekommen, aber mit Sicherheit nicht bremsten, um armen, ausgemergelten Wüstenamateuren zu Hilfe zu eilen. Ich sah uns schon als Wegmarke enden: als sieben Skelette an den drei Wagen, knapp die halbe Strecke bis Damaskus.

Die Landschaft veränderte sich langsam wieder hin zu fruchtbar, so wie sie vorher zur Wüste geworden war. Stück für Stück tauchten kleine Pflanzen und begrünte Flecken auf, wenn auch nicht mehr als Flechten oder Bodengewächse. Etwas später entdeckte ich einige Inseln aus größeren Wüstengewächsen und Sträuchern, die so taten, als wollten sie mal Bäume werden. Dann kamen die ersten Häuser, kurz darauf bewässerte Felder, und die Bebauung wurde dichter. Schließlich konnte man wieder von Besiedelung reden, und mit den ersten Querstraßen nahm auch der Verkehr wieder zu.

Etwa 43 Kilometer vor Damaskus beschloss unser Navigationssystem Renate, nicht die Umgehungsstraße, sondern die Abkürzung durch einen kleineren Ort zu nehmen. So bogen wir links ab, querten eine Brücke, und schon standen wir, mitten in einem vierspurigen Stau, auf einer zweispurigen Straße. Dies ist leider keine Verwechslung, sondern eine recht korrekte Beschreibung der Situation. Noch während wir überlegten, ob die Idee richtig war, bemerkte Tobi, dass der hintere rechte Reifen des Mercedes mit völlig anderen Luftdruckverhältnissen fuhr als die drei anderen. Aber noch bevor er diese Auffälligkeit bei Wikipedia nachschlagen und uns vorlesen konnte, gab ich schon per Funk die Nachricht weiter.

«Fritz, ihr habt 'nen Platten.»

«Ah, verstehe, ich dachte schon, so schlecht kann die Straße gar nicht sein.»

Der ganze Trupp wendete, und wir hielten zwischen einigen sehr großen Lastwagen neben der Straße. Alle stiegen aus und standen um das defekte Rad herum. Ich dachte mir, wie merkwürdig, eigentlich sind es die aufgeblasenen Typen, auf die immer alle achten, aber hier ist es umgekehrt. Jemand öffnete den Kofferraum und holte die nötigen Utensilien heraus, dann machten sich unsere beiden Männer im Team ans Werk. Fritz und Carsten fingen an, die Gerätschaften bereitzulegen. Die Gefahr, helfen zu müssen, bannte Michael mit der Frage: «Schafft ihr das?»

Zehn Minuten später war der Reifen gewechselt. Immer wieder gut, zu wissen, dass bestimmte Schlüsselreize auch heutzutage noch wirken. Wir räumten den Kofferraum ein und sortierten bei der Gelegenheit das Inventar ein wenig um. Dabei kamen noch etwa 40 Rollen Klopapier zum Vorschein, die sich Chris kurzerhand unter den Arm klemmte und an die umstehenden Lkw-Fahrer verteilte.

Ich habe auch nicht ganz verstanden, warum er damit loswatschelte, schließlich lagen noch zehn weitere Tage vor uns.

Wir hatten seit unserer Abfahrt gerade mal eine Rolle gebraucht.

Männer!

Da stellte sich durchaus die Frage, was wir die letzten Tage mit
600 Kilometern Wischware anfangen sollten.

Notfalls hätten wir auf die im Nahen Osten vorherrschende
Methode zurückgreifen können, die gänzlich ohne Papier
auskommt. Auf den Stehtoiletten findet sich als einziges Rei-
nigungsutensil ein angeschlossener Wasserschlauch. Mit
der linken Hand gilt es nun ... Na ja, deshalb wird die Linke
auch in dieser Gegend als die unreine Hand bezeichnet. Ich
wundere mich gerade, in welche Bredouille man dort so als
Linkshänder geraten kann.

Während der eine sich leicht brüskiert dagegen wehrte, auch nur anzunehmen, er würde mit seinem Körper Dinge tun, die einen Gebrauch dieser die Handlung abschließenden Papiertücher nach sich zögen, griff ein anderer beherzt zu und nahm gleich das ganze Paket auf einmal.

Vermutlich hatte der Kollege von der Toilettenpapierpanik 1973 in Japan gehört und versuchte sich genau gegen diesen Fall in Zeiten weltweiter Wirtschaftskrisen zu schützen.

Hast du schon erwähnt, dass das mit dem Ölschock zusammenhing?

Nein, wann denn?

Jetzt wäre die richtige Gelegenheit.

Okay, also der Ölschock …

Wieder auf der Straße, passierte erst mal gar nichts. Wir waren eingeklemmt zwischen alten, klapprigen und vor allem lauten Lkws und Fahrzeugen, die bei uns auf jedem Automarkt für Oldtimer Begeisterung hervorgerufen hätten, auch wenn wahrscheinlich kein einziges Originalteil mehr verbaut war. Stoisch betrachtete ich das Geschehen, und weder von Tobi auf der Beifahrerseite noch aus den anderen Autos kam irgendeine Spur von Hektik auf. Mit der Zeit hatte ich eine innere Ruhe entwickelt, die mich so ziemlich alles ertragen ließ. Ich beobachtete das Ganze, aber ein wirklich einheitliches System war nicht zu erkennen. Wurden wir von zwei Reihen großer Sattelschlepper auf der rechten Seite flankiert, überholte uns gleichzeitig ein Taxi auf der linken. Dazwischen drängten sich zwei entgegenkommende Fahrzeuge, die, eingeklemmt wie die Erbse in der Bohne, zwischen einem der Lkws und unserem kleinen Konvoi ein Durchkommen versuchten.

Der Blick nach vorne verhieß nichts Gutes. Das blaue Führerhaus des eigentlich ganz rechts stehenden Fahrzeugs hatte sich bereits nach links gebogen und über zwei Spuren mehr verteilt, als ihm eigentlich zustanden. Leider kam der Wagen nicht weiter, weil ein leerer Transporter an ihm vorbeiwollte, dabei aber den entgegenkommenden Kleinlaster übersah, der entweder noch vor ihm rechts oder neben ihm geradeaus fahren wollte. Genau konnte ich das nicht erkennen, wegen des Pritschenwagens dazwischen. Die Straße sah aus wie eine Schublade, angefüllt mit Verlängerungskabeln, Adaptern und Ladegeräten. Zwar kann man das eine Ende erkennen, doch wenn man daran zieht, kommt ein ganz anderer Anfang zum Vorschein. Meist hebt man daher einfach alles in die Höhe.

Langsam sog es uns in dieses Knäuel hinein. Ich folgte dem Vordermann mit einer Mischung aus Faszination, entspannter Ruhe und leichter Nervosität. Die Führer dieser um einiges größeren Fahrzeuge blickten auf uns herab, und in ihrem Blick sah ich Erstaunen mit einer Mischung Bewunderung. Dann huschte ein Schatten über das Gesicht, und ich las: «Leider muss es sterben.» Sofort heulte der Motor auf.

Doch ich blieb dran, immer der Strategie folgend: Nur ja nicht die Stoßstange des Vordermanns verlieren.

Als wir uns allmählich dem Zentrum des Chaos näherten, wurde es ruhiger, bis wir schließlich im Auge des Sturms standen. Hier ging gar nichts mehr. Dafür hatten wir nun genügend Zeit, uns den Grund für all das Chaos anzusehen. Ein Markt hatte geöffnet. Nicht so ein kleiner Markt, auf dem die Frauen ihre Brote auf dem Kopf tragen und die Männer mit Handkarren die Kartoffeln durch die Gegend fahren, während sie ein Schaf hinter sich herziehen. Hier luden Lastwagen kistenweise Lebensmittel ab, andere, beladen mit Steinen bis zur Oberkante und weit darüber hinaus, verließen das Gelände, nicht ohne sich noch einmal zu vergewissern, dass zwei Fahrzeuge NICHT gleichzeitig durch das Tor passten. Ich schaute mir das Schauspiel an und bewunderte den Mann, der gerade versuchte, mit seinen Händen und der Stimme gegen die röhrenden Fahrzeuge, die fluchenden Fahrer und die hupenden Autos anzukommen, um einen Hauch Ordnung in das Tohuwabohu zu bringen. Ich bewunderte ihn und entdeckte in ihm ein klein bisschen Verwandtschaft zu uns gut organisierten Deutschen[25], die an einer defekten roten Ampel gerne mal so lange stehen bleiben, bis ihr Körper komplett skelettiert ist.

Plötzlich ein Hupen. Irgendwie näher als sonst. Es war kein Hupen, es war ein «Hey!». Es war Tobi. Wir konnten weiterfahren. Das Durcheinander zu verlassen, stellte sich als weit einfacher heraus als der umgekehrte Weg. Nur wenig später spuckte uns das System wie ein Gewölle aus, und wir landeten auf einer zumindest in unserer Richtung freien Straße.

Nun ging es zügiger vorwärts. Je näher wir Damaskus kamen, desto voller wurden die Straßen, bis sie am Ende die uns bereits hinlänglich bekannte Zähigkeit von Honig annahmen.

Wo genau wir die Stadtgrenze überfuhren, fiel mir gar nicht auf. Ich war mit Fahren und Staunen beschäftigt.

> Ich denke, du warst mehr mit dem Staunen als mit dem Fahren beschäftigt. Jedenfalls hatte ich am nächsten Tag vom Mitbremsen Muskelkater in der Wade.
> **Die Kunst besteht darin, die Bremskraft im ganzen Bein zu generieren …**
> … welche du nur leider auf dem rechten Pedal statt auf dem mittleren ausleben musstest!

Wir fuhren hier durch die wohl älteste durchgehend bewohnte Stadt der Welt. Mit ihren offiziellen 1,5 Millionen, angrenzenden 2,5 Millionen, befürchteten noch mehr Millionen Einwohnern ist sie ein kulturelles und religiöses Zentrum im Orient.

[25] Hierbei handelt es sich um positiven Rassismus. Im Gegensatz zum negativen Rassismus wie «Die Rumänen sind faul und unpünktlich» fällt er nicht sofort ins Auge. Er klingt nett. Aber erstens sagt er im Umkehrschluss, dass die anderen NICHT so sind, also wieder etwas Negatives, und vor allem sucht er sich schon wieder eine Bevölkerungsgruppe aus, die nur aufgrund ihrer Abstammung, ihrer Nationalität bestimmte Eigenschaften haben soll. Bekannte Beispiele sind «Die Asiaten sind disziplinierter», «Die Südamerikaner haben Tanzen einfach im Blut» und «Schwarze haben ein riesiges Fortpflanzungorgan». Mit solchen Fußnoten machst du mich arbeitslos. Genau deshalb verbringe ich Stunden, Tage, ja Wochen in unzähligen ethnologischen Seminaren und haue mir Infos in die Birne, die ich in meinen täglichen Disputen mit unter der Brücke hausenden Skins sowieso nicht anwenden will.

Im 15. Jahrhundert v. Chr. wird sie erstmals unter Thutmosis III. erwähnt, als sich die Syrer gegen Ägypten erhoben und jener mit einem Heer mal kurz vorbeischaute, um klarzumachen, wer hier der Boss war. Nun, 3500 Jahre später, sind wir es, die hier einziehen. Allerdings mit weit weniger aggressivem Potenzial, und im Vergleich zu den 300 berittenen Fürsten, die damals auf ägyptischer Seite dabei gewesen sein sollen, auch mit weit weniger PS.

Während die Vergangenheit hinter uns lag, beobachtete ich die Gegenwart. Die ganze Straße, der wir folgten, war links und rechts von Geschäften und Werkstätten gesäumt. Jedes Kleinunternehmen bestand aus einem Raum, nicht größer als eine Garage – also einer Garage in einer besseren Gegend für zwei größere Limousinen. All diese Werkstätten waren mit so viel Material angefüllt, dass vom eigentlichen Raum nichts mehr zu erkennen war. Gearbeitet wurde auf der Straße, da konnte man sich nebenbei besser unterhalten. Ich entdeckte hier einen Korbmacher, der seine Waren bis weit über das Dach gestapelt hatte, und fragte mich, wie er des Nachts all seine Angebote unterbrachte, da der Laden ebenfalls recht voll war, und dort eine Schlosserei, die von außen eigentlich nur als schwarzes Loch zu erkennen war.

Ich bin mit einem deutschen Stahlbauer befreundet und habe schon diverse sicherheitsrelevante Einrichtungen, Regelungen und Vorschriften für das Stahl- und Schlosserhandwerk erlebt, gesehen und vor allem erzählt bekommen. Diese Werkstatt erinnerte mich an nichts davon.

Dann eine Autowerkstatt, deren Vertragshändler nicht zu erkennen war, aber den Auslagen nach war es ohnehin eher ein Zulieferer. Motorhauben waren nebeneinander an die Wand gelehnt, Seitenscheiben fanden sich im rechten Bereich übereinandergelagert, und wer ganze Karosserien brauchte, wurde auf dem Dach fündig. In dem übrig gebliebenen kleinen Restbereich werkelten vier flinke Finger von zwei tüchtigen Schraubern an irgendwas herum. Genaues konnte ich nicht erkennen, aber ich gehe jede Wette ein, dass das Problem bald behoben war. Später sollten uns zwei andere Teams erzählen, wie hier gearbeitet wurde.

Die einen hatten während der Fahrt auf der Strecke etwas verloren, was etwas anderes befestigte. Diese allgemeine Ausdrucksweise spiegelt nicht nur mein Unwissen über die Innereien von motorbetriebenen Fahrzeugen wider, sondern beschreibt auch ungefähr das, was die anderen sich an Fachwissen noch merken konnten. Ein kurzer Blick in den Motorraum sagte ihnen, dass dieses Plastikteil, das da lose herumflatterte, eigentlich fest sein sollte, und sie fuhren zur nächsten Werkstatt. Dort verschwand der Oberkörper des Werkstattmeisters im Motorraum, um kurze Zeit später mit dem defekten Teil in den Händen wieder zum Vorschein zu kommen. Er musterte kurz seine Kunden, sagte etwas und verschwand im dunklen zurückliegenden Bereich hinter irgendeinem Regal. Kurze Zeit später erklang mehrmals ein Dong, das entsteht, wenn kleine Metallhämmer auf Weißblech treffen. Das Geräusch endete nicht, der Werkstattmeister kam allerdings wieder nach vorne, folglich musste dahinten noch jemand sitzen – entweder der Werkstattobermeister oder der Weißblechbearbeitungsfachangestellte. In Deutschland wäre das mit Sicherheit ein IHK-geprüfter Ausbildungsberuf[26]. Irgendwann verklang das Gehämmer, und er verschwand wieder im hinteren Teil der Werkstatt, nur um kurze Zeit später mit einer originalen Nachbildung in Weißblech des einstigen Plastikirgendwas um die Ecke zu biegen. Zwei Löcher, drei Schrauben, und der Wagen fuhr wieder. Preis: rund 15 Euro, dafür hatte der Typ aber auch noch die Zündkerzen gewechselt, den Reifendruck geprüft und die Scheiben geputzt. Ich bin mir nicht sicher, ob ein BMW-Servicemobil für 15 Euro überhaupt vom Hof gefahren wäre, geschweige denn, ob der Service-Mann einen kleinen Hammer und eine Rolle Blech im Auto gehabt hätte. Mit Sicherheit hätte das Ersatzteil aber eine 16-stellige Bestellnummer gehabt.

[26] Bitte nicht nachsehen, Tobi, den gibt es nicht. Das ist nur bedingt richtig: Es gibt immerhin CNC-Blechbearbeitung als IHK-geprüfte Zusatzqualifikation. Ich hasse dich ...

In der Zwischenzeit waren wir im inneren Stadtbereich angekommen, wo Wohnhäuser über mehrere Etagen die Szenerie beherrschten. An den unverputzten Fassaden klebten mehrere Reihen von Balkonen, auf denen Wäsche zum Trocknen aufgehängt war, die uns durch die staubige Luft zuzuwinken schien. Die Menschen auf den Straßen blickten uns nach, entgegenkommende Fahrzeuge hupten. Ich ließ mich jedoch nicht ablenken, hing tapfer am Vordermann und steuerte den Wagen beständig, aber stetig weiter vorwärts. Ungünstigerweise machte sich irgendwann ein unangenehmer Geruch im Auto breit. Ich wollte ihn erst höflichst überriechen, aber bald war das nicht mehr möglich. Ich schaute zu Tobi.

«Was ist?», fragte Tobi mit einem skeptischen Blick in meine Richtung.

«Was machst du? Es stinkt!», gab ich ihm höflich, aber neugierig zurück.

«Ja, ist mir auch schon aufgefallen», überraschte er mich.

«Bist du das?», bohrte ich nach.

«Ich? Nö. Ich bin nur ungeduscht, das riecht anders», kam es von links.

Da hatte er recht, und bei genauerem Hinriechen fiel mir der Unterschied auf. Mir dämmerte der wahre Grund für diese olfaktorische Erscheinung: Die Kupplung wurde langsam heiß. Das ständige, teils hochtourige Anfahren und Bremsen hatte den Kupplungsscheiben zugesetzt. Der Motor war ebenfalls jenseits der Durchschnittstemperatur.

Dies war der richtige Moment für mich, um meine ganze Aggression gegenüber dieser unüberlegten, ignoranten und materialvernichtenden Fahrweise loszuwerden. Hauptsache, immer am Vordermann kleben und die einheimischen Taxifahrer in Dreistigkeit und Tabulosigkeit im straßenverkehrlichen Verhalten übertreffen. Nur ja keinen Zentimeter Platz lassen. Nirgendwohin. Immer schneller sein als die syrischen Verkehrskollegen. Mehr als einmal hatte ich bereits das Scheppern von Blech, das Geräusch berstenden Fensterglases und das trockene Krachen von brechenden Knochen und Schädeldecken im Kopf, bevor ein kleines Wunder uns vor dem Untergang bewahrte. Ich setzte mich auf, holte tief Luft, machte ein böses Gesicht, schaute zu Bernhard – und ließ den Moment aus Harmoniesucht doch wieder mal verstreichen.

Dafür biss ich in die Sonnenblende und unterhielt mich mit einem toten Marienkäfer, der in einer der Rillen der Lüftungsklappen auftauchte, als wir versuchten, den elenden Kupplungsgestank aus dem Innenraum fernzuhalten.

Ich gab die Nachricht an das Team weiter, in der Hoffnung, dass es irgendjemanden interessierte.

«Leute, wir haben ein Problem, die Kupplung wird heiß. Es riecht schon.»

«Und was sollen wir da machen?», kam es zurück.

«...»

«Hallo?», wiederholten sie.

«Weiterfahren», versuchte ich souverän zu klingen und zog mir eine neue Portion verdampftes Sintermetall durch die Lungen – das entspannte.

Weiterfahren. Was hatte ich da nur gesagt? Das klang ja geradezu, als wüssten wir, wo es langginge. Natürlich waren wir wieder völlig aufgeschmissen. Wir hatten keine Ahnung, wo wir übernachten sollten, wir wussten nur, wo wir uns ungefähr befanden. Soweit man das bei einer Übersichtskarte sagen kann, die gerade mal die Hauptverkehrsstraßen anzeigt. In Damaskus waren wir übrigens von der Zehn-Euro-Fessel befreit, weil wohl niemand davon ausging, hier ein Hotel in dieser Preiskategorie zu finden. Somit suchten wir kein Billighotel, sondern ein Überhaupt-Hotel und griffen auf eine bereits erprobte Strategie zurück: Taxifahrer! Die kennen sich aus.

... wissen es aber aus ökonomischen Gründen gelegentlich gekonnt zu verbergen.

Wir fuhren rechts von der Hauptstraße ab, in eine direkt parallel verlaufende, aber getrennte Randspur. Dort belästigten wir den Fahrer des ersten gelben Fahrzeugs, das wir fanden. Freundlich, wie die Menschen in dieser Stadt so sind, bot er uns an, vorauszufahren und uns zu einem Hotel zu geleiten. Gesagt – getan, eingestiegen – losgefahren. Die um ein Fahrzeug erweiterte Kolonne schlängelte sich durch den abendlichen Verkehr, während ich eine duftende Spur hinter mir herzog, die auch noch durch den immer häufiger aufheulenden Motor auf sich aufmerksam machte.

Auf einmal bemerkte Tobi neben uns einen bewaffneten Mann. Dann noch einen. Sie standen vor einer Einfahrt und kontrollierten Fahrzeuge. Stutzig machte uns die für Sicherheitsbeamte doch etwas untypische Kleidung: Turnschuhe, Hemd, normale Hose. Dafür aber Kalaschnikow[27] und Patronengurt um den Oberkörper und eine Kurzwaffe am Gürtel. Dazu ein strenger Blick unter der Baseballkappe. Wir waren offensichtlich im Regierungsviertel angekommen. Die Ministerien schienen entweder von Privatleuten bewacht zu werden, die es für ihre Bürgerpflicht hielten, hier mal aufzupassen, dass auch ja keiner irgendwelchen Unsinn machte, oder der Schwerpunkt syrischer Innenverteidigung lag weniger beim äußeren Erscheinungsbild als bei der inneren Begeisterung für die Aufgabe. Wir beschlossen, auf jeden Fall KEIN Foto zu machen.

[27] Keine Ahnung, was das genau war. Mein Counter-Strike-geschulter Blick vermutete eine AK 47. Außerdem haben DIE in den Ländern IMMER eine Kalaschnikow, schließlich sind wir die Guten mit dem M 16. Das tötet irgendwie gerechter ...

Mehr Zeit zum Nachdenken hatten wir nicht, da der Taxifahrer gerade noch so die grüne Ampel passierte. Leider vergeht zwischen erstem und letztem Fahrzeug immer etwas Zeit, die meist von der Ampel genutzt wird, die Farbe zu ändern. Ich sah die Motorhaube des BMWs nach oben steigen und gab selbst ebenfalls Gas, was aber nur zu einem lauten Röhren und neuerlichen Duftvariationen im Fahrgastraum führte. Spontan wünschte ich mir den ungeduschten Tobi näher. In der Sorge, nicht nur den Taxifahrer, sondern auch den Wagen mit dem Kartenmaterial zu verlieren, bremste der BMW plötzlich, bog nach rechts ab und wäre dem Wachmann, der die Straße vor Eindringlingen bewahren sollte, fast über den Fuß gefahren. Ich reagierte schnell, die Lenkung war ja noch voll funktionstüchtig, schlug ein und kümmerte mich um den anderen Fuß des Wachhabenden. Wir wurden ohne eine Kontrolle durchgewunken, wahrscheinlich gingen sie hier davon aus, dass Terroristen sich nicht so auffällig verhielten – oder dass sie sich zumindest keine zwanzig Jahre alten Autos besorgen und diese dann mit bunten Aufklebern vollkleben würden. Knapp 300 Meter weiter fuhren wir links von der Straße auf einen Hof, der gerade mal für drei Autos Platz bot, aber bereits mit sechs belegt war. Wir passten also problemlos drauf.

Dabei stellten wir geschickt das Team 60, Die zu spät Gekommenen, zu, damit sie ihrem Namen alle Ehre machen konnten. Nicht dass Zeit bei der Rallye eine wichtige Rolle gespielt hätte, aber ein wenig Spaß wollten wir schon haben.

Als wir alle ausgestiegen waren, gingen wir auf Renate zu und umstellten sie mit leicht fragendem Blick, der einen Hauch Vorwurf enthielt, aber mit einer Prise Respekt gewürzt war. Ohne groß gefragt zu werden, antwortete sie: «Ich habe volles Vertrauen in die Ortskenntnis eines seit Jahren durch diese Stadt gurkenden Taxifahrers, aber dass der meint, sich besser auszukennen als ich ...» Damit ging sie ins Hotel.

Wir sahen uns fragend an und waren uns einig. «Da hat sie recht, wäre echt ganz schön albern.»

Dann folgten wir ihr.

Wir buchten unsere Zimmer und versuchten uns noch schnell an einer kurzen Körperhygieneübung, allerdings wussten wir nicht mehr genau, wie das geht, und brachen den Versuch ab, zumal wir sowieso noch in die Stadt mussten, um unsere Aufgabe zu erledigen. Diesmal galt es, ein Foto im Hamam, einem türkischen Bad, mit Handtuch

zu machen. Also fuhren wir in die Stadt, diesmal mit dem Taxi. Die Wagenschlüssel gaben wir dem freundlichen Mitarbeiter auf dem Parkplatz, für den Fall, dass er ein wenig Auto-Tetris spielen wollte. Da wir wie immer als große Gruppe zusammenbleiben wollten, forderten wir zwei Mietdroschken an.

Der vordere Taxifahrer, der uns in die Innenstadt kutschierte und dem der andere folgte, kannte sich erheblich besser aus als wir, und da wir *im* Taxi drinsaßen, hatten wir auch keine Macht über die Richtung, selbst wenn es Renate das eine oder andere Mal juckte. Aber Tobi und ich saßen rechts und links neben ihr auf ihren Händen, daher konnte sie dem Fahrer nicht ins Lenkrad greifen.

So gelangten wir geschlossen und zügig zum Basar, dem *soukh*, wo sich der Hamam befinden sollte. Hier, in dieser riesigen Halle, reihte sich ein Geschäft an das andere. Genau, wie man sich einen orientalischen Basar vorstellt, quollen die einzelnen Läden vor Waren förmlich über. Da gab es keine Ketten, sondern KETTEN!, keine Gewürze, sondern GEWÜRZE!, keine Tücher, sondern TÜCHER! Letztendlich war alles genauso organisiert wie in einem uns bekannten Kaufhaus – nur alles auf einer Etage und das Profitcenter[28] zur Perfektion gebracht.

Wir ließen uns in der Menge treiben und das Geschehen um uns herum auf uns wirken. Uns begegnete die islamische Kultur in verschiedensten Ausprägungen: von der eher westlichen Frau, die mit Jeans, bunten Schuhen und offenem Haar an uns vorbeischlenderte, bis zu komplett verschleierten Frauen, von denen wir nur die Augen sehen konnten.

Wir starteten eine intensivere Suche nach dem aufzufindenden Hamam und fragten uns durch. Die Auswahl der potenziellen Auskunftgeber überließen wir jedoch nicht dem reinen Zufall, sondern suchten gezielt nach jungen Leuten im schicken Anzug, um so die Wahrscheinlichkeit, jemanden mit Fremdsprachenkenntnissen zu erwischen, zu erhöhen. Mit etwas Geduld und mehreren Richtungs-

[28] Die Grundidee ist hier, dass man die verschiedenen Abteilungen eines Kaufhauses als eigenständige Einheiten betrachtet, die sich betriebsintern um begrenzte Ressourcen wie Schaufenster oder Ladenfläche bemühen. Dabei kommen marktregulierende Mechanismen zum Tragen, die eine effizientere Lösung bieten als die zentralistische Verteilung derselben.

wechseln schafften wir es und befanden uns auf einmal vor einer kleinen, mit einem Vorhang versehenen Türöffnung. Davor standen zwei Männer, die uns freundlich hineinbaten. Sie wussten bereits Bescheid, wahrscheinlich oder gar mit Sicherheit waren wir nicht die Ersten, die hier auftauchten, schließlich waren wir mit die Letzten, die in Palmyra losgefahren waren, und die meisten anderen Teams waren bereits in Damaskus eingetroffen. Wir hofften inständig, dass die Hamambesitzer über den Ansturm an Menschen unterrichtet waren, die, förmlich nach dringend nötiger Reinigung schreiend, immer wieder in kleinen Gruppen aus irgendeiner Richtung kamen und sich hier vor diese kleine, etwa kopfhohe Türöffnung stellten.

Da wir eine geschlechtlich heterogene Gruppe waren, stießen wir natürlich ins Zentrum kultureller Verschiedenheit vor. Ein Hamam ist ein vor allem im arabischen Raum gerngenutztes Dampfbad, wo man nach Geschlechtern getrennt schwitzt, sich erholt, gewaschen wird und vor allem soziale Kontakte pflegt. Gerade für Frauen ist das Bad ein Ort, wo sie sich unbeobachtet entspannen können. Rallye-Frauen, die eines dieser Bäder besucht hatten, erzählten uns später, wie sich die Frauen dort völlig ungehemmt und lachend ihrer Kleider entledigten und singend die Zeit verbrachten.

Später erklärte mir das Internet auf freundliche Art und Weise, dass in den auch «Türkisches Bad» genannten Räumlichkeiten die Frauen vor der Brautwahl betrachtet wurden. Das Bad 40 Tage nach der Geburt (kirk hamami) und ein während der Hochzeitsfeierlichkeiten durchgeführtes Brautbad (gelin hamami) zeigen, welch fester Bestandteil diese Einrichtung in der Kultur hat.

Wir wollten uns aber weder entkleiden noch eine Massage bekommen oder ein Peeling erfahren und uns auch weder rasieren noch waschen lassen. Wir wollten nur ein Foto mit einem der Handtücher machen, ein in der Geschichte des Dampfbades gewiss relativ selten geäußerter Wunsch. Nach einer wortreichen Diskussion griff einer der Angestellten blind um die Ecke und streckte uns ein großes, rot-weiß gestreiftes Handtuch entgegen. Wir hielten es uns vor den Körper, der freundliche Hamamwächter machte ein Foto von uns, wir bedankten uns herzlich und verabschiedeten uns.

Vom Hamam hatten wir dabei gar nichts. Diese mittelalterliche Tradition, die ihre Wurzeln bereits in der byzantinischen Zeit hat, in Verbindung mit der typischen alten Badehausarchitektur aus Kuppelsälen, heißen Marmorplatten und den Tellaks, die einem stilvollst selbst den letzten Kubikmikrometer Dreck aus der Haut peelen, hatte sich zu einem wahren arabischen Wellness-Tempel entwickelt. Entspannung und Sauberkeit XXL, lautete das Motto. Nicht jedoch für uns. Wir hatten ja keine Zeit, da wir diese im wundervollen Palmyra bereits vertrödelt hatten und Bernhard kurz vor Damaskus noch drei Stunden staunend vor einem neuen Typ von Freileitungsmast hockte. Jetzt mussten wir uns beeilen, um die restlichen Aufgaben zu erledigen, da uns der festgelegte Zieleinlauf am nächsten Morgen in Jordanien keine andere Möglichkeit ließ.

So suchten wir den Weg zurück, und mit einer Mischung aus Risiko, Sicherheit und dumpfer Ahnung standen wir endlich wieder vor der großen Einkaufspassagen-Profitcenter-in-Vollendung-Basar-Halle. Unser Weg wurde nur kurz gestört, als wir in einer kleinen Gasse auf ein verkehrstechnisches Phänomen stießen, das man in Deutschland eher selten antrifft: Die Straßen zwischen den Häusern ließen sich am besten mit «eng» beschreiben, wenn nicht sogar «sehr eng». Manchmal ging auch ein «Uiuiui, wie eng» oder «Schau mal, das ist aber eng».

Die Fußgänger, die hier vor über 1000 Jahren ihren Weg gesucht hatten, waren sicher noch problemlos aneinander vorbeigekommen, und auch die Pferdefuhrwerke dürften im Hinblick auf ihre Zahl und Manövrierfähigkeit in der Lage gewesen sein, komplizierte Situationen zu vermeiden. Heutzutage war das mit den eher sperrigen Autos völlig unmöglich, insbesondere dann, wenn zwei Taxen versuchten, gleichzeitig eine schon für ein Fahrzeug zu enge Straße zu passieren. So standen sie sich gegenüber und warteten darauf, dass es irgendwie klappte. Ob auf den nächsten Sturm, der eines der Taxis anheben und dahinschweben lassen würde, oder auf einen Regenschauer, der sie umeinanderspülen würde, war nicht ersichtlich.

Die Zeit vertrieben sich die Fahrer der beiden Taxen und sämtliche an deren Schicksal teilhabenden in zwei aufeinander gerichteten Schlange stehenden Autos durch lautes Hupen. Mit dieser Geräuschkulisse, die durch die Straßenschluchten hallte, im Hintergrund versuchten wir unsere nächste Aufgabe zu erledigen: den Film in der Einwegkamera entwickeln zu lassen und die Fotos in unser Lösungsbuch zu kleben.

Das rechte Foto zeigt den Grund für das Problem, welches das linke abbildet. Keine Ahnung, ob es je gelöst worden ist.

In Deutschland hätte die Hauptschwierigkeit darin bestanden, überhaupt noch jemanden zu finden, der einen klassischen Film kannte und ihn entwickeln konnte. Schließlich gab es fast nur noch SD-Karten-Slots, USB-Eingänge und CD-Schlitze. Hier dagegen fragten wir uns, wie wir ÜBERHAUPT ein Geschäft finden sollten, in dem man einen Film entwickeln lassen konnte. Unsere ersten Versuche, Informationen zu erhalten, indem wir jemanden ansprachen und auf unsere Kamera zeigten, führten eigentlich immer nur dazu, dass derjenige uns das Gerät aus der Hand nahm und wir uns in der Gruppe zusammenstellen mussten. Immer schön lächeln! Unsere angeborene Höflichkeit gebot uns, dies auch immer brav zu machen.

Irgendwann zückte Michael dann einen alten Reiseführer, eines von jenen Exemplaren mit Umschlag und Zetteln und Buchstaben drauf, in dessen Anhang ein paar arabische Floskeln in Lautschrift und mit Übersetzung angegeben waren. Tatsächlich fand sich darunter sogar der Satz: «Wo kann ich diesen Film entwickeln?» Wahrscheinlich noch in Sütterlin geschrieben, half er uns dann doch weiter. Der Hinweis eines freundlichen Passanten, einfach der Straße zu folgen, führte uns wieder aus den Hallen hinaus. Fritz startete verbissen einen letzten Versuch in einem anderen Fotoladen. Aber trotz seines «Moment, ich mach das dahinten» kam er unverrichteter Dinge zurück. «Ich hab jetzt noch ein Bild von mir drauf», sagte er nur.

Danach betraten wir 300 Meter weiter einen schmalen Hauseingang, gingen die enge Treppe nach oben und standen in einem kleinen Raum. Zunächst schlug uns verrauchte Luft entgegen, und wir dachten sofort an ein Festzelt. Dann sahen wir auch schon den vollen Aschenbecher auf dem noch volleren Schreibtisch. Er stand quer im Raum und damit auch vor der Tür und bildete so eine Sperre, die uns zwang, nach links auszuweichen. Wir quetschten uns zusammen und stolperten zu einem auf der gegenüberliegenden Wand stehenden Sofa. Dort setzten sich die Ersten von uns hin, nicht ohne die dort herumliegenden Mappen und Kataloge zur Seite zu schieben.

Für einen kurzen Moment fühlte ich mich in den Volvo versetzt. An der Wand waren überall Beispielfotografien von Hochzeiten, Kinderfeiern und Autos, in einer Nische hingen mehr oder weniger wahllos leere Bilderrahmen zur Ansicht. Renate fing sofort an, diese erst nach Farben, dann innerhalb der Farben nach der Größe und schließlich innerhalb der Größe alphabetisch nach den Herstellungsländern zu sortieren. Fritz schob sich ein Taschentuch unter den Hintern, um seine Hose zu schützen, das allerdings sofort wegflog, als Carsten sich auf das Sofa fallen ließ. Und während Chris durch den Raum stakste, eine Hand mit dem Händi in die Luft gestreckt, um eine Stelle mit einem ausreichend starken Netz zu finden, filmte Michael mit eingequetschten Armen, wie Tobi versuchte, unser Anliegen vorzubringen. Ich fragte mich erst, wem. Denn alles war voller Menschen, die ich kannte, und die mussten schon rhythmisch versetzt ein- und ausatmen, um den Platz optimal zu nutzen. Aber mein Blick – ich war sicherheitshalber im Türrahmen stehen geblieben, weil ich da richtig Platz hatte – fiel wieder auf den Schreibtisch, an dem tatsächlich jemand saß, der einen Entwicklungsumschlag aus der Schublade fischte und unsere Kamera hineinsteckte. Er rief einen jungen Mitarbeiter herbei, der sich aus dem Knäuel Deutscher herausschälte, schickte ihn mit dem belichteten Film aus dem Haus, und unsere Fotos waren weg.

Nun teilten wir die Gruppe; während Michael, Tobi und ich eine schöne Gasse aufsuchten, um noch ein paar eindrucksvolle Bilder für unsere begleitende Videodokumentation zu finden, blieb der Rest zurück und leierte dem Fotoladenbesitzer die Hymne aus dem Ärmel. Er war uns mit großer Begeisterung behilflich, denn er schrieb und schrieb und übersetzte das Ganze auch noch für uns. Sehr an erweiterter europäischer Geschichte und Politik interessiert, allerdings eher recht frei, meinte er: «König – starker Mann – Hitler!»

Als wir drei Motivsucher zwei Stunden später wie verabredet wieder am Ort des Geschehens aufschlugen, gab uns der Mann nicht nur die entwickelten Bilder, sondern auch noch eine verbesserte Version der Hymne. Sie schien sich im Laufe der zwei Stunden zwischen Abgabe und Abholung des Films verändert zu haben, denn er bedeutete uns, als wir abschließend noch einmal den Laden stürmten, die alte Version zu zerreißen und seine neue zu nehmen. Das haben wir allerdings erst später verstanden, zunächst dachten wir, er schlüge uns vor, Renate zu schütteln und ihr dann die Haare nach oben zu kämmen. Oder meinte er Hitler?

Wir suchten uns ein Taxi und fuhren erschöpft zurück ins Hotel. Ein erneutes Frischmachen, bevor wir uns zum Abendessen trafen, verstand sich von selbst. Wir hatten so viel über Bäder und Duschen nachgedacht, dass wir davon wenigstens in westlicher Form etwas abhaben wollten. Die abendliche Schlussrunde fand in dem einzigen erreichbaren, nämlich dem benachbarten Restaurant statt. Wir waren unter uns, von dem anderen Team, dessen Autos wir auf dem Parkplatz zugestellt hatten, war weit und breit nichts zu sehen. Da dies ja quasi unser Abschlussabend in Syrien war, wollten wir es landestypisch begehen. Beim Italiener.

Zwar klangen die Namen der Speisen recht italienisch, geschmacklich passten sie aber hervorragend in diese Region. Ich vermute mal, ähnlich ergeht es einem Teutonen, der in Schanghai Germanenspeisen bestellt und angesichts von Schweinshaxe auf Ingwer an Seegras vergeblich auf Alemannisches wartet.

Aber es war gemütlich, und wir saßen uns an einem langen Tisch gegenüber, lauschten Eros Ramazzotti, der sich auf einer schlechten CD-Kopie hörbar unwohl fühlte, und freuten uns über jeden Windhauch, der durch die halboffenen Dachfenster des übergroßen Wintergartens auf uns herabwehte.

Als meine Lider mit einem lauten Klong auf der Tischplatte aufschlugen, verabschiedete ich mich von der Gruppe. Tobi wollte gerade aufstehen und mir folgen, da kettete sich das Übel wie mit Fußfesseln an seine Beine, als Renate rief: «Kannst du mir vielleicht noch kurz beim Abheften der Belege und dem Fertigmachen des Lösungsbuchs helfen?»

Ich bekam ihn an jenem Tag nicht mehr zu Gesicht.

Diesen Moment hatte ich schon befürchtet. Die versammelte Müdigkeit der letzten zehn Tage war bereits wie ein wohliges, dickplüschig schwarzes Tuch über mich gefallen. Ich befürchtete, den Sessel in der Hotelbar, in die wir zum Dessert in Form von einigen Litern Fassbier gewechselt hatten, nie wieder verlassen zu können. Zu sehr zog mich die Schwerkraft in den ledrig modrigen Kern der Sitzgruppe. Trotz alledem hatten wir noch eine Menge Papierkram zu erledigen. Das Roadbook und die Dokumentation im Rallye-Lösungsbuch mussten für eine erfolgreiche Teilnahme und die Abgabe dafür am nächsten Tag bearbeitet werden, was sicherlich noch mehrere Stunden in Anspruch nehmen würde. Mir war klar, dass Renate auch bei einem plötzlich eintretenden Atomkrieg oder ohne Kopf nicht auf die Erfüllung dieser Aufgaben verzichten würde. Zu schwach, um ein Ausscheiden aus der Assistenz plausibel begründen zu können, ergab ich mich gemeinsam mit Carsten in mein Schicksal, denn nach einem kurzen Blick nach oben, zur Seite und mühselig nach hinten war mir klar, dass alle anderen Teammitglieder urplötzlich verschwunden waren.

Tag 12
Dienstag, 12. Mai 2009
Damaskus – jordanische Wüste

Text: Bernhard   **Anmerkungen: Tobias**

Aufstehen hatte heute mit Freiwilligkeit nicht viel zu tun. Konnten wir uns sonst selbst die Uhrzeit vorgeben, hatten wir für heute eine vom freundlichen Organisationskomitee vorgegebene Abfahrtszeit von acht Uhr einzuhalten, da wir um neun an der Grenze zu Jordanien sein mussten, damit alle Rallye-Teams relativ zeitgleich abgefertigt werden konnten. Das gehe schneller und vereinfache zudem die Formalitäten, da wir bei der Einreise einen Sonderstatus hatten. Dank Planung bekamen wir das problemlos hin. Die Erfahrung, dass wir sowieso immer eine halbe Stunde länger brauchten, lehrte uns, den Start auf halb acht festzulegen. Tatsächlich fuhren wir dann um halb neun los – na gut, so perfekt waren wir doch nicht.

Wir setzten die Autos langsam zurück und blockierten die zweispurige Straße vor dem Ministerium für Elektrizität, um ein paar letzte Fotos zu machen. Die Wachposten in Zivil standen immer noch vor der Zufahrt und vermittelten uns auch an diesem Morgen ein zwiespältiges Gefühl der Sicherheit. Wieder achteten wir darauf, die sensiblen Bereiche aus dem Sucher herauszuhalten, trotzdem kam ab und zu versehentlich einer der Herren in kariertem Hemd ins Blickfeld. Ein gutes Objektiv machte es möglich.

Und das hatte ich. Extrem konspirativ musste ich vorgehen, da ich unbedingt diese zivilen Militaristen auf meinen Fotochip bringen wollte. Eine standesrechtliche Erschießung als Preis für besonders dreistes und verbotenes Fotografieren von Sicherheitspersonal schien mir unangemessen, weshalb äußerste Geheimhaltung vonnöten war. So pflanzte ich mein größtes Teleobjektiv mit einem leisen Klacken des Bajonettverschlusses auf das metallisch kühle Kameragehäuse und machte – das Gerät noch in der Tasche – blind sämtliche Einstellungen, die zu einem scharfen Treffer führen würden. Dann schritt ich eher beiläufig auf die Seite des Teams, bei der ich während eines fingierten Gruppenbilds den besten Winkel bekam, riss die Kamera aus der Deckung, schraubte blitzschnell den Zoom bis zum 300-Millimeter-Anschlag und feuerte mit fünf Bildern pro Sekunde grob in die richtige Richtung. Unauffällig ließ ich danach die Kamera wieder in den vorbereiteten Rucksack gleiten und zog mich zügig in die Hotellobby zurück. Auf dem letzten Bild habe ich den Protagonisten mit Jeanshemd und Schnellfeuergewehr gut getroffen. Er formt ein «V» mit seinen Fingern und grinst genau in die Linse.

Der BMW fuhr vor, es ging raus aus der Stadt, direkt zur Autobahn, deren Befahren für ein kurzes Stück, nämlich die knapp 100 Kilometer bis zur Grenze, offiziell erlaubt war, da es die einzige Möglichkeit war, zum Grenzübergang Dschaber zu gelangen. Plötzlich überholte der Mercedes, übernahm die Führung und versuchte uns durch den dichten Verkehr zu stricklieseln.

Als wir nach einer Weile ein paar Benzinsäulen entdeckten, fuhren wir rechts von der Straße zur Zapfanlage, da der Volvo wieder mal Durst hatte. Ein Schwarzer trat auf uns zu und wollte uns helfen.

Leider muss ich an dieser Stelle schon wieder unterbrechen, Bernhard. Spielt es eine Rolle, dass der Mitarbeiter der Tankstelle schwarzer Hautfarbe war? Er würde ja gegebenenfalls auch nicht als weiß, gelb, grün, rosa oder rot bezeichnet werden. Übrigens sind dies alles farbliche Nuancen, die ein hellhäutiger Mitteleuropäer je nach Gesundheitszustand und Sonneneinstrahlung annehmen kann. Aus diesem Grund wäre es meiner Ansicht nach treffender, «den» Mitteleuropäer als «farbig» zu beschreiben, wenn es denn überhaupt

Sinn ergibt, die Nationalität eines Menschen über die Hautfarbe zu definieren. In diesem Fall lasse ich dieses heutzutage typisierende «schwarz» aber ausnahmsweise gelten, da wenige Zeilen später deutlich werden wird, dass wir von der Hautfarbe darauf schlossen, dass der Mann in diesem Land fremd war, was wir als Auslöser für ein Gespräch nutzten.

Vielen, vielen Dank. Du könntest in diesem Internet geboren sein, dort, wo Menschen immer und immer wieder erst ein großes Buhei um einen angeblichen Fehler, eine Ungenauigkeit, eine rassistische, feministische oder sonstwieistische Bemerkung machen. Dabei seiern sie dann Unmengen an Informationen ab, die eigentlich nur eines besagen: ich gut, du böse. Um dann im NACHHINEIN gnädigerweise dem Bösen doch recht zu geben.

Aber ich habe nicht «dem Bösen recht gegeben».

Sondern?

Ich möchte lediglich auf die Gefahren sprachlicher Unschärfen hinweisen. Es gibt Begriffe und Äußerungen, mit denen man, ohne es zu wollen, Menschen diskriminieren oder verletzen könnte. So, wie dein Kommentar mich verletzt. Nur subtiler.

Zum Beispiel deiner: Du hast nur die Menschen erwähnt, aber es gibt auch Diskriminierung von Pflanzen und Tieren. Speziesismus. Man kann es wirklich übertreiben.

Sollte ich dich allerdings verletzt haben, tut mir das natürlich wiederum leid, daher überreiche ich dir hiermit ein virtuelles Trostpflaster ====++++====.

Worum ging es überhaupt?

Wie immer begann das Gespräch mit der Erklärung, was wir hier eigentlich wollten und was das alles überhaupt sollte, sowie der Frage, wo der Tankwart und sein in ein Hemd gekleideter Chef herkämen. Als sich für unsere Gesprächspartner herauskristallisierte, was unser

Begehr war, boten sie uns sofort an, die Autos gar nicht erst bis nach Jordanien zu fahren, sondern direkt hier loszuwerden. Wir überlegten lange. Eine Sekunde später sagten wir nein.

Auf meine Frage nach ihrer Herkunft antworteten sie: «Dafur, Sudan.» Noch bevor mir sämtliche Nachrichten der letzten Wochen durch den Kopf gehen und ich in eine ernsthafte politische Diskussion über die Lage im Sudan im Speziellen und die Situation in Afrika im Allgemeinen geraten konnte, unterbrach ich Tobi, der bereits die Offline-Wikipedia nach sämtlichen Informationen durchsuchte, die unsere Argumentationskette hätten untermauern können.

Denn es ergab sich ein viel ernsthafteres Problem für den Sudanesen: der Wechselkurs. Üblicherweise wurde das syrische Pfund eins zu eins mit Euro gewechselt, wenn man sich drei Nullen wegdachte. Leider wurde es aber auch eins zu eins zu Dollar gewechselt, wenn man sich auch hier drei Nullen wegdachte. Selbst ohne abgeschlossenes Studium der Wirtschaftswissenschaften wird einem auffallen, dass es da eine leichte Dissonanz gibt, da der Euro und der Dollar bekanntlich nicht eins zu eins verrechnet werden. Leider waren uns weder die sudanesischen noch die syrischen oder arabischen Begriffe für «Wechselkurs», «Handelsfinanzdefizit» und «komparative Statik» bekannt. Deshalb beschränkte sich die Konversation auf das Wiederholen irgendwelcher Zahlen auf Deutsch und Englisch sowie Gesten mit den Fingern und einem Wegdrehen des Kopfes, dem gleichzeitigen entrüsteten Murmeln von «No, no, no» und dem Rufen nach dem Chef der Tankstelle oder vielmehr Renate. Fritz blieb standhaft und hatte bereits diverse Formeln in den Staub auf dem Volvo geschrieben, dabei ständig gelächelt und so unmissverständlich zu verstehen gegeben, dass ihm dieses oder jenes Angebot es nun wirklich nicht wert war, auch nur darüber nachzudenken.

Beide stürzten herbei, der Chef mit seinem Hemd, Renate mit ihren Aufzeichnungen, und kurze Zeit später konnten wir fahren. Wer weiß, was die beiden besprochen hatten, aber ich vermute mal, Renate hatte mindestens eine Quittung bekommen, sonst hätten wir die Tankstelle nie verlassen.

Weiter ging es, immer dem Mercedes hinterher. Innerhalb des schwäbischen Fahrgastraums schien die Gewissheit zu herrschen, der richtigen Richtung zu folgen. Der BMW vielleicht und mit Sicherheit der Schwede wurden dagegen das Gefühl nicht los, dass hier irgendeine nicht ganz der Zielfindung dienende Orientierung das Ruder übernommen hatte. Auch der Funkverkehr ließ für den in der Mitte fahrenden Skandinavier kein Gefühl von Sicherheit aufkommen.

«Ich meine, es geht hier lang», kam es von vorne.

«Also, 'ne Straße kann ich nicht finden», ertönte es von hinten.

Wir in der Mitte schwiegen.

«Aber wir sind auf einer drauf!», kam es flapsig aus der vorderen Funke.

«...» Nur ein Knacken. Das war wohl der BMW.

«... was?»

«...»

«... nochmal ...», sagte der Mercedes, jetzt schon energischer.

«...»

«Du musst länger drücken, wenn du kurze Sachen sagst.»

«Ich sagte: JA!», war die ausführliche Antwort. Das angestrengte Gesicht des Sprechers konnten wir im Rückspiegel sehen.

«...», schwieg jetzt der Wagen vorne.

«Hallo?»

«Wozu sagst du ‹ja›?», wollte Fritz im Mercedes wissen.

«Dazu, dass wir auf einer Straße sind!»

«Okay, die Richtung stimmt.»

«Warum?», fragte nun der BMW.

Michael und ich überlegten, was Menschen eigentlich so neugierig macht.

«Die Sonne steht rechts.»

«Hä?»

«Kann ich am Schatten sehen», erklärte Fritz nun.

«Okay, dann ist alles klar, wir fahren weiter.»

«Gut, wenn du meinst, ich halte mal an und frage.»

Michael und ich hatten im Volvo das Hörbuch *Die Lösung der Weltformel* ausgemacht, da der Funkverkehr spannender war. Eigentlich bestand unser Anteil am Gespräch nur aus Augen, die sich anblickten, Augenbrauen, die hochgezogen wurden, und verkniffenen Gesichtern. Gerade wollte ich mich einmischen und so kluge Sachen sagen wie «Wir könnten mal schauen, an welcher Seite die Bäume bemoost sind», da fiel mir auf – na ja, vielmehr filmte Michael das schnell und sah es sich dann im Kameramonitor an –, dass hier erstens nur sehr wenige Bäume herumstanden, wegen Stadt, es zweitens nur sehr wenig Moos gab, wegen Wüste, und vor allem sehr wenig Westwind, wegen zu weit südlich. Westwind gibt es nur bis 35° Nord, wir waren leider bei 33° Nord. Von meinem unbändigen Drang, alles möglichst korrekt auszudrücken, abgelenkt, hielten wir uns aus dem Gespräch heraus und mussten auch schon bremsen, denn Fritz hatte gehalten.

Wir sahen den Mercedes, aus dessen rechter Seitenscheibe der unglaublich attraktive Hintern eines syrischen Herrn herauslugte, der als Mitarbeiter des dortigen Amts für Recht und Ordnung zu den Glücklichen zählte, eine schnieke Uniform tragen zu dürfen, und der sich dessen zumindest im Unterbewusstsein bewusst war. Wenn das geht.

Leicht stutzig machten mich die putzigen Handschuhe. Ob der Herr keine Fingerabdrücke auf dem Körper von Chris hinterlassen wollte?

Scheinbar waren sich der Mann auf der Straße und der Mann im Auto einig geworden, denn es ging weiter. Zehn Meter, dann drehte er um. Während wir Fahrer die Lenkräder umklammerten, um das plötzliche Manöver in perfekter Kopie zur Ehre des Meisters nachahmen zu können, umkrampften die Finger unserer Beifahrer die Funkgeräte, aus denen es laut quäkte: «Nicht wenden! Nicht wenden, nur abbiegen!»

Es klang ein wenig wie: «Sie haben auf den Präsidenten geschossen, sie haben auf den Präsidenten geschossen!» Nur dramatischer.

Endlich fanden wir den Weg Richtung Jordanien. Es ging erst Richtung Osten, dann geradewegs nach Süden, wie wir dem Stand der Sonne, den bemoosten Bäumen und der Schattenstockmethode entnehmen konnten.

Auf der Autobahn trafen wir immer mehr Teams, und jeder von uns vertrieb sich die Zeit anders. Der erste Wagen freute sich, die Routenführung so souverän im Griff zu haben, der zweite Wagen wikipediate noch Windrichtungen und Moosarten, und der dritte gab sich ganz den Büroarbeiten hin. Hatten die tapferen Helden der Abheftung gestern Abend unser Lösungsbuch fertiggemacht, indem sie sämtliche Belege für das freundliche Organisationskomitee an die richtige Stelle und die Tagebuchaufzeichnungen in Form unseres ausgedruckten Blogs dazugeklebt hatten, ging es jetzt weiter. Mit der Buchführung! Im Laufe der Tage hatten sich Quittungen, Belege, Aufkleber und Abrechnungen angehäuft, die es nun zu sortieren und abzuheften galt. Einmal, um damit unsere Wegstrecke, sämtliche Übernachtungspreise und Aufgabenlösungen lückenlos zu dokumentieren, aber auch, um unsere Buchhaltung auf dem Laufenden zu halten. Schließlich war das Aufteilen und Einsammeln der anfallenden Kosten ein nicht unerheblicher Aufwand. Aber vor allem auch, weil es total viel Spaß machte, Belege rechtwinklig zuzuschneiden, die schief abgerissen waren. Anschließend konnte man sie nämlich mit einem Prittstift direkt in ein Heft einkleben, damit man auch ja alles fand, was man sowieso nicht suchte. Und das auch noch schneller – nicht.

Leichte Zweifel, ob Renate nicht nur eine ausgezeichnete und leidenschaftliche Buchhalterin war, sondern vielleicht ein ernsthaftes gesundheitliches Problem hatte, stellten sich bei mir nach der Einforderung der übrig gebliebenen Rückseite eines rumänischen Mautaufklebers ein. Dieser sollte ebenfalls mittels des Prittstifts auf ewig in das papierne Archiv betoniert werden, obwohl auf der einen Seite nichts und auf der anderen Seite lediglich der rumänische Aufkleberhersteller zu lesen waren.

Hallo, Tobi, komme gerade von Renate. Habe ihr nur kurz von deiner Anmerkung erzählt, woraufhin sie nochmal sechs Stunden über ihr Ordnungsprinzip doziert hat. Das ist schon interessant. Ich soll dir übrigens ausrichten, du seiest ein «Schlaumeier». Dabei habe ich jetzt nur das Wort benutzt, das ich von all den Wörtern kannte, mit denen sie dich tituliert hat. Angeblich musste sie mit dem Aufkleber den Nachweis erbringen, dass wir dreimal die Maut bezahlt hatten. Irgendwie hatten die anderen wohl Quittungen, weshalb sie unsere unter einer der drei Fußmatten vermutete. Deinen leeren Zettel nutzt sie jetzt als Ersatzbeleg, dafür mussten aber auch die anderen leeren Zettel aufgeklebt werden. Den genauen Betrag für unnötig benutzte Prittmasse hat sie mir ebenfalls genannt, den schick ich dir noch per Mail zu. Kann es sein, dass es sich bei der Quittung um diesen kleinen Zettel gehandelt hat, den wir zu einer Rolle gedreht und dann hinter das Handschuhfachscharnier geklemmt haben, damit die Tastatur nicht wackelt?

Wir näherten uns zügig der Grenze, und die Zahlen, welche die Entfernung nach Jordanien anzeigten, waren schon so klein, dass sie den Zahlenraum der Klasse 1 umschlossen. Dann waren wir endlich da. Die ersten Wetten wurden abgeschlossen, wie lange es diesmal wohl dauerte. Dann standen wir auch schon. Diesmal wieder in einem Pulk von Rallye-Fahrzeugen, diesmal hinter dem großen schwarzen Bus mit dem an Keith Haring erinnernden Design, diesmal aber, ohne dass Langeweile aufkam. Unsere Kfz-Besitzer Renate, Fritz und Tobi waren noch nicht ganz aus den Autos ausgestiegen, um sich die in ihren Pässen eingetragenen Stempel wieder austragen zu lassen, da hatten wir anderen auch schon die Taschen vom Dach geworfen, Tische und Stühle aufgestellt und das erste Süppchen gekocht. Chris telefonierte mit einem Rallye-Teilnehmer, der neben ihm stand, und endlich konnten Michael und ich uns das tolle Kartenspiel von Carsten anschauen, der seit Fahrtantritt bei jeder sich bietenden Gelegenheit beharrlich «Lasst uns Wizard spielen!» ausrief. Der Ruf war bisher meistens in der weiten Ebene Ungarns, in den hohen Bergen der Karpaten, in der trockenen Steppe Anatoliens verhallt.

Hier in Syrien holte uns das Schicksal nun ein, und es wurde klar: Wir hatten recht daran getan. Nachdem die Regeln erst einmal erklärt waren, die Frage dagegen, warum man das nicht mit einem einfachen Kartenspiel, sondern ausgerechnet mit diesen Karten machen müsse, auf die Fantasyfiguren gedruckt sind, nicht abschließend beantwortet wurde, zogen wir Neulinge, Michael und ich, den alten Hasen Carsten erst mal so richtig ab. Noch während er verdutzt auf seine Karten starrte und etwas stammelte wie «Aber, das ist doch ... wartet mal ... wie habt ihr das gemacht?», setzte jemand den zweiten Kaffee auf und rührte

ein weiteres Süppchen direkt in der Outdoor-Verpackung an. Ich schüttete einfach heißes Wasser drauf, rührte um und verbrannte mir die Zunge. Somit hatte sich jede Frage nach Geschmack für die nächsten fünf Tage erübrigt. Hätte ich doch nur die Ravioli der Franken von nebenan genommen – jenen mit dem lustigen Riesenmarienkäfer aus Stoff auf dem Gepäckträger. Aber nein, Outdoor musste es ja sein. Außerdem hatte der Cheffranke sowieso gerade keine Zeit, weil er mit Chris ausprobierte, ob sie sich gegenseitig die Mailbox abfragen könnten.

Während sich der eine Teil der Gruppe mit solch niederen Problemen beschäftigte, versuchten die Halter der Fahrzeuge die höheren Weihen der syrischen Ausstempelsystematik zu verstehen.

Im Gegensatz zu Bernhard, der lediglich der Gruppe der Fahrzeugfahrer angehörte, hatte ich das Vergnügen, zusätzlich zur Gruppe der Fahrzeughalter zu zählen, was mir ja bereits bei der Einreise nach Syrien einen entspannten Tag verschafft hatte. Laut unserem freundlichen Organisationskomitee sollte die Erledigung der Formalitäten an diesem Tag schneller vonstattengehen. Auf die syrischen Grenzer war Verlass, und nach vier Stunden hatten wir die kurzweilige Prozedur bereits erledigt. Diesmal hatten sie gar nicht erst versucht, uns von vornherein mit einer Vielzahl von Schaltern, Mitarbeitern und Formularen zu beeindrucken. Es gab eine klare Aufgabe: einen weißen Zettel, der seit der Einreise unleserlich in unseren Pässen wohnte, zusammen mit einem Obolus der Höhe X in syrischen Pfund oder zehn US-Dollar pro Person an dem einzigen vorhandenen Schalter abzugeben und sich dies mit einem ausgewachsenen Stempeldruck quittieren zu lassen.

Der viel Geduld erfordernde Teil der Herausforderung bestand nun darin, dass lediglich ein Grenzmitarbeiter für knapp 180 Fahrzeughalter abgestellt worden war und dessen

Bewegungs- und Aktionsdrang nicht wirklich physikalisch nachweisbar war. Immer wenn wir das Gefühl hatten, nur noch vor dem lebensgroßen Poster eines syrischen Schalterbeamten in der glühend heißen Sonne zu stehen, bewegte er sich doch. Allerdings nach links, wo er ein weiteres Fenster öffnete, um einige arabisch anmutende Reisende bei ihren Einreiseformalitäten zu bevorzugen. Im Prinzip hatten sich bereits alle hier ausgebremsten Automobilabenteurer mit dieser Situation arrangiert, gemeinsam witzelten wir über dieses grenzwertige Déjà-vu oder grinsten schweißgebadet Richtung Schalter, um mit der gespielten Fröhlichkeit doch noch etwas Mitleid im Herzen des Grenzers zu erwecken.

Da wir gerade nichts Besseres zu tun hatten, versuchten wir die arabischen Quereinstiege zu unterbinden, indem wir uns mit vielen schwitzenden Leibern gespielt zufällig vor dem missbrauchten Seitenfenster postierten. Zudem hatten wir von dort einen wesentlich besseren Blick auf die Abrechnungszeremonie des Grenzbeamten. Die syrischen Pfund kamen in eine Schublade, und die US-Dollar wurden mehr oder weniger beiläufig und verdeckt in den verschiedenen Taschen der legeren Uniform verstaut. Nach zweieinhalb Stunden erhielten wir dann endlich auch für unser Team den erforderlichen Durchfahrtsberechtigungsquittungsstempel.

Endlich kamen sie zurück, und es ging, vorbei an anderen wartenden Teams, durch die Absperrung, die erste. Wenige Meter später standen wir wieder. Die Zündung wurde ausgeschaltet, die letzten Kolben hoben sich noch einmal in den Zylindern, dann erstarb der Motor. Währenddessen waren alle in den bereits routinierten Grenzalltag übergegangen: Die einen warteten draußen, die anderen warteten drinnen, und ein jeder vertrieb sich die Zeit auf seine Weise, bis unsere Stempelsammler wieder zum Vorschein kamen. Renate verglich das Datum mit ihrem Atomkalender, Fritz wedelte das Papier durch die Luft, um die

Tinte zu trocknen, und Tobi sammelte kleine Papierchen vom Boden auf, weil nach dem Genuss der Tütensuppe ja ein Stück Boden in der Küchenkiste sichtbar war. Musste echt nicht sein.

Bei ihrer Rückkehr verfielen alle in das Standardritual des Einsteigens. Dies war der letzte Kontrollpunkt, von nun an ging es direkt nach Jordanien, das Land, das sich ganz der Unterstützung dieser Rallye verschrieben hatte.

Der Lindwurm setzte sich in Bewegung, und in einer für uns unvorstellbaren Geschwindigkeit von einem Fahrzeug alle zwei Minuten bewegten wir uns auf die Durchfahrt zu. Plötzlich erklang Gekreische aus der Ferne, und wir nutzten die kurze Zeit des Haltens, um auszusteigen und dem Lärm auf den Grund zu gehen. Als wir an der Autoreihe entlangblickten, sahen wir auf der anderen Seite des Übergangs eine Gruppe Menschen, nein, es waren fast Massen. Einige Teilnehmer der Rallye bekamen hier Besuch von ihren Freundinnen, Frauen oder beiden. Für sie waren diese letzten Meter wohl die härtesten auf der ganzen Fahrt. Wie würde das erste Treffen nach so langer Zeit sein? Würden sie überhaupt wiedererkannt, so ausgezehrt und verlebt, wie sie aussahen? Was sollte ich sagen, wenn meine Frau fragte, ob sie mal ans Steuer dürfe? Nein natürlich.

Langsam kamen wir voran, Einzelne rannten bereits über die Grenze, ohne dass etwas passierte, fielen sich in die Arme, und es gab ein unglaubliches «Hallo». Die Szenen, die sich abspielten, können hier zwar nicht beschrieben werden, aber auf einschlägigen Webseiten gibt es hierzu diverse Videos zur gefälligen Ansicht.

Wieder mal wurden uns die Pässe abgenommen, aber wir hatten Vertrauen. Schließlich war jemand vom freundlichen Organisationskomitee dabei, der uns empfahl, einfach durchzufahren, wir würden die Pässe dann schon zurückbekommen. In der Zwischenzeit hatten wir eine Menge gelernt, was Gelassenheit anging, und das, was wir eigentlich immer irgendwem irgendwie ausgehändigt hatten, waren unsere Ausweispapiere. Wir gaben also unsere Identität ab, und während wir zu bürokratischen Nichtsen wurden, betraten und befuhren wir das Ziel unserer Reise: Jordanien.

Wäre Moses aus dem Allgäu gekommen, hätte er hier das Gelobte Land gefunden und sich den Weg nach Israel gespart. Wie anders wäre die Weltgeschichte verlaufen, aber er hatte ja den Hals nicht voll genug bekommen und wollte, als er auf dem Berg Nebo stand, unbedingt noch weiter. Bums, war er tot. Aber davon später mehr.

Ich selber war eher unentschlossen, was meine Gefühlslage anging. Einerseits machte sich Erleichterung breit, dass wir die Strecke hinter uns hatten, dass wir doch noch angekommen waren – ohne Unfall, ohne wirkliche Probleme. Andere würden daraus vielleicht mal ein Buch machen, ich jedoch spürte nur innere Zufriedenheit. Andererseits waren wir auch irgendwie ein wenig leer. Es fehlte das nächste Ziel, die tägliche Aufgabe. Ab jetzt waren wir ein mehr oder weniger gut organisierter Haufen Touristen. Während mir diese zwiespältigen Gedanken durch den Kopf gingen, reihte ich mich in das bunte Treiben ein, das uns hier erwartete. Auf einem großen Parkplatz in der prallen Sonne, direkt hinter dem Grenzübergang, standen Hunderte Autos mehr oder weniger ordentlich nebeneinander. Dazwischen liefen Menschen herum, teilweise nur schauend, teilweise wollten sie aber zu einem kleinen Café am hinteren Ende des staubigen Platzes, um sich ein kühles Getränk zu kaufen oder einfach nur die Toilette zu benutzen.

Hier trafen wir sie alle wieder, auch die grünen 7er-BMWs, die Aachener, denen der Sandsturm in Palmyra das Vorzelt weggeweht hatte, und viele andere mehr, mit denen wir zwar nicht geredet hatten, die aber irgendwie zum großen Haufen dazugehörten. Allgemeine Entspannung machte sich breit. Das Schöne daran war: Wir hatten die anderen Teams während der Fahrt zwar nie wirklich intensiv kennengelernt, geschweige denn Freundschaften geschlossen, aber jetzt, hier am Ende der langen Strecke, wo alle das Ziel erreicht hatten, fühlten wir uns dennoch als Teil einer großen Familie.

Zwischendurch tauchten einige uniformierte Menschen auf, die mehrere Ausweise in den Händen hielten und versuchten, die deutschen Namen vorzulesen. Interessanterweise immer nur die Vornamen, die sie für die Nachnamen hielten, weil bei ihnen Vor- und Nachnamen getauscht werden.

Endlich war es so weit, unsere Ausweise waren wieder in unseren Händen, und es ging weiter.

Die Rallye bestand im Prinzip aus drei Teilen: Der erste Teil umfasste das Finden und Abfahren der Strecke, der zweite das Erledigen diverser Aufgaben, und der dritte war die Wüstenprüfung in Jordanien. Hier mussten wir einen Parcours auf Zeit mit allen Fahrzeugen des Teams abfahren. Da sich die Wagen natürlich zum Teil wesentlich voneinander unterschieden, spielte das Ergebnis für die Endauswertung keine große Rolle, es war vielmehr ein Riesenspaß am Ende einer langen Reise.

Unser Ziel war also jetzt die Wüstenprüfung, genau genommen der Ort der Wüstenprüfung. Geführt von an den entscheidenden Ecken stehenden Polizisten, brachten uns die Straßen immer näher heran, dann ging es links ab, und wir mussten die Straße nach rechts verlassen, direkt ins ... ja, ins Nichts. Da war nur Sand. Mehr nicht. An zwei Seiten begrenzt durch Wälle und Straßen, befiel mich zunächst der Gedanke, dass wir uns hier auf einem großen Fußballfeld, einem Aschenplatz, befänden, der nach einer langen Trockenperiode ein größeres Turnier über sich ergehen lassen musste. Dann stellte ich fest, dass sich doch weit mehr Wagen auf dem «Platz» befanden, als man üblicherweise auf einem normalen Fußballfeld unterbringen könnte. Des Weiteren waren einige Autos so weit weg, dass es sich unmöglich um ein Feld irgendeiner Sportart handeln konnte. Wir stiegen aus, hielten die Hände an die Stirn und blickten in die Ferne. Es war kein Ende des «Platzes» zu sehen.

Als Wilfried vom freundlichen Organisationskomitee uns die Aufgabe erklärte, die wir später zu bewältigen hatten, wurde klar: Hier war alles etwas größer. «Ihr fahrt vom Start mindeschtens drei Kilometer gradaus, weischt?, dann kommt ein schwazzer BMW, weischt? Der

ischt da als Wendemarkierung abgeschtellt. Um den herum und dann wieder zurück, weischt? Am Ende kommt nur noch eine Acht um zwei Pylonen. Dann seid ihr fertig, hascht verstandn?»

Pylon – ein griechischer Supergott? Nein, Wilfried meinte natürlich das süße weiß-rote Lübecker Hütchen, welches, 1952 von Ewald Kangsbak erfunden, einen unvergleichlichen Siegeszug um die Welt angetreten hat. Pylon klingt echt ungemein sexy für einen Verkehrsleitkegel. Doch eine Macht.

Vielen Dank für die Ergänzung. Ich möchte dann aber nicht mit meinen Informationen zum Krefelder Kissen hinter dem Berg halten, bei dem es sich um eine Bremsschwelle handelt. Du weißt schon, Tobi, diese Dreckstteile, die einem in der Tempo-30-Zone die Laune verderben, wenn man schneller als 70 Stundenkilometer fährt. 1988 als Versuch in Krefeld gestartet, haben auch sie deutschlandweit Karriere gemacht. Aufgrund ihrer

Nachteile, etwa das Stören von Räum- und Rettungsdiensten, und dem nicht eindeutigen, aber befürchteten Schadstoffmehrausstoß, werden sie immer seltener geplant oder sogar rückgebaut. Andere Namen dafür lauten übrigens: Drempel, schlafender Polizist (vom englischen *sleeping policeman*), Hubbel, Kreissegmentschwelle, Polterrampe, Rüttelschwelle, Delfter Hügel und Wieder-so-ein-Scheißteil.

Vor der Prüfung konnten wir zum Glück üben, Platz war schließlich genug da, und so fuhren wir uns erst mal ein. Irgendwie war es genau das, was ich mir insgeheim erhofft hatte, und so gab ich mit Begeisterung Gas. Die Straße zu verlassen und den Wagen dem Gelände auszusetzen, ist etwas, das vor allem wir nicht kennen, da solche Vorhaben in Deutschland meist durch eine Leitplanke, den Gegenverkehr oder die hysterischen Beifahrer unterbunden werden.

Erfolglos versuchte ich immer, irgendwie vorne zu sein, denn sobald man hinter einen anderen Wagen geriet, war überhaupt nichts mehr zu sehen. Zwar versuchte ich, auf der Luvseite des Wagens vor mir zu bleiben, um die Wolke nicht vor mir vorbeiziehen zu lassen, aber leider war das nicht immer möglich. Immer wieder musste ich den anderen trainierenden Fahrzeugen ausweichen, die mir entgegenkamen. Auch eine Wende bot sich hier nicht an, eher eine Halse, die zwar beim Segeln den Baum überraschend umschlagen lässt, hier aber den Staub direkt von mir hinforttrug.

Der Vergleich mit der Segelei ist schön, aber nicht stimmig, oder? Luv und Lee ergeben sich aus dem Verhältnis von Windrichtung zum Boot, und Lee bezeichnet dann die Seite, auf der das Segel steht.

Das Segel wendet sich ja immer vom Wind ab. Die Luv-Seite ist die Seite des Bootes, auf die der Wind trifft. Das Grundproblem an dem Vergleich ist eher, dass man sich schneller als der Wind bewegt, folglich immer Gegenwind hat und somit die Luv-Seite eigentlich vorne ist. Das Problem löst sich dadurch, dass hier nicht die Luv-Seite des Wagens, sondern der Staubwolke gemeint ist.

Du hast natürlich vollkommen recht! Auch wenn das nur mit dem kurzfristigen Wechsel des Bezugssystems vom Fahrzeug auf die Staubwolke funktioniert. Wenn es eng wird mit der Erkenntnis, einfach mal schnell die Hypothese anpassen. Hast du schon mal darüber nachgedacht, in die Politik zu gehen?

Zum Glück war mein Respekt vor der Geschwindigkeit sehr groß, weshalb wir nicht schnell genug waren, um den Wagen zum Abheben zu bringen.

Nach meiner Einschätzung hatte das weniger mit irgendeiner Form von Respekt, schon gar nicht mit Respekt vor dem Überlebenswillen des Beifahrers, zu tun, sondern vielmehr mit der Motorleistung. Welche – Allah sei Dank – nicht mit der eines Tourenwagens zu vergleichen war. Immer wenn ich dachte, jetzt legt Bernhard das Ding aufs Dach, schloss ich einfach die Augen, spannte den Körper an, um den kommenden Überschlag zu kompensieren, und rief schon mal die wichtigsten Stationen meines viel zu kurzen Lebens ab.

Jede einzelne davon hat er dabei immer wieder laut vor sich hin geschrien. Aber mehr als «Geburt», «Ungarischer Höllenhund» und «Syrische Grenze» kamen nicht vor.

Eine weitere Schwierigkeit kristallisierte sich im Training bei dem einen oder anderen Fahrer heraus, was mit ernsthafteren Konsequenzen für die Autos verbunden war, und zwar beim Hochtourigfahren. Da die Hand sowieso auf dem Lenkrad und die zweite auf der Handbremse lag, während die dritte verzweifelt versuchte, die noch offenen Lüftungsschlitze zuzuhalten, fehlte einem eine vierte, um den Schalthebel zu betätigen. Das Ergebnis war ein lärmendes, völlig überdrehtes Getriebe. Dafür war der weiße Zeiger, wenn er sich im roten Bereich des Drehzahlmessers befand, viel besser zu sehen.

«Okay, Besprechung!», quäkte Carsten aus dem Funkgerät.

«Wo?», fragte Tobi, während er den Mund ganz nah an das Dach reckte, um nur ja nicht mit der Hand den Haltegriff über der Tür loslassen zu müssen.

«Hier!»

«Hier? Hier sieht irgendwie alles gleich aus», versuchte Tobi ein paar mehr Details aus Carsten herauszuquetschen.

Wir versuchten die Stelle auf dem riesigen Areal zu finden, wo wir gestartet waren, fuhren nebeneinander, bremsten und ließen die Scheiben herunter. Fehler! Der Wind trieb die eigene Staubwolke ans Auto heran, an der Seite vorbei und in das Auto hinein, schlagartig setzte die Atmung aus, der Blick wurde trübe, und der Mund war trockener als ein geföhntes Stück Mondoberfläche – abseits des Südpols. Endlich fühlte ich mich mal wie ein Pharao: mumifiziert und für 4000 Jahre im Staub liegengelassen. Vielleicht mit einem Hauch mehr Bewusstsein, aber ob das erstrebenswert ist ...

Als wir uns endlich entdeckt, ausgegraben und entmumifiziert vorkamen, stellte Fritz trocken fest: «Carsten, dein Kühler ist geplatzt.» Das war natürlich eine drastische Frühinterpretation der Tatsache, dass sich unter dem Motorraum des BMWs eine für diese Vegetationszone ungewöhnlich große Menge Wasser in einer ungewöhnlich hohen Dichte angesammelt hatte.

Sofort ergriffen wir erste Hilfsmaßnahmen, wie Laien das nun mal machen: Wir öffneten die Motorhaube und schauten rein. 'ne ganze Weile. Dann drehten wir mal hier an einem Deckelchen, fühlten dort das Temperatürchen, und irgendwie bekamen wir das große Gummiding wieder über den wahrscheinlich dazugehörenden Stutzen gezogen.

Danach versuchten wir, den Motor neu zu starten.

Erfolgreich.

Zum Schutz des geschundenen Kraftpakets unter der Motorhaube fuhren wir die 100 Meter zum Start der eigentlichen Wüstenprüfung. Ich war mir nicht sicher, ob der Wagen überhaupt vom Start wegkäme.

Jedenfalls erbarmten sich einige hilfsbereite Mitglieder aus den anderen Teams unserer hilflosen Blicke und schickten ihre Fachleute zu uns an den Motorraum. Es folgten die gängigen Check-ups wie Schläuche drücken, an den Schrauben wackeln und «Starte mal! Nee, mach wieder aus!» rufen.

Dennoch merkten wir sofort, dass die anderen weit besser ausgestattet waren als wir. Es war nicht der 20-Liter-Kühlwasserkanister, der uns stutzig machte, es war auch nicht die Werkzeugkiste mit mehreren Schraubenzieherarten von Schlitz über Kreuz bis Torx, die wir bewunderten, und schon gar nicht die Tüte mit den Schlauchschellen in allen ganzzahligen Inchgrößen, die man sich nur vorstellen kann. Nein, es war die Tatsache, dass sie mit bloßen Händen die Temperatur des Motors prüften und, während sie allen anderen zuriefen: «Geht weg, das kann heiß spritzen!», mit nackten Fingern den Kühler aufschraubten.

Bei Torx handelt es sich übrigens wie bei Spax um einen Markennamen. Diesmal für ein Schraubenmitnahmeprofil in Form eines Sternes.

Ähmmm ... ja, danke, ich wollte grade fragen.

Schließlich waren sich alle Fachleute einig, wir nickten bestätigend in die Runde und stotterten «Genau, jaja», dass es den Kühlerschlauch abgerissen hatte. Hm ... das hatten wir auch schon mal. Nur war es jetzt Wissen, vorher war es bloß Ahnung.

In der Zwischenzeit war Tobi mit dem Volvo unterwegs, um auch den zu schrotten, aber zum Glück schaffte er es nicht.

Da ich offensichtlich am wenigsten zur Klärung der chirurgischen Probleme im Motorraum des BMWs beisteuern konnte, bat mich Michael, für seine Filmaufnahmen ein paar Runden zu drehen. Die Runden waren ihm zu langsam, weswegen ich es dann mal mit ein paar richtig derben Vollbremsungen im Wüstensand an vorher festgelegten Stellen probieren sollte. Nach fünf Vollbremsungen befand sich mein Magen gefühlt auf der Höhe des Kühlers und das gesamte Inventar des Autos im vorderen Fußraum und auf der Ablage vor der Windschutzscheibe. Ich fischte mir eine schon verloren geglaubte Portion bulgarischer Pommes vom Armaturenbrett und schlenderte lässig zu Michael und seiner auf einem Stativ thronenden Kamera hinüber. Natürlich behauptete er, ich sei die Sache auch diesmal viel zu vorsichtig angegangen und solle jetzt mal die Kamera führen, während er sich mit seinem fahrerischen Können um anständige Bilder kümmern werde. Ich werde allerdings das Gefühl nicht los, dass ich sonst was hätte veranstalten können, und trotzdem hätte Michael sich mit perfiden Tricks ins Cockpit der schwedischen Familienkarre komplimentiert.

Irgendwann kam Tobi zurück, die Motorhaube des BMWs wurde geschlossen, den Umstehenden gedankt und ein Bier versprochen. Mein vorsichtiger Einwurf, den Wagen besser nicht zu fahren, sondern über den Parcours zu ziehen, wurde genauso überhört wie die Bemerkung unseres VW-Käfer-Schraubers, dass luftgekühlte Autos sowieso viel besser seien. Er zog, «Luftkühler» vor sich hin brummend, von dannen, während ich mich hinter das Steuer setzte und Teil der Wüstenprüfung wurde.

Da wir, genauso wie die drei VW-Busse, gegen die hochmotorisierten 7er-BMWs, die gegen uns antraten, sowieso keine Chance hatten, wollten wir einfach nur unser Bestes geben und Spaß haben. Also stellten wir uns schön nebeneinander auf und warteten auf das Startsignal. Drei – zwei – eins – null.

Minus eins – minus zwei – minus drei.

Okay, hier war eben alles etwas lockerer, aber dann ging es wirklich los:

Plötzlich schwingt die schwarz-weiß-karierte Flagge nach unten, wir geben Gas, die Motoren heulen auf, die Autos setzen sich in Bewegung, und der erste Gang schafft es, den Wagen so schnell vorwärtszuziehen, dass der Mercedes weit abgeschlagen zurückbleibt. Der BMW ist sehr schnell und daher auch sehr schnell nicht mehr zu erkennen, denn die Staubwolke wird einfach immer breiter. Ich tendiere dazu, dem sich trichterförmigen Ausbreiten der Blindheit durch stetiges Verlagern der Spurrichtung nach rechts auszuweichen, nur leider befindet sich da der Mercedes. Oder zumindest sollte er sich dort befinden. Schicksal!, ist die Mehrheitsmeinung im Volvo, und die Strategie wird fortgeführt.

Irgendwann ist der BMW so weit weg, dass er nicht genug Staub aufwirbelt, um auch noch auf diese Entfernung einen derart großen Raum Luft mit so viel Kleinstpartikeln zu versorgen. Die Sicht wird klarer, und der abgestellte BMW, der den Wendepunkt auf der Strecke markiert, kommt ins Bild. Er steht links von uns. Weit links, sehr weit links. Genau genommen so weit links, dass langsam die Sorge um den Platz auf der rechten Seite allzu dominant wird. Plötzlich kommt aus der Wolke, die sich um die Wendemarkierung legt, der Mercedes heraus und zieht in hohem Tempo am Schweden vorbei. Das ist das Zeichen für mich, nach links zu lenken.

Der schwarze Wagen ist umrundet, der Mercedes weiter vorne und der BMW nur mehr ein kleiner Punkt, von etwas Braunem umgeben. Jetzt heißt es Gas geben, und schräg links hinter dem Mercedes geht es dieselbe Strecke wieder zurück. Diesmal steht der Wind günstiger und trägt den Staub auf die rechte Seite. Zumindest theoretisch hätte das so sein sollen, aber was weiß die Durchschnittswüste schon von Physik? Die ist faul, die lernt nix, die liegt den ganzen Tag in der Sonne rum.

Unter uns schießt der Boden vorbei, hinter uns wirbeln Steine auf. Während wir das ständige Vibrieren des Unterbodens spüren, hören wir regelmäßig den lauten Aufschlag von hochfliegenden Steinen an selbigem. Allmählich nähern wir uns der komplizierten Aufgabe, eine Acht um die zwei Pylonen zu fahren.

Doch die müssen wir erst mal finden, und das ist bei den Sichtverhältnissen leider völlig unmöglich. Sie sind einfach weg. Verschwunden. In der Wüste verschollen. Genau wie alles andere, Autos und Menschen. Genau genommen wissen nur wir, wo wir da sind, nämlich hier. Die anderen sind dort. Aber wo dort ist, ist hier nicht zu erkennen. Im Schritttempo geht es in die Wolke rein und durch sie hindurch. Plötzlich taucht irgendwo rechts von uns ein kleiner Gummihut mit roten Streifen auf: schnell herum! Doch in welche Richtung? Wahrscheinlich rechts. Auf einmal taucht die zweite Markierung auf. Rechtsherum war eben gut, dann ist rechtsherum bestimmt auch diesmal gut. Gesagt – getan, und schon sieht unsere Acht aus wie eine Null. Ist ja im Prinzip auch eine. Also 'ne Doppelnull. Genau genommen wollen wir sowieso eher ein Unendlichzeichen fahren, und das ist irgendwie näher an der Null dran. Also fast.

Nach meinen theoretischen Überlegungen ist $[\infty]$ von der $[o]$ um $[\infty-8]$ weiter entfernt als die $[8]$. Eine angenommene Zahl $[\infty-8]$ als «fast näher dran» zu verorten, grenzt meiner Einschätzung nach schon an eine Unverschämtheit.

Du denkst halt an ein lineares Universum. Ich bin da schon weiter ...

Endlich kreuzen wir den sensiblen und auch in unserer Theorie vernachlässigten zweiten kritischen Punkt, die Mitte, und fahren durch die Unsichtbarkeit irgendwohin, wo wir das Ziel vermuten. Bleiben stehen. Stille umgibt uns. Schwaden ziehen an uns vorbei. Langsam wird dumpfer Lärm hörbar. Die ersten schemenhaften Gestalten schälen sich aus dem braunen Irgendwas um uns heraus. Der Lärmpegel steigt, die Sicht wird klarer. Die Konturen bekommen Farben, Formen sind erkennbar. Menschen. Autos. Noch mehr Autos. Wir sind am Ziel, stehen wieder unter all den anderen Rallye-Teilnehmern.

Langsam bewegten wir uns auf den BMW zu, der ein wenig abseits vom Mercedes stand – beide mit offener Motorhaube. Beim Mercedes war das ja normal, das machte Fritz eigentlich immer noch, und wahr-

Dieses Foto zeigt mich in meinem allerersten Skiurlaub, einige Jahre vor der Rallye, aber ich habe unterwegs immer wieder mal daran gedacht.

scheinlich war die Türverriegelung mit dem Motorhaubenschnapper verbunden. Beim BMW dagegen kam das eher selten vor und sah daher schwer nach einem Rückfall aus.

Um uns herum ein Gewusel aus Menschen und Autos. Während 30 Meter weiter die nächsten Wagen auf das Startsignal warteten, betrachtete ich die Szenerie: Unter dem Motor des roten Wagens breitete sich wieder mal eine große Wasserpfütze aus. Traurige Gesichter der Umstehenden. Kritischer Blick von Fritz. Skeptische Augenbrauen von Renate. Ein Versuch von Chris, die Hotline des BMW-Pannenservice zu erreichen. Und auch Carsten stand ganz traurig und wehmütig davor, dann brach es aus ihm heraus: «Ich hab's noch knallen hören, geil!»

Irgendwo in der Nähe der ersten Kehre hatte es unter der Motorhaube einen lauten Knall gegeben. Noch im Nachhall des Geräusches zerschmetternder Motoreninnereien traf Renate die spontane Entscheidung: «Jetzt ist es eh egal, gib Gas!» Der geschundene Wagen musste also ohne Wasser den anstrengenden Weg zum Ziel zurücklegen, und nicht nur das, gebeutelt und ohne Kraftreserven musste er auch noch die Schikane mitmachen. Jetzt ächzte und stöhnte er. Genau genommen war er ganz leise.

Wieder das vertraute Bild: Wir standen mehr oder weniger hilflos um den Wagen herum, andere kamen herbei und trösteten erst uns, ehe sie sich dann aber schnell dem eigentlichen Interesse ihres Besuches zuwendeten, dem Auto. Wieder wurden die Standardprüfroutinen durchgeführt, alles ohne Ergebnis. Kühlwasser hatten wir inzwischen mehr reingegossen, als in Jordanien der Durchschnittsbürger an Trinkwasser zur Verfügung hat. Na ja, immerhin hatten alle Spaß daran, an den Schrauben zu drehen.

Wilfried, der Chef des freundlichen Organisationskomitees, der in unserer Nähe stand, um Start und Zieleinlauf zu beobachten, bot ein ganz besonderes Bild: Er hatte es sich zur Aufgabe gemacht, das Ganze zu dokumentieren. Per Bild. Um möglichst realistische Fotos zu schießen, hatte er die gesamte Kamera mit feinem Wüstenstaub benetzt. Damit die Kamera bei ihm nicht auffiel, hatte er sich ebenfalls mit Wüstenstaub benetzt. Und damit er in der Wüste nicht auffiel, hatte er die feine Schicht Staub zusätzlich mit einer dicken Schicht Staub überdeckt. Tobi sah ihn fassungslos an. Genau genommen nicht Wilfried. Im Zentrum seines Interesses stand die Kamera. Er selbst bewahrte seine Supertollespiegelreflextollesobjektivkamera in einem vakuumverpackten Behälter stoßsicher und keimfrei auf, um auch nur ja nicht die kleinste Erinnerung an Staub an das Objektiv kommen zu lassen. Und hier badete einer damit im Sand.

Aber Wilfried meinte nur trocken: «Die zoomt noch, und wenn nicht, stell ich mich eben näher ran, weischt?»

Zu unserer Überraschung brachten die uns umgebenden Profis auf einmal eine ganz neue Diagnose für den BMW ins Spiel: «Die Viscokupplung ist kaputt.»

Mehr oder minder wissendes Nicken bei den Umstehenden.

«Die Viscokupplung.»

«Uihh.»

«Das ist aber ...»

«Mann, Mann, Mann.»

«Kann man die ...?»

Stille.

«Was ist das?», wagte ich endlich zu fragen.

Alle Augen waren plötzlich auf mich gerichtet. Natürlich wurde mein Unwissen sofort beseitigt, nachdem mehrere Male die Aufgabe des Dozenten hin und her geschoben wurde, was die Vermutung nährte, dass nicht alle genau wussten, wovon hier die Rede war.

«Für die Kühlung.»

Verdammt, das war klug.

«Was macht die denn?»

Wieder drehten sich alle um und schauten mich an. «Nun ...» Der Erste begann, stoppte jedoch sogleich wieder und blickte den Zweiten an. Der lächelte nur und verzog die Schultern derart, dass alle auf Anhieb wussten, dass es unter seiner Würde war, auch nur mit dem Antworten zu beginnen. Der Dritte in der Runde griff die Frage auf und gab sie an den Vierten weiter, der mit erhobenen Händen andeutete, dass er zur Gruppe des Zweiten gehörte. Der Fünfte war auf der Flucht, der Sechste buddelte sich gerade ein, und der Siebte verschwand zur Gänze im Motorraum. Endlich erbarmte sich einer und erklärte mir, dass es mit der Verbindung des Motors zum Kühlventilator zu tun habe. Der solle sich nicht immer drehen, damit der Motor nicht zu früh gekühlt werde, aber auch nicht NIE angehen, sonst werde selbiger zu heiß. Letzteres war bei uns der Fall. Noch während ich mir meine eigenen Bilder machte, von Flüssigkeiten, die den Begriff Viscosität erklären, murmelte es um mich herum «War klar» und «Easy». Im selben Moment kam der Fünfte aus der Wüste zurück und half dem Sechsten und dem Siebten wieder auf die Beine.

Schließlich hörte ich aus den Reihen der Fachleute einen Vorschlag:

«Am besten wartet ihr, bis der Motor etwas kühler geworden ist, dann starten und mit mindestens 60 Stundenkilometern fahren. Der Fahrtwind wird dann den Kühlerventilator antreiben, und das reicht dann auch für den Motor.» Das klang zwar sehr überzeugt, aber sicherheitshalber boten sie uns hilflosen Autolegasthenikern mal an, uns den Rest der Strecke zu begleiten.

Die eigentliche Rallye war mit der letzten Aufgabe erledigt, daher wurde hier vor Ort dann auch kontrolliert, ob wir die Kiste mit Kinderspielsachen, den Baum und unser internationales Schild dabeihatten. Ab jetzt hieß es warten. Warten, bis sämtliche Lösungsbücher ausgewertet waren und die erworbenen Länder-, Aufgaben- und Wüstenrennenpunkte eine Summe ergaben, die eine anschließende Sortierung nach Größe ermöglichte. In fünf Tagen sollte es so weit sein. Damit hatten wir erst mal ein bisschen Zeit, um das Land besser kennenzulernen.

Um zu unserem abendlichen Ruheplatz zu gelangen, einer alten Karawanserei, sollten wir einfach am Rande der Straße zwei, drei, vielleicht aber auch fünf Kilometer, so genau nahmen sie es hier nicht, geradeaus fahren. Dann von der Wüste auf die Straße, diese queren und immer den Steinmännchen nach, nach 40 (!) Kilometern seien wir dann da.

40 Kilometer. Das waren im Verhältnis zur gesamten Strecke zwar gerade mal 0,61 Prozent, im Verhältnis zu den 40 Kilometern vor uns waren 40 Kilometer Wüste allerdings 100 Prozent. Kurz gerechnet, kurz gewundert, trotzdem gefahren.

Der BMW übernahm diesmal die Führung, damit er nicht hinter uns liegenbleiben konnte. Wir wollten ihn auf jeden Fall aus eigener Kraft die nächsten Tage durch Jordanien bringen, um ihn letztendlich auf seinem allerletzten Parkplatz, dem Gelände der Käserei, abzustellen. Hier würde er dann wie alle anderen Fahrzeuge in seine Einzelteile zerlegt und versteigert werden.

Hier ein Knall, da ein Schlag, so folgten wir der Staubwolke vor uns, und bald war die Hoffnung, unsere Mitfahrer noch einmal zu sehen, bevor wir am Lager ankamen, gänzlich geschwunden. Jetzt hatten wir nur noch das Ziel, die Gruppe nicht zu verlieren. Wer genau zur Gruppe gehörte, war unklar, und ständig hatten wir einen anderen Wagen vor uns. Bald zog sich der Treck jedoch ein wenig auseinander, und man konnte weiter blicken, was zwar nicht viel half, aber einen im trügerischen Gefühl der Sicherheit wog. Die Gruppenleitung, also schlicht und einfach das Auto, das ganz vorne fuhr und irgendwie ausstrahlte, dass die Insassen wussten, wo es langging, fuhr links parallel zu einer Art Damm in die Wüste. Wir hinterher. Allmählich wurde auch der Boden etwas aggressiver, als wollte er sagen: «So nicht, meine Lieben. Wenn euch deutscher Asphalt, österreichischer Teer, ungarischer Bitumen, rumänischer Split, bulgarische Pflastersteine, griechischer Schotter, türkische Fährplanken und syrischer Tuff nicht aufhalten konnten, werde ich das halt übernehmen.»

Aber nicht mit uns. Zunehmend sicher geworden auf diesem uns neuen Untergrund, ging die Fahrt recht zügig voran, und was der Beifahrer machte, um die ständige Angst nicht durch Ohnmacht zu vergessen, blieb dem Mann am Lenkrad ein Rätsel. Dann verlor der Vordermann auf einmal seinen gesamten Auspuff, er lag im Sand und kantete sich leicht auf. Ein Ausweichmanöver misslang, man war zu nah, man war zu schnell, also genau mittig drüber, damit die Reifen nichts abbekamen. Dreimal Knirschen, zweimal Krachen, einmal Nussknacker mit den Pobacken. Ein Reflex, als ob das dem Wagen etwas nützen würde, wenn sein Unterbodenblech malträtiert wurde.

An dieser Stelle, lieber Bernhard, möchte ich als derjenige, der meistens neben dir saß, noch kurz erwähnen, dass das intensive Mitbremsen, In-die-Sonnenblende-Beißen, hysterische Lachen oder auch die spontanen komatösen Schockzustände weder einen Einfluss auf die Eigenschaften des Fahrzeugs noch auf den Fahrstil des Wagenlenkers hatten. Trotz eines angeblichen physikalischen Grundverständnisses schien dir oftmals nicht klar zu sein, dass der Bremsweg von zwei Tonnen motorisierten schwedischen Altmetalls ab einer Geschwindigkeit von zehn Stundenkilometern nicht unbedingt kürzer ist als 13,4 Zentimeter.

Tobi, du bist einfach zu oft zur See gefahren. Da sind die Bremswege länger …

In der Tat: Der Bremsweg eines vollbeladenen, 300 Meter langen Supertankers liegt in der Regel zwischen viereinhalb und sechs Kilometern.

Plötzlich rote Bremslichter, der Wagen vor uns scherte aus, noch mehr Lichter, vier, sechs, acht, auch wir blieben stehen, und ich lenkte nach rechts. Stille. Nur das leise Geräusch des Leerlaufs war zu hören. Der Staub legte sich, wieder wurden Stimmen deutlicher, offensichtlich von Leuten, die um unser Auto herumliefen. Erneut senkte sich der Staub[29] auf die Wagen und Menschen in der Wüste. Wir wandten unsere Blicke nach vorne, in die Richtung, die anscheinend auch für die anderen Fahrer etwas Interessantes zu bieten hatte. Langsam schälte sich ein gelbes Etwas aus dem Dunst. Es war ein Schild. Gelb heißt ja meist nichts Gutes. Dann kamen die Umrandungen von Buchstaben und einem Zeichen zum Vorschein. So langsam klärte sich das Bild, der Blick wurde klar, und um ganz sicherzugehen, öffneten wir gleichzeitig die Türen, stiegen mit einem Bein

[29] Zugegeben, das Bild des sich senkenden Staubes geht einem schon beim Schreiben leicht auf die Nerven, wie muss es da erst dem Leser gehen. Aber es war genau so. Dieses Bild, das jeder Regisseur höchstens einmal in seinem Leben verwursten will, hat sich uns an diesem Tag mehrmals geboten. Und es war jedes Mal grandios. Sorry.

aus dem Wagen und schauten nach vorne, wobei wir die Sonnenbrillen von den Augen nahmen. Wir sahen einen schwarzen Totenkopf, das große Schild war rot eingerahmt, ein irgendwie explodierendes Etwas, dazu arabische Schrift und der Text: «Caution! *EXPLOSIVE AREA!*»

Wo immer wir waren, es war irgendwie schlecht, dass wir hier waren, und das einzig Gute daran war, dass wir nicht noch weiter vorn zum Stehen gekommen waren, dort, wo sich das Schild befand. Während alle langsam durch die Gegend schlichen, hatten wir Zeit, uns ein Bild von der Lage zu machen: Wir standen direkt vor dem BMW, der hier wohl auch gestrandet war, dahinter waren zwei Kombis, der Mercedes hatte etwas abseits angehalten. Er hatte schon gewendet, und die Motorhaube war offen – wenigstens das. Wenn wir schon in die Luft flogen, sollte der Motor wenigstens weiterkühlen können.

Die Gruppe bewegte sich, blieb dabei möglichst dicht zusammen, und wie eine Amöbe verformte sich die Ansammlung beständig. Dann musste einer austreten, die Blase machte schlapp. Er ging um das einzige entfernte Gebäude herum, und alle hielten sich die Ohren zu. Als er wiederkam, war sicher: Die Auslöser reagierten weder auf Salz noch auf Flüssigkeit und schon gar nicht auf Harn.

Wir wurden sicherer und bewegten uns jetzt frei. Einhellig waren wir zu der Auffassung gelangt, dass es sich hier um ein Sprengstoffdepot gehandelt haben musste. Die kleine Betonbaracke stand etwa 50 Meter vor uns, die Tür war weg, keine Fenster. Ein übermannshoher Zaun führte von dort aus zu einer weiteren Betonhütte, und ein großes Schild machte unmissverständlich deutlich, dass es keine gute Idee sei, hier Silvester zu feiern. Oder gerade doch. In der Nähe standen einige große Baumaschinen, neben denen zwei höchstwahrscheinlich Einheimische mit ihrem Toyota-Pick-up rumlungerten. Und keine Anstalten machten, uns zu helfen. Letztendlich sogar einfach wegfuhren.

Nun wurden Aufgaben verteilt. Genau genommen nahm sich jeder einfach eine Aufgabe. Carsten öffnete den BMW, weil der Wagen mal wieder zu heiß war, Michael fing tolle Bilder ein, die sich hervorragend als Nachruf eigneten, drei oder vier stürzten sich kopfüber Richtung Kühler, manche liefen einfach so herum, ein paar aus einem anderen Grund. Keiner schien zu überlegen, was hier eigentlich gerade passierte. Fünf Autos, mitten in der Wüste. Es war bereits sechs Uhr, und hier ging die Sonne gerne mal recht fix unter. Wir hatten zwar Schlafsäcke, Zelte und genügend zu essen dabei – ob das Wasser reichte, war dagegen fraglich, schließlich hatte der BMW alles bekommen.

Nichtsdestotrotz stand der Motor des dunkelroten Gefährts mal wieder im Vordergrund. Bald kristallisierte sich eine Person heraus, die alle anderen an Strahlkraft überbot: Jonas. Plötzlich hatte er einen Handschuh an und konnte Bereiche berühren, die für andere absolut tabu waren. Wie ein Esoteriker die angebliche Aura eines zahlungswilligen Kunden wahrnimmt, sah er die Temperatur der verschiedenen Flüssigkeiten und spürte die Kraft, verstand aber auch die Schwäche dieser 170 Pferdestärken, die da vor ihm lagen und leicht zischten.

Dann verlangte er nach einem Spanngurt, mit dem er die Ventilatorflügel und gleichzeitig die legendäre Viscokupplung umwickelte. Wenn jetzt der Motor lief, drehte sich der Ventilator mit. Mit einem Spanngurt. Mehr nicht. Wenn Michael Scofield jemanden aus dem Gefängnis befreit, ist das dagegen wie Lego-Spielen.

Abschließend zückte Jonas den Joker, das Ass aus seinem Ärmel – und das ohne Ärmel, ja ganz ohne Karten. Er ließ einen weiteren Wagen kommen, so läuft das wohl beim BMW-Service, und die hatten auf ihrem Dach tatsächlich noch 60 Liter Duschwasser.

> Der geneigte Leser wird bemerkt haben, dass sie das Duschwasser noch HATTEN. Daher möchten wir an dieser Stelle nicht weiter auf den hygienischen Zustand der Duschwassertransporteure eingehen.

Als er damit den Kühlerkreislauf auffüllte, hörten wir das sofort verkochende Wasser zischen, und Blasen stiegen auf. Nach und nach entnahm Jonas immer mehr Schläuche, schraubte immer mehr Halterungen los, und durch jede neue Öffnung ließ er Wasser in den Kühlkreislauf fließen. Irgendwann hatte er es geschafft, der Motor war wieder in einem wohltemperierten Zustand, von dem Bachs Klaviere nur träumen können.

Während die Arbeiten vonstattengingen, schritt die Zeit voran.

Ich warf den Gedanken in die Runde, dass es vielleicht kein Zufall war, dass die Sonne schon sehr tief und auch schon sehr rot war. Dass es, stellten wir uns den Gang des Himmelsfeuers in die Zukunft projiziert vor, wohl bald ganz dunkel sein würde. Dass sich bei Dunkelheit in der Wüste zu verfahren ja wohl noch schlechter sei, als sich im Hellen in der Wüste zu verfahren. Ich setzte das Zeitlimit auf Viertel nach sieben, dann würden wir den Wagen ziehen und die Reparatur abbrechen müssen. Punkt 19.13 Uhr schlug Jonas, der Engel, die Erscheinung, die Motorhaube zu.

Die Toyotafahrer, die zwischenzeitlich anderweitig unterwegs gewesen waren, kamen nun doch zu uns herüber und boten uns an, vorauszufahren und uns zu lotsen. Langsam schlich unsere kleine Gruppe, bestehend aus dem Team StaubMaul und dem Team Dusche auf Dach, wieder zurück, immer dem für uns viel zu schnellen Pick-up hinterher. Irgendwann machte die Spur einen leichten Linksknick, und wir fuhren genau auf die untergehende Sonne zu. Dort, im Gegenlicht der unendlich vielen Rot-, Gelb- und Orangetöne nur als schwarze Silhouette zu sehen, waren die anderen. Ganz viele andere. Wie auf einer Perlenschnur aufgereiht standen sie auf einer der befestigten Straßen – einer hinter dem anderen, wartend. Wir waren zutiefst erleichtert und hörten fast die heldenhafte Musik, die in Filmen immer dann erklingt, wenn die Kavallerie kommt, das Rettungsschiff über dem Horizont erscheint oder sich das Basislager dem Bergsteiger zu erkennen gibt.

Es stellte sich heraus, dass wohl mehrere Teilnehmer das Ziel vor Einbruch der Dunkelheit nicht mehr erreicht hatten. Daher sollten sich alle, die noch auf dem Platz der Wüstenprüfung waren, nun mit uns Versprengten und fast Gesprengten sammeln und in einer Reihe zum Camp eskortiert werden. Vorne die Polizei, hinten das freundliche Organisationskomitee.

Aus der Rallye, die sich zwischenzeitlich über ganz Südeuropa verteilt hatte, war nun ein einziger Treck geworden. Die Polizei kam, es ging los. Genau genommen erst nach Süden und dann nach Osten, aber das passt nicht so gut zum Begriff «Treck».

> Es war mittlerweile stockdunkel.

Häää? Was meinst du?

> Ich sag ja bloß. Bei «Treck» hat man so ein Westernbild mit Planwagen, schweißnassen Menschen und schwirrenden Fliegen in der gleißenden Sonne im Kopf. Aber es wurde rasend schnell dunkel, stockdunkel, zappenduster! Ein warmer Wind blies immer wieder mitten in einen Sandhaufen. Genau genommen bestand die ganze Umgebung bis zu dem mittlerweile fast schwarz gefärbten Horizont aus Sandhaufen. Darin befand sich, leicht erhöht, wie auf einem kleinen Deich, ein Weg. Als sich die aufgewirbelten Staubfahnen gelegentlich legten, sah man nur noch die Scheinwerfer der Fahrzeuge auf dem Damm, aufgereiht wie Augen auf einer Perlenschnur, und ein paar Sterne. Alle saßen in den Wagen und warteten darauf, dass sich die riesige Kolonne im Nichts in Bewegung setzte. Kommunikation mit den anderen Teams war nicht mehr möglich. Gelegentlich preschte ein Pick-up der jordanischen Polizei im Galopp am Fuß des Damms von hinten zum Anfang des Trecks und vielleicht auch wieder zurück. Entweder hatten die arabischen Sheriffs zu viele Western à la *Der große Treck*[30] gesehen, oder sie hatten ihre Funkgeräte vergessen. Dann ruckten die vorderen Fahrzeuge langsam einige Meter vor, und der Treck setzte sich in Bewegung.

Ah, ich verstehe!

[30] 1930, 20th Century Fox, Marion Michael Morrison in seiner ersten Hauptrolle spielt den Anführer des Trecks, Breck Coleman. Regisseur Raoul Walsh gab dem bis dahin nicht sonderlich bekannten Schauspieler den Künstlernamen John Wayne.

Es ging relativ langsam voran, aber irgendwann kamen wir tatsächlich im Lager an. Viele waren schon da, aber die meisten nicht, schließlich standen die ja mit uns in der Schlange. Wir parkten und setzten uns erst einmal hin, Biere wurden bestellt, das Büfett angegangen. Geschichten wurden erzählt. Wir erfuhren, dass die Ersten, die angekommen waren, Probleme mit einigen beleidigten Kindern gehabt hatten. Sie hatten die mitgebrachten Spielsachen verteilt, und da sie nicht genug für alle dabeihatten, griffen diejenigen, die leer ausgegangen waren, kurzerhand zu Zwille und Steinen und beschossen die Fahrzeuge. Was dann genau passierte, verlor sich in den mehr oder minder dramatisch erzählten Geschichten. Den Veranstaltern und vor

allem der jordanischen Seite war das alles äußerst unangenehm. Die Autos mit den zerstörten Scheiben standen noch auf dem Platz, und die Scheiben wurden durch welche aus den komplett fahruntauglichen

Wagen ersetzt, die in der Zwischenzeit zu unserem Nachtlager geschleppt worden waren. Dabei war es einfacher, nicht nur die Scheibe, sondern gleich die ganze Wagentür zu wechseln. So wurde der Fuhrpark noch ein wenig bunter.

Nachdem wir uns mit den anderen ausgetauscht, örtliche Spezialitäten gekostet und nationale Tänze genossen hatten, ging es in eines der Beduinenzelte. Die großen Zelte, für vielleicht 40 Männer und Frauen ausgelegt, nahmen unsere müden Glieder auf, und in der Hoffnung, die nächsten Tage bis zur Siegerehrung mit kurzen Strecken und viel Kultur verbringen zu können, schlossen wir die Augen und lauschten dem tiefen, unregelmäßigen, lauten und röchelnden Schnarchen unserer Nachbarn.

Das Letzte
Ein paar Tage später
Amman

Text: Tobias   **Anmerkungen: Bernhard**

Die meisten Tische im großen, unterirdischen Ballsaal des Le Royal Amman Hotels waren noch verwaist. Nur langsam trotteten kleine Grüppchen von Rallye-Teilnehmern in den Raum und suchten sich einen Platz an einer der runden Tafeln. Dicke Teppiche dämpften die Schritte von sowieso leisen Gummisohlen. Viele Fahrer trugen dem Anlass, nicht aber dem Ambiente entsprechend Team-Shirts und Turnschuhe – außer den Traditionalisten.

Hinter einer Gruppe lederbehoster Bayern schlich ein Araber würdevoll und fast lautlos in den Saal. Aus der Nähe betrachtet, entpuppte er sich als Abu Herbie, der Käferschrauber aus dem Allgäu. Um der arabischen Kultur Tribut zu zollen, hatte er sich einen Kaftan besorgt. Die Bayern dagegen repräsentierten ein gutes Stück süddeutscher Folklore, vor allem in den Disziplinen Trachten, Dialekt und Getränkewünsche, wobei Letztere eine mächtige Kulturdissonanz offenbarten. Nicht nur die Mädels und Jungs in Dirndl und Lederhose gelüstete es angesichts der vergangenen mehr oder weniger stressig-staubigen Tage nach einem festlich gezapften Weißbier. Nun hielt man sich aber bei der Bewirtung im Rahmen dieses Fests gestreng an muslimische Konventionen, die Alkohol oder gar ein Besäufnis einfach nicht vorsahen.

Lieber Tobi, du äußerst dich hier so zurückhaltend über den Konsum bewusstseinsverändernder Drogen im islamischen Kulturkreis, den man natürlich nicht als solchen bezeichnet, weil er ja von einem Mittelpunkt, einem Zentrum, ausgeht. Trotzdem möchte ich dich daran erinnern, dass der Genuss von Wasserpfeifen oder den darin eingebetteten Rauschmitteln zu den von dir doch sehr genossenen Errungenschaften aus dieser Region gehörte. In Palmyra hast du, der eigentlich mit dem Rauchen aufgehört hatte, indem du konsequent und bis zum Schluss die Wahrheit geleugnet hast, mehrfach behauptet, darin sei gar kein Nikotin und dies somit kein Rauchen. In meinen Unterlagen ist ein Foto aufgetaucht, welches das Ergebnis dieses Gebarens durchaus deutlich macht und vor Nachahmung warnt.

War ja klar, dass dieses Thema mit dir als Genussmittellegastheniker zu einer Diskussion führen würde. Ich komme nicht umhin, ebenfalls vor den Gefahren durch den Konsum von Nikotin, der durchaus im Tabak der Wasserpfeife vorhanden ist, zu warnen. Mit bewusstseinsverändernden Drogen hat der Inhalt der Shisha allerdings gar nichts zu tun. Seit Jahrhunderten gilt das gemeinschaftliche Genießen der Shisha übrigens als Zeichen von Freundschaft und als Ausdruck von Gastfreundschaft. Dem wollte ich mich nicht verschließen.

Ich war früh dran. Den ganzen Tag über bestand die mir selbst auferlegte Aufgabe darin, mir den Staub der letzen Tage im Wellness-Bereich des Fünfsternehotels aus den Poren zu spülen.

Mittlerweile hatte ich erfahren, dass das arabische Zeitgefühl ein spezielles ist, welches sich von dem europäischen durchaus unterscheidet. Das machte es natürlich vollkommen unsinnig, eine Stunde vor dem offiziellen Beginn der Siegerehrung im Festsaal Platz zu nehmen. Hatte die Fahrt mit einer Stunde Verspätung in Ittenbach bei Bonn begonnen, so genoss ich das ungewohnte Gefühl, hier in Amman, ganze 3136,12 Kilometer Luftlinie in Richtung 120,64°, mehr als pünktlich zu sein, und schaute mich entspannt im Saal um.

Einer der unzähligen emsigen Kellner lächelte mir freundlich zu, als ich es mir in einem der 250 gepolsterten Stühle gemütlich machte. Überall schwirrten die Bediensteten umher und zuppelten vor allem am Dekor des größten und am festlichsten geschmückten Tischs in der Mitte herum. Hier sollte vermutlich Prinzessin Basma als Vertreterin des Königshauses mit ihrem Gefolge Platz nehmen.

Der Besuch eines Mitglieds des Königshauses kündigte sich auch durch mehr oder weniger gut getarnte Leibwächter und uniformierte Militärs an. Interessiert schielte ich mit Freizeit-Weidmann Fritz, der mittlerweile ebenfalls zu früh eingetroffen war und den Stuhl mir gegenüber okkupierte, auf die Handfeuerwaffen und Maschinenpistolen, die zumindest von den soldatischen Mitarbeitern offen zur Schau getragen wurden.

«Ob die Herren in zunehmender Champagnerlaune zum Tanz später auch jodelnd in die Luft ballern, wie man es aus dem Fernsehen kennt?», erkundigte ich mich bei Fritz.

«Das ist hier keine Bauernhochzeit, sondern eine Siegerehrung, die in Jordanien den Rang eines Staatsempfangs einnimmt. Die ballern hier nicht rum. Höchstens, wenn es den Anschein erweckt, jemand wolle der Prinzessin ans Leder. Außerdem würde dann der zwei Tonnen schwere Kristalllüster auf die Tafel der Königsfamilie krachen», informierte mich Fritz.

Dass sich martialische Feuerwaffen jeglicher Größe und grenzenlos liebenswert-höfliche Hilfsbereitschaft in diesem Teil Arabiens nicht ausschließen müssen, hatte ich in den letzten Tagen erfahren. Ein Umstand, den man aus westlicheren Teilen dieses Planeten oftmals nicht mehr gewohnt ist. Fünf Tage waren wir in Jordanien unterwegs gewesen, um uns die Zeit bis zur Siegerehrung mit einer ausgiebigen Begutachtung des Landes zu versüßen. Anfangs waren wir noch irritiert, als auf dem Weg vom Wüstencamp Azra ins weltberühmte Wadi Rum immer wieder Pick-ups an strategischen Kreuzungen auftauchten, die ein riesiges Gewehr mit drei Beinen auf der Ladefläche installiert hatten.

In der Regel winkten die Bediener dieses furchteinflößenden Instruments genau in die Richtung, die wir einzuschlagen gedachten, was nicht dazu führte, dass wir es wagten, unsere Entscheidung zu überdenken. Genau das war auch das Ziel der Aktion. Erst als wir an dem Pick-up vorbeizogen, sahen wir, dass uns das Personal freundlich zuwinkte und so zu verstehen gab, dass dies die richtige Abfahrt zum Wadi war. Nahezu jeder Polizist oder Militär, der auf den Straßen unterwegs war, wusste über die Anwesenheit von knapp 200 alten Rallye-Gefährten Bescheid und vermochte uns höflichst den richtigen Weg zum Ziel zu weisen.

Die meisten Teilnehmer hatten im Vorfeld gemeinsam die Übernachtungen und zu besuchenden Highlights des Landes organisiert. Einige wenige, die ihre Fahrzeuge bereits dem Autonirvana hatten übergeben müssen oder ihrer Kisten einfach überdrüssig waren, reisten mit einem zur Verfügung gestellten Bus. Wir taten es wie die meisten und freuten uns auf die letzten Tage in unseren liebgewonnenen Rumpelkisten. Carsten, der an der Zerlegung des Kühlkreislaufs während der Wüstenprüfung nicht ganz unschuldig gewesen war, fuhr von nun an den BMW und erfreute sich an der Herausforderung, auf vierspurigen Wüstenschnellstraßen U-Turns im letzten verbliebenen Gang zu absolvieren. Dem fünften.

In den Tagen, in denen wir auf unser Ergebnis warteten, schaffte ich es dann auch endlich, den Volvo zu besiegen, und zwar bei unserer Rückfahrt aus dem Jordangraben. Wir hatten das Tote Meer besucht, dessen Wasserspiegel 420 Meter unter Normalnull liegt. Die Angaben schwankten, weil der Wasserstand wegen der Austrocknung und eines abgezweigten Zuflusses schneller sank, als eine kurze E-Mail den Weg in den Brockhaus findet. Hier hatte der alte Schwede mit extremen Luftverhältnissen zu tun. Während der Tross der Rallye-Autos sich nach und nach über einen Pass schleppte, befand sich bei mir die

Temperaturanzeige konstant im roten Bereich. Ich überlegte noch, was zu tun sei, da stand der Wagen auch schon.

«Hast du die Heizung angemacht?», kam es aus einem vorbeizuckelnden Audi.

«Mist, das war der Trick», murmelte ich dem Wagen hinterher.

Zum Glück kamen Carsten und Fritz vorbei und winkten freundlich, während sie irgendwas durch die geschlossene Scheibe riefen. Ich schaute ihnen hinterher, bis mich mal wieder der freundliche Jonas aus der Wüste rettete. Er zückte erneut irgendeinen Gürtel, Spanngurt oder ein Strumpfband, und schon war auch diese Viscokupplung repariert. Ich stellte keine Fragen, denn ich hatte in der Zwischenzeit gelernt, dass man so was als echter Rallye-Fahrer einfach nicht tut.

Durch die großen geöffneten Türen des Ballsaals sah ich eine Einheit von Kochmützen emsig kleine Wägelchen mit Speisen durch das Foyer schieben und entlang der Wände daraus ein ausladendes Büfett errichten. Hinter einem Wagen, auf dem sich ein unter acht Quadratmetern Alufolie pietätvoll bedecktes Tier, vermutlich ein Lamm, befinden musste, tauchte plötzlich Bernhard auf. Er kreiste durch den Saal, bis er uns entdeckt hatte, und ließ sich dann hungrig-glasigen Blicks in einen der vielen freien Stühle an unserem Tisch fallen.

«Da draußen gibt es eine riesige Reispfanne mit gebratenem Lamm und Joghurt», verkündete er, und es tropfte ihm dabei förmlich aus dem Mund.

«Weißt du noch? Wie am Abend in der Zeltstadt, als wir mitten im Wadi Rum übernachtet haben.»

Da sich meine Demenz erfreulicherweise nach wie vor in Grenzen hielt, konnte ich mich gut an die Beduinen in arabischer Kluft und mit Säbel erinnern. Sie hatten die Töpfe, die unser Essen enthalten sollten, nach einer uralten Kochkunst einfach mit einem

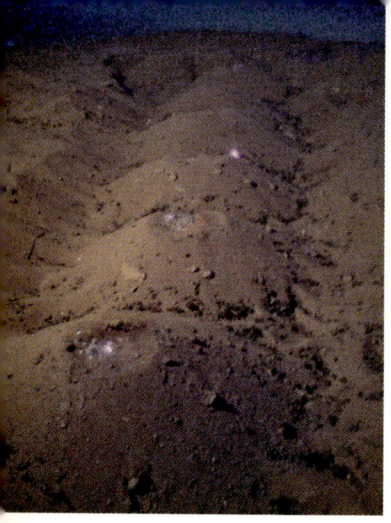

Haufen Glut im Sand vergraben und erst nach einer gefühlten Ewigkeit wieder ans Sternenlicht geholt. Dass niemand vergaß, an welchen Stellen die Pötte vergraben worden waren, dafür sorgten schon die Scharen von Europäern, die ungläubig glotzend vor den kleinen Sandhügelchen standen und hungrig über den Grad der Versandung des Essens spekulierten. Auch wenn die Beduinen in den Sindbad-Kostümen mit einem gehörigen Schluck Touristen-Folklore gearbeitet haben dürften, war das Essen ebenso delikat wie sandlos.

Wer übrigens einer normalen Wüste mit sanft geschwungenen Dünen oder Hügeln irgendwann überdrüssig ist, sollte dringend im Wadi Rum vorbeischauen. Die Ebene wird immer wieder von bis zu 1000 Meter hohen Bergen und Gebirgsketten durchzogen. Bis auf ein paar Beduinen wohnt in dem mehrere tausend Quadratkilometer großen Gebiet niemand. Totenstille. Keine Anzeichen von Zivilisation oder menschlichem Leben. Für den gemeinen Misanthropen das Paradies!

Hier hatten wir auch endlich mal die Gelegenheit, ein wenig Gastfreundschaft und Hilfe zurückzugeben. Auf dem zum Lager gehörenden Parkplatz hatte sich ein Reisebus festgefahren und kam aus dem Sand nicht mehr selbständig heraus. Der verzweifelte Versuch des Busfahrers, die Räder mit einer Schaufel frei zu bekommen, erinnerte mich ein bisschen an den Versuch, an der Nordsee bei Flut eine Burg mit Sandmauern vor den Wellen zu schützen. Uns war klar, das würde dauern. Carsten und ich beobachteten den Mann eine Weile und hatten dann Mitleid, denn keiner wollte, dass er noch schaufelte, wenn die Klimaveränderungen aus dieser Wüste längst einen Regelwald gemacht hätten. So griff Carsten in den Kofferraum und zog zwei Spanngurte heraus, die wir freundlicherweise gesponsert bekommen hatten.

Wir stellten sie dem Mann zur Verfügung und erfreuten uns der martialischen Kraft, die ein Kollege mit seinem Personengroßraumtransporter entfachte, wodurch er das Problem löste. Wir überließen dem Busfahrer die Spanngurte, da eine grobe Abschätzung über die Ereignisse der Zukunft ergab, dass die Wahrscheinlichkeit, in Deutschland in der Wüste hängenzubleiben, geringer war als hier in Jordanien.

Der Saal war mittlerweile zur Hälfte gefüllt. Auch einige «offizielle» Vertreter der jordanischen Regierung, von Behörden und anderen uns unbekannten Einrichtungen nahmen mit ihren Begleitpersonen meist im vorderen Bereich vor der Bühne Platz. Sie waren besonders gut zu erkennen, da sie dem Anlass entsprechend feine Abendrobe trugen. Da hatten sie eindeutig einen Heimvorteil, denn den meisten Rallye-Teilnehmern war es zu mühselig gewesen, ihren Smoking zwischen Ersatzbenzin, Schlafsack und matschigen Bananen für den Notfall zu transportieren. So gaben wir ein eher legeres Bild ab. Durch eine Gasse herumstehender Dirndl-Frauen manövrierten Renate und Carsten zielstrebig auf unseren Tisch zu.

«Noch kaum was los, und ich muss mich hier durch den Haufen Trachtentradition quetschen», echauffierte sie sich.

Der Beginn des feierlichen Zeremoniells mit der sehnsüchtig erwarteten Bekanntgabe der Sieger war für sieben Uhr terminiert. Die Sicherheitsleute wurden langsam unruhig und vermehrten sich von Minute zu Minute, während ein kleines Spezialkommando aus Kellnern noch in letzter Sekunde die Position der königlichen Haupttafel unter den dirigierenden Anweisungen des Symmetriebeauftragten zu perfektionieren versuchte. Kaum abgestellt, stürmte eine Horde Bediensteter mit vermutlich vorgekosteten Salattellerchen den Saal und deckte vor den gierigen Augen der hungrigen Rallye-Teilnehmer, die immer noch nicht vollständig anwesend waren, den königlichen Tisch. Dann verteilten sich Bruce Willis, Morgan Freeman oder zumindest deren Ebenbilder als Men in Black verkleidet im Raum. Der Knopf im Ohr, der wachsame Blick und die dicke Beule unter dem Arm des Designerjacketts ließen jede Vermutung schwinden, sie wollten hier nur einen ausgelassenen Tanzabend verbringen.

Irgendwie scheinen es die Menschen mit der Völkerverständigung zu ernst zu nehmen, wenn es darauf ankommt. Ausgerechnet mit dem Topos «Pünktlichkeit» versuchten die verschiedenen Kulturen sich einander anzunähern. Während die meisten Rallye-Teilnehmer mit einer gespielten arabischen Zeitlosigkeit irgendwann – auf jeden Fall viel zu spät – im Festsaal eintrudel-

ten, erschien des Königs Schwester doch glatt pünktlich auf die Minute und schwebte mit ihrem Gefolge freundlich lächelnd in den Saal. Chris schlich als einer der eigentlich pünktlichen Nachkömmlinge hinterher und erhöhte mit einem schnellen Griff zur Jackentasche, wo er sein vibrierendes Mobiltelefon vermutete, zuverlässig den Adrenalinspiegel der Leibwächter.

Hier konnte ich mir einen Hauch Enttäuschung nicht verkneifen. Wie hatte ich mir die «Prinzessin» vorgestellt? In einem schönen Kleid, vielleicht eine Krone oder ein arabisches Äquivalent auf dem Kopf, dazu ein wertvoller Umhang, lange Haare und irgendeine Insignie der Macht in den Händen. Nichts. Die Frau sah mit ihrem Hosenanzug und der schwarzen Kurzhaarfrisur aus wie die Leiterin einer Sparkassenfiliale in Hellschen-Heringsand-Unterschaar. Aber sie strahlte eine unglaubliche Eleganz und Souveränität aus, wie sie den Raum mit ihrer Ausstrahlung ausfüllte und sich den Menschen mit ehrlicher Herzlichkeit zuwandte.

Das Protokoll verlangte nach Erfüllung. Beginn und Ablauf der Ehrung waren nun nicht mehr zu stoppen, weswegen die Veranstalter mit der Zeremonie bei halbleerem Saal begannen.

Noch nicht einmal halb voll schienen die Rallye-Teilnehmer an diesem Abend wegen des ausbleibenden Alkoholausschanks werden zu können. Man dankte es den arabischen Organisatoren mit dem mitteleuropäischen Du-kannst/sollst-nicht-tanzen-unter-drei-Promille-Prinzip und verzichtete höflich auf jegliche Anzeichen von Ausgelassenheit. Die war vorerst auch gar nicht erforderlich, denn zunächst erfolgten diverse feierliche Ansprachen und Ehrungen.

Als wäre das Rednerpult von babylonischen Sprachverwirrern errichtet worden, erklangen die Reden größtenteils in Bayerisch, badischem Bayerisch, bayerischem Englisch, Englisch und Arabisch. Das führte zwar gelegentlich zu Verständnisproblemen, hielt aber niemanden von verhaltenem Beifall ab, sobald ein Redner zum Touchdown seines Vortrags angesetzt hatte.

»‫زيدزتي الأميرة، ايها الجمهور‬«, begann ein älterer Herr seinen minutenlangen Vortrag, den zumindest jene, die in die arabische Sprache halbwegs eingeweiht waren, interessiert aufnahmen. Erfreulicherweise entschuldigte sich der Herr anschließend in reinstem Oxford-Englisch, er sei davon ausgegangen, dass seine Rede übersetzt werde, und habe sie deshalb auf Arabisch gehalten.

Bevor Prinzessin Basma höchstpersönlich die Ehrung der drei platzierten Teams vollzog, vergab sie noch schnell einige besondere Ehrungen an Militärs, Polizeibeamte, Versicherungsvertreter und sonstige Teilnehmer – kurz, an Menschen, die sich um den Erfolg der humanitären Ziele der Rallye auf die eine oder andere Weise verdient gemacht hatten.

Zu unser aller Überraschung wurde unter anderem auch Bernhard zum Podium gebeten. Er durfte der Prinzessin die Hand schütteln, ein paar Worte mit ihr wechseln und bekam ein rechteckiges Ding mit einer Art Urkunde, allerdings auf Arabisch verfasst. Beseelt von der ihm entgegengebrachten Aufmerksamkeit des jordanischen Königshauses, begann er sofort dem Wunsch einiger Teilnehmer nach Autogrammen zu entsprechen und malte dabei seinen vermeintlichen Namen aus dem neuen Dokument auf Arabisch ab. Bis ihn der jordanische Justizminister irgendwann darauf aufmerksam machte, dass er fortwährend mit dem Namen der Prinzessin unterschrieben hatte.

Ich war wirklich zutiefst beeindruckt. In ihrer Rede hatte sie

Für das Kamel wird es vermutlich der letzte Besuch auf einem Gala-Bankett dieses Kalibers gewesen sein. Bis auf einige schmackhafte Körperteile vielleicht.

die Bedeutung der Bildung in Jordanien als einzige wirklich zur Verfügung stehende Ressource hervorgehoben. Spätere Gespräche mit Kennern des Landes wiesen auch auf die strenge Einhaltung der Schulpflicht hin und bestärkten mich in dem Eindruck, dass die Formulierung «Jordanien ist die Schweiz des Orients» nicht ganz von der Hand zu weisen sei.

«Was ist das für ein permanentes Gegröle hinter der Bühne?», fragte ich in die Runde, da seit Beginn der Veranstaltung immer wieder ein merkwürdiges Geräusch aus dem Bühnenbereich zu vernehmen war.

Verdreckte Klimaanlage? Verstimmte Blaskapelle? Frischer Nachschub an Hammelfleisch? Es wurden mir viele Lösungsmöglichkeiten geboten. Letztendlich handelte es sich aber um das Mitteilungsbedürfnis des versprochenen Hauptgewinns und seiner Mutter. Kurz vor Beginn der eigentlichen Siegerehrung wurde auf eine milde Geste der Prinzessin mittels eines hydraulischen Bühnenaufzugs ein kleines Kamel ins Zentrum der Veranstaltung gehoben. Seine Mutter verblieb solange im Keller und wartete auf die Rückkehr des Nachwuchses aus der ungewohnt dritten Dimension.

Dann kam endlich der Moment, auf den alle Anwesenden sehnsüchtig gewartet hatten: die Bekanntgabe der Platzierungen. Die Menschenfreunde von der freundlichen Organisationsleitung hatten olympisch entschieden. Neben den drei ersten Rängen gab es nur einen weiteren Rang und eine Disqualifikation. Während sich alle Teams an den unterschiedlichsten Ergebnissen straßenbaulicher Experimente der letzten zwölf Jahrhunderte erfreuten, hatte ein nicht genanntes Team sich diesem Spaß entzogen und auf einer Strecke von 2500 Kilometern Autobahnen befahren, was mit dem Ausschluss aus der Wertung geahndet wurde.

Alle Teams wurden einzeln auf die Bühne gebeten, und jeder bekam eine Urkunde in die Hand gedrückt und eine Medaille um den Hals gelegt. Je weniger Teams undekoriert übrig blieben, desto größer wurde die Spannung, wer denn die ersten Plätze belegt hatte. Fritz und Renate begannen sich schon Gründe zu überlegen, die einen der ersten drei Ränge verhindern würden.

«Durch die Idee, mit möglichst wenig Grenzübergängen quer durch den Balkan zu hetzen, haben wir uns um die ausschlaggebenden Länderpunkte gebracht», gab Renate selbstkritisch zu bedenken.

Fritz und Carsten überlegten, ob es uns an Motorleistung gefehlt haben könnte, und Chris hielt die nicht flächendeckende Netzabdeckung der Mobilfunkprovider für ausschlaggebend.

Bernhard begann: «Wenn wir abends mal ein paar Kilometer mehr gefahren wären, statt ein Grillfest nach dem ...» Weiter kam er nicht, denn er wurde jäh unterbrochen.

«*Team Number fifty-two*, StaubMaul, *from Cologne! Congratulations!*»

Wir freuten uns über einen der vielen vierten Plätze und stapften fröhlich zur Bühne, um die Ehrung entgegenzunehmen. Alle Meinungsverschiedenheiten waren vergessen, und wir waren einfach nur stolz, dabei gewesen zu sein. Einen Berg an Eindrücken und Erfahrungen hatten wir gesammelt und dabei noch einen kleinen Teil humanitärer Hilfe geleistet. Wir waren eins. Mit uns, mit den Kollegen, mit Jordanien, mit der Welt.

Bis zum Essen.

Nach Abschluss des offiziellen Teils wurde zum Büfett geblasen – die Reaktion des ausgehungerten Fahrerlagers stellte die Sicherheitskräfte auf eine harte Probe. Allah sei Dank hatte man ihnen aber im Vorfeld mitgeteilt, dass es an diesem Punkt des Programms zu guerillaähnlichen Handlungen kommen könnte, und die Waffen blieben in ihren Holstern.

Als sich die meisten Gäste bereits so weit in der Nahrungskette heruntergearbeitet hatten, dass nunmehr unschuldige Obsttörtchen, die sich mit einer Tarnung aus Unmengen von Zucker und Süßstoff versucht hatten zu wehren, dran glauben mussten, begannen die Tanz- und Musikvorführungen. Mit ethnologischem Spürsinn vermuteten wir, dass nicht die komplette jordanische Musikkultur aus einem arabisch harmonisierten Can-Can, getanzt von säbelschwingenden Männern und gardinenkordelschwingenden Damen, bestand, wie es uns hier vorgemacht wurde. Umgekehrt hofften wir, dass unsere jordanischen Freunde über ähnliche Erfahrungen in der Beurteilung ausländischer Tanzdarbietungen verfügten und nicht glaubten, dass «der Deutsche» sich auf fröhliche, Dirndl-berockte Vollplayback-Schlager beschränkt und dazu immer die Jungs in Lederbuchsen die virtuelle Peitsche schwingen.

Da sich gegen Ende der Veranstaltung der Restalkoholpegel des Fahrerlagers so langsam gegen null eingependelt hatte, beschlossen immer mehr Teilnehmer, den Saal vorzeitig zu verlassen und eine der hotelinternen Bars aufzusuchen. Wir erklärten den verdutzten Jordaniern dann, dass es zu den wesentlichen deutschen Tugenden zählt, das jeweilige Bruttoinlandsprodukt auf Vordermann zu bringen, indem man Dosenbier in den Hotelbars verköstigt. Leider sei dieses aufrichtige Anliegen so dermaßen dringend, dass viele den Raum bereits vor dem offiziellen Ende der Feierlichkeiten verlassen mussten. Als dann einer unserer engagierten Wirtschaftshelfer von Tisch zu Tisch ging, um zu berichten, dass man die Hotelleitung erfolgreich gebeten habe, eine der Bars zu öffnen und dort ab sofort den Bierpreis für die mittellosen, aber durstigen Abenteurer aus dem Abendland zu senken, begann unser Argumentationsgerüst leicht zu schwanken.

Insgesamt war der Abend ein würdiger Abschluss für dieses Projekt. Blieb nur noch, einen Übersetzer zu finden, der Bernhard klarmachte, dass sein Urkundendings keine Adoptionsurkunde des jordanischen Königshauses war, weshalb wir ihn nicht weiter mit «Eure Majestät Bernhard I. vom Hohen Äcker» ansprechen mussten.

Bleibt nur noch zu erwähnen, dass Tobi der Unwürdige genau wie ich und der Rest des Teams, bestehend aus Menschen niederen Standes, am nächsten Tag bei der Abgabe der Wagen auf dem Gelände der Käserei dann doch das eine oder andere Tränchen verdrückte. Immerhin hatten uns die Autos für insgesamt 19 Tage als Heimat- und Rückzugsort gedient. Jetzt standen sie da, und während wir uns im Reisebus langsam von ihnen entfernten, sie immer kleiner wurden und schließlich nicht mehr zu sehen waren, ging die Sonne mit einem roten Glühen unter, das die Feierlichkeit des Momentes in allen Rottönen dieser Welt widerspiegelte.

Schade, es war so schön.

Danksagung

Wir beide danken zunächst unserem Rallye-Team StaubMaul: Renate Dittmann, Fritz Ebeling, Christoph Wildemann und Carsten Stolze, der die Idee zu diesem gemeinsamen Ausflug hatte, für zwei spannende und unterhaltsame Wochen. Der Firma 7 punkt 7 für die gesamte Organisation der Rallye von Teamseite aus. Michael Speckbrock fürs Filmen, Philosophieren, ebenso für Brot, Wurst und Käse.

Volker Ohl für die Gestaltung des Rallye-Blogs, der Umschlagseite und im Namen seines Nachwuchses dafür, dass er NICHT seine Nase bekommen hat.

Jonas vom Team 61 für die zwei neuen Viscokupplungen und stellvertretend für viele nette und hilfsbereite Menschen, die mehr Ahnung von Fahrzeugtechnik hatten als wir, kurz allen, die eine Motorhaube von einem Kofferraumdeckel unterscheiden konnten ...

Den Styrian Bustards dafür, dass sie uns beim Cachen in Jordanien unter die Arme gegriffen haben.

Ihrer königlichen Hoheit Prinzessin Basma Bint Talal von Jordanien, dem gesamten Königshaus und dem jordanischen Volk für ihre Gastfreundschaft.

Den Syrern nicht für ihre «schnelle» Grenzorganisation, wir wollen euch in der EU, manche Kommission kann noch etwas Nachhilfe gebrauchen.

Manuela van Schewick für die Erläuterungen der Hundekörpersprache, wir werden dem ollen rumänischen Köter seine Emotionen erklären, sobald er Tobis linken Arm wieder ausgespien hat.

Sebastian Ellerich, der uns mehrbändige Monographien über Deckengestaltung in der Antike zukommen ließ, nur weil wir nicht wussten, wie man das Geschnörkel in Palmyra nennt.

Angela Troni, die uns auf unglaublich charmante Art beigebracht hat, dass es sinnvoll wäre, wenigstens zwischendurch in dem Buch auch mal auf die Reise einzugehen und wir ihr dafür erklären konnten, wie man docx-Dateien mit einem alten Word-Programm öffnet.

Barbara Laugwitz, die es gerade noch verhindern konnte, dass es am Ende doch noch ein Bildband wurde, sowie ihrem Arbeitgeber, dem Rowohlt Verlag, der als Gesellschaft mit beschränkter Haftung eine Kapitalgesellschaft mit eigener Rechtspersönlichkeit ist und daher natürlich emotional unbetroffen daherkommt, folglich gar nichts mit Lob und Dank anfangen kann.

Christiane Zander, die im Vorfeld mal über das Buch geschaut hat und uns ein durchkommentiertes Blattwerk zurückgab – blau wie das Meer.

Petra Hermanns und Valesca Schober von Scripts for Sale, die unermüdlich unsere Belange zu verstehen suchten und erste Textproben mit Pinzette und Lackmuspapier auf Lesbarkeit untersuchten.

Jimmy Donal Wales und seiner mitbegründeten Wikipedia dafür, dass unverifiziertes Halbwissen heutzutage umsonst und in Kilogramm gemessen unglaublich leicht zu transportieren ist und einem jederzeit die Möglichkeit gibt, anderen zu zeigen, dass man es echt draufhat, zumindest theoretisch.

Und zum Schluss ganz besonders dem freundlichen Organisationskomitee, allen voran Wilfried und seiner Frau Marlie. Das Bild, wie er morgens wiehernd vor Lachen in Istanbul vor der Blauen Moschee durch eine seiner mehrfarbigen Brillen Fotos von unserer Ankunft machte, hat sich uns unauslöschlich ins Gehirn gestanzt. Natürlich auch Dank an den ideenreichen, im Hintergrund operierenden Sakher, der mit seiner Ruhe auch komplizierteste kulturelle Auffahrunfälle verhinderte. Dann waren da noch Walter und Rosi, Flo, Norbert, Michel, Khaled und Martina. Sie alle haben ohne Ende Freizeit in die Organisation der Rallye gesteckt und sind dafür von uns natürlich aufs herzlichste beschimpft worden, wo denn der Pool und die Cocktailbar unterwegs abgeblieben seien. Euch allen weiterhin gute Fahrt.

Ich danke Steffi, für die ich auch zu Fuß den ganzen Weg wieder zurückgelaufen wäre.

Ich danke Lara, Hanna und Andrea für euch, die spannendste und schönste Reise meines Lebens.

Bernhard Hoëcker wurde 1970 in Neustadt a. d. Weinstraße geboren. Seit vielen Jahren tritt er mit seinen Solo-Programmen in ganz Deutschland auf und gehört zu den bekanntesten Comedians des deutschen Fernsehens. Neben vielen anderen Auszeichnungen gewann er den Deutschen Fernsehpreis und den Deutschen Comedypreis.

Tobias Zimmermann, 1975 im Rheinland geboren, im Sauerland sozialisiert, lebt seit 1995 in Köln. Nach seinem Studium der Musikethnologie, Afrikanistik und Phonetik war er als freier redaktioneller Mitarbeiter beim WDR tätig. Seit vielen Jahren ist er als Techniker (und Geocachingkollege) zusammen mit Bernhard Hoëcker auf Tour.